中国制造业企业
质量管理蓝皮书
（2016年）

The Blue Book on the Quality Management
of China's Manufacturing Enterprises

中国质量协会 编著

人民出版社

策划编辑：郑海燕
责任编辑：郑海燕　孟　雪
封面设计：姚　菲
责任校对：吕　飞

图书在版编目（CIP）数据

中国制造业企业质量管理蓝皮书.2016年/中国质量协会 编著. —北京：
人民出版社,2017.4
ISBN 978－7－01－017442－6

Ⅰ.①中… Ⅱ.①中… Ⅲ.①制造工业-工业企业管理-质量管理-
研究报告-中国-2016 Ⅳ.①F426.4

中国版本图书馆 CIP 数据核字（2017）第 048141 号

中国制造业企业质量管理蓝皮书（2016 年）

ZHONGGUO ZHIZAOYE QIYE ZHILIANG GUANLI LANPISHU（2016 NIAN）

中国质量协会　编著

人民出版社 出版发行

（100706　北京市东城区隆福寺街 99 号）

北京汇林印务有限公司印刷　新华书店经销

2017 年 4 月第 1 版　2017 年 4 月北京第 1 次印刷
开本：710 毫米×1000 毫米 1/16　印张：21.25
字数：285 千字

ISBN 978－7－01－017442－6　定价：64.00 元

邮购地址 100706　北京市东城区隆福寺街 99 号
人民东方图书销售中心　电话（010）65250042　65289539

序　言

　　中国是当今世界第一出口大国、第一大货物贸易国、第二大经济体和第一制造业大国。应该说，中国改革开放的三十多年是数量型高速扩张的时期，同时也是一个从数量追赶到质量追赶的过程。当前，我国经济发展进入新常态，面临速度换挡、结构调整、动力转换的阶段性特征，正在努力推动我国经济发展向形态更高级、分工更优化、结构更合理的阶段演进。习近平总书记提出要"推动中国制造向中国创造转变、中国速度向中国质量转变、中国产品向中国品牌转变"。《中国制造2025》明确，要坚持"创新驱动、质量为先、绿色发展、结构优化、人才为本"的基本方针。2016年年底召开的中央经济工作会议提出，要继续深化推进供给侧结构性改革，着力振兴实体经济。要坚持以提高质量和核心竞争力为中心，坚持创新驱动发展，扩大高质量产品和服务供给。要树立质量第一的强烈意识，开展质量提升行动，提高质量标准，加强全面质量管理。全面提升质量已经成为社会共识，同时作为一项长期性、系统性的复杂工程，也需要政府、行业、质量组织、企业、消费者等各方面的协同与不懈努力。

　　做好企业质量管理的指导，需要弄清楚我国企业质量管理的现状，既要了解总体优势，还要总结分析普遍存在的问题，更要了解广大企业的质量管理政策诉求。作为国内质量领域的领先组织、广泛联系政府和企业的桥梁与纽带，中国质量协会多年来围绕"说清楚我国制造业企业质量管理发展水平"，开展了大量调查研究工作，包括制造业企业质量管理现状调查、多行业产品用户满意度测评、对未来可能的质量管理问题和趋势的前瞻性探讨，以及中国特色企业质量管理案例的研究等。现将中国质量协会有关制造业企业质量管理现状调研的部分精华成果汇集成册，构成本书之核心内容，奉献给关心、关注我国质量发展的读者，这是我们的荣幸，也希望借此能为公众开启一扇洞悉我国质量管理全貌的门扉。

中国质量协会是随着改革开放成长起来的一家全国性质量组织，是我国质量发展的见证者、亲历者，更是有力推动者。相信《中国制造业企业质量管理蓝皮书（2016年）》的出版将有助于进一步引导社会更加关注质量、重视质量、创造质量、享受质量。中国质量协会将不忘初心、不辱使命，一如既往地秉承"引领质量事业、建设品质世界"的使命，积极传播先进质量管理理念、方法和技术，引导企业坚定不移地走提质增效的发展道路，助力我国早日建设成为质量强国。

中国质量协会会长

贺刚兴

目　录

管　理　篇

市　场　篇

专　题　篇

实　践　篇

前　　言

　　制造业的兴衰,印证的是大国的兴衰,没有强大的制造业,就不可能成为经济大国和强国。我国制造业产出自 2010 年开始连续五年位居世界第一,已跨入了新的发展历史阶段——由制造大国向制造强国迈进。日本、德国和美国等制造业强国发展的历程说明,提升产品质量和品牌是任何国家制造业发展的必由之路,为此我国政府已经出台《质量发展纲要(2011—2020 年)》和《中国制造 2025》。认清我国制造业企业质量管理发展水平,动态制订、更新和实施提升质量管理的举措,是落实制造强国战略的重要内容。

　　长期以来,我国制造业企业的质量管理水平没有确切的基于数据和事实的结果。作为政府和企业的纽带,作为质量领域的领先组织,中国质量协会多年来围绕"说清楚我国制造业企业质量管理发展水平",开展了多项持续性的研究。《中国制造业企业质量管理蓝皮书(2016年)》汇聚了近期的研究成果,我们将它们编辑成"管理篇""市场篇""专题篇"和"实践篇"。各篇主要内容如下:

一、管　理　篇

　　为了直观反映我国制造业企业质量管理的整体、综合水平,并通过连续的调查、比较发现系统性的问题和变化,在借鉴管理成熟度评价思想及 ISO9004 标准、卓越绩效模式评分方法的基础上,本篇构建了"制

1

造业企业质量管理成熟度指数"模型。

中国质量协会组织全国各地质量协会、专业机构定期开展"制造业企业质量管理调查"。近期调查结果显示，企业员工质量意识明显提升，卓越绩效、精益管理、质量管理小组等方法普及推广程度高，汽车、航空等行业质量管理水平较高，但我国制造业质量管理成熟度总体偏低，不同地区、规模和行业企业差异明显。研发和技术环节质量管理薄弱。制造过程质量控制的科学化、数据化和精细化水平总体不足。我国制造业在改进质量、降低成本和提升品牌方面存在很大空间。

二、市 场 篇

用户满意度指数（CSI）作为一种新型的反映经济质量的指标，可以应用于产品质量和服务质量评估、企业业绩评价、国家宏观经济运行状况描述。中国用户满意度指数（CCSI）测评体系是在参照和借鉴美国用户满意度指数（ACSI）方法的基础上，根据中国国情和特点而建立的具有中国特色的质量评测方法。

本篇应用中国用户满意度指数（CCSI）模型对汽车行业、家电行业、食品行业进行了用户满意度测评。以 2015 年为主介绍模型指标体系，并对三大行业自 2012 年以来历年的测评发布结果进行发展趋势对比。2015 年我国汽车行业用户满意度指数为 79 分，首次与美国汽车满意度指数持平。自主品牌满意度水平已连续两年有所改善，合资品牌却出现下降。品牌形象首次成为影响满意度的第一要素，用户的感知质量与预期质量的差距进一步扩大。家电行业满意度处于较满意水平，品牌形象和质量水平对满意度的影响最大。冰箱、空调和洗衣机满意度水平高于电视，手机满意度最低。食品行业用户满意度呈现上升态势，消费者对食品行业安全监管的信心较往年有所提升。

三、专　题　篇

　　针对当下一些质量热点和重要问题,本篇收录了质量专家在智能管控、质量保证、可靠性工程,以及未来质量挑战等四个专题的前瞻性研究,旨在展示现阶段质量管理成果,提出质量管理创新的思路,对后续学习、研究和应用予以启发和引导。

　　专题一:在智能制造环境的形成过程中,基于工业互联网和传感器构建智能感知网络获取影响产品质量的底层制造过程、制造设备等的过程数据、工况数据逐渐成为可能。通过分析这些数据信息,掌握产品—制造过程—制造系统质量波动的规律,可以实施主动预防和精准控制。同时,将智能感知系统和智能装备与 MES、ERP、CAPP 和 PDM 等工业软件系统集成,构成完整的产品制造过程质量管控体系就可以实现制造过程全方位、立体化的质量管控。

　　专题二:质保(Quality Warranty)已经成为现代化装备的企业战略性问题,利用质保数据提高产品质量和可靠性,拓展服务领域,正成为企业获得竞争优势的重要策略和手段。专家提出,目前应从产品全生命周期角度,以质保数据分析为基础,系统研究产品质保策略、质量与可靠性改进、质量索赔与质量安全预警、售后服务优化的理论、方法和实现技术。

　　专题三:可靠性系统工程是研究产品全寿命过程中与故障做斗争的工程技术,它运用系统科学与系统工程的理论和方法,从系统的整体性及其同外界环境的辩证关系出发,研究产品发生故障的机理与规律、预防、控制与纠正产品故障的理论与方法,并运用这些机理与规律、理论与方法开展一系列相关的技术与管理活动。由于我国经济与社会的发展阶段决定了我国的工业化水平与西方发达国家还有较大差距,无论学术界、产业界还是政府部门,对可靠性系统工程基础性、通用性和战略性的地位与作用还没有完全认识,造成我国企业可靠性系统工程的发展与国外相比还有较大差距,主要表现在制造企业可靠性系统工程能力薄弱。

专题四:为成为国际市场"公认的全球质量领先者之一",中国下一阶段的质量历程会持续加强 SIPOC（供应—输入—过程—输出—顾客）工业链向供应商和分销商的前后端延伸。同时,开发新一代质量方法时要充分考虑当前的信息技术和传感技术。实施颠覆性的创新,运用质量和顾客亲密度模式,识别隐藏或潜在的顾客需求,开发具有创造性的产品和服务。优先在具有带动性的行业和民生系统引入质量活动。培育中小企业供应商基础,提升质量成熟度。员工与技术的更紧密结合有助于实现"更聪明地工作",为中国劳动密集型经济形成更持久的优势。

四、实 践 篇

质量管理最佳实践是最具说服力的。本篇选取了华为大数据质量预警系统、格力电器 T9 全面质量管理模式、神龙汽车精益管理之路、航天九院广义工艺要素质量监督体系等四个优秀质量管理案例,展示了企业各不相同的提质增效路径,供读者学习、思考和借鉴。

华为将产品质量作为企业立足之本,2005 年建立了 FDPPM（生产失效率）质量预警机制,2008 年建立了质量管理 5 层防护网拦截体系,2013 年依托"互联网+"、大数据分析开展大数据分析质量预警研究。2015 年 1—6 月,运用大数据质量预警共触发质量问题预警 6196 起,发现问题 3733 起,驱动改进 766 起,拦截批次隐患问题 198 起,触发隔离 53 起。生产质量问题同比 2014 年改善 43.7%。

格力电器以追求完美质量为目标,构建了以 CTFP 质量创新驱动环（"顾客需求驱动——检测技术激发——失效机理分析——过程系统优化")为核心,包括"五横"和"四纵"的立体化的质量管理模式。随着 T9 管理体系的全面实施与推广,质量可靠性稳步提升,产品售后故障率连续十年降幅 20% 以上,率先在行业内实施"产品 6 年免费包修"政策。至 2015 年,企业累计自主研发了 1541 项检测技术,研制了 427 类检测设备,自主研究的检测技术及标准,已广泛应用到 1058 家供应商,带动了产业链的整体质量水平的提升和进步。

神龙汽车 2008 年从企业经营瓶颈——营销领域开始导入精益管理,2009 年被定为公司"精益管理年",将精益的理念、原则、方法与工具应用于全价值链改善中,包括经销商和供应商。神龙汽车基于多年实践经验设计了基于战略方向的精益推进策略,确定了精益改善一个流程、两种方法和三类工具。目前,神龙汽车在全价值链上实施精益管理,每年创造改善收益近两亿元。

航天科技九院 2013 年实施基于广义工艺要素的质量监督,制定了以六个工艺纪律检查模块、38 项检查要素、242 条检查准则为内容的质量监督体系。九院领导亲自带队组织技术、管理专家深入一线,边研究、边实施、边改进监督检查方法、内容和流程,形成了以高层领导者质量监督诊断为特点的质量管控模式。至 2015 年,累计实施改进项目 2101 项,与 2011 年相比,每亿元产值质量问题由 3.41 个下降到 0.93 个,质量提升导致的累计增效 8000 多万元。

本书从企业质量管理成熟度、产品用户满意测评、质量专题研究,以及企业最佳实践等多角度,阐述我国制造业企业质量管理的现状和发展趋势,并在前两篇提出了一些提升企业质量管理水平和提升用户满意度的策略。这些成果或基于中国质量协会长期的、务实的调查研究,或基于对我国成功企业的跟踪实证研究,其中蕴含着丰富的信息和帮助企业未来成功的线索。一方面,这些研究成果已经被国家、行业所采纳,出台了质量宏观管理的政策;另一方面,企业可以直接对照本书中提供的质量指标数据和最佳实践,梳理质量管理的盲点、弱点,确定改进空间。同时，本书还可以成为大学、科研机构的师生和研究人员的参考资源。

本书的完成过程中获得了很多方面的指导和支持，我国知名质量管理专家郎志正教授、韩福荣教授、吴晓波教授、安景文教授和孙静教授等对大纲进行了审议；华为公司、格力电器、神龙汽车、航天科技九院无私地贡献了它们的案例；唐晓青教授、马义中教授、康锐教授和格瑞古瑞·沃森（美国质量学会前主席）四位质量专家为本书撰写了专题。王鑫、王玥、李菲、胡成林、胡洪林等同事参与了素材收集和文字编辑工作。在此，本书编写组对所有贡献者致以谢意。

《中国制造业企业质量管理蓝皮书（2016年）》是质量管理领域内第一册蓝皮书，在策划、内容和表达方面可能存在诸多不恰当之处，欢迎读者联系我们（xiawj@ caq.org.cn）。

中国质量协会

2017 年 2 月 18 日

管理篇

　　本篇重点介绍以"制造业企业质量管理成熟度指数"模型为核心的 2015 年全国制造业企业质量管理现状调查结果。直观反映我国制造业企业质量管理的整体、综合水平,通过连续的调查、比较反映系统性的问题和变化。

第一章 企业质量管理现状调查概述

一、调查背景

　　制造业是大国经济的命脉。美国 2011 年推出"先进制造伙伴计划"（Advanced Manufacturing Partnership，AMP），德国 2013 年发布"工业 4.0"，日本发布制造业竞争策略，都旨在抢占和继续领跑经济发展的制高点——制造业。我国制造业产值自 2010 年起连续五年位居世界第一，但整体处于大而不强的状态，突出问题体现在产品质量和品牌不强，产品附加值低。《质量发展纲要（2011—2020 年）》《中国制造2025》提出要促进经济发展方式转变，提高我国质量总体水平，走"质量为先"的道路，实现从制造大国向制造强国转变。

　　要提高我国产品的整体质量水平，必须打牢、抓实质量管理的基础。长期以来，一直缺乏系统、充足的数据阐明我国企业质量管理水平。了解制造业企业质量管理现状，可以为政府宏观指导和制订质量提升指导政策提供依据，也可以帮助企业进行标杆对比，弄清自身定位，识别改进方向。基于此目的，中国质量协会 2009 年开展了食品制造业和通用设备制造业企业质量管理现状调查，2013 年开展了整个装备制造业的企业质量管理现状调查，2015 年开展了涵盖 28 个制造业的质量管理现状调查。调查数据得到了有关政府部门和行业协会的重视和采纳，以及广大企业的参照和应用。

二、调查内容

2015 年制造业企业质量管理现状调查（下称"本调查"）以问卷形式，从领导作用、人力资源与设备保障、研究开发、生产制造、测量分析与改进和顾客服务等六方面考察企业质量管理水平（见表 1-1）。

表 1-1　问卷结构

模　块	指　标	模　块	指　标
领导作用	质量理念	生产制造	供应商管理
	质量机构		供货质量控制
	质量责任		制造过程控制
	质量投入		过程能力
	方针目标		工艺优化
	质量体系		作业标准化
	参与方式		内控标准
	外部认知		质量损失率
	产品品牌		合格率和直通率
	财务绩效		退换货率
人力资源与设备保障	培训时间与比例	测量分析与改进	信息收集与评价
	培训计划与效果		测量系统分析
	培训内容与形式		质量改进驱动因素
	专业人员资格		质量改进实施
	专业队伍建设		质量改进员工参与
	员工满意度		质量工具及效果
	设备维修保养		质量方法及效果
	关键设备保障		

续表

模　块	指　标	模　块	指　标
研究开发	市场研究方式	顾客服务	售后服务管理
	研发管理		质量纠纷应对
	研发管理工具方法		顾客服务质量保证体系
	研发知识管理		产品市场占有率
	标准制修订		准时交付率
	投入与产出		客户体验
	核心技术水平		满意度测评
	技术获取方式		
	关键技术跟踪		
	技术中心认定		
	采用先进标准的情况		

三、调查实施

本调查以省、自治区、直辖市(31个)和企业规模(大中型企业、小型企业)做交叉分层,共62个层,在每个层中进行随机抽样,以各省工业企业的主营业务收入作为参照分配样本量指标。抽样总体为在全国组织机构代码中心登记的2014年规模以上制造业企业(主营业务收入在2000万元及以上)。

样本量分配以各省工业企业的主营业务收入为参照。考虑到调查的可操作性,对各省的样本量进行调整修正。

中国质量协会组织各地方质量协会,从2015年7月至10月实施了调查工作。所有问卷全部采用网上作答,共收到样本2420个,经过复核、筛选,最终确定有效样本1830个。其中大中型企业1186个、小型企业644个。问卷按照不同地域①区分,东部地区663个、中部地区335个、西部地区680个、东北地区152个。样本数较多的行业包括电气机械及器材制造业、食品制造业、专用设备制造业、金属制品业、化学原料和化学制品制造业、非金属矿物制品业、通用设备制造业、汽车制造业、农副食品加工业和医药制造业等(见表1-2)。

表1-2 行业有效样本

行业	样本数	百分比(%)
C13 农副食品加工业	92	4.2
C14 食品制造业	137	6.3
C15 酒、饮料和精制茶制造业	61	2.8
C16 烟草制品业	16	0.7
C17 纺织业	55	2.5
C18 纺织服装、服饰业	72	3.3
C19 皮革、毛皮、羽毛及其制品和制鞋业	28	1.3
C20 木材加工和木、竹、藤、棕、草制品	21	1.0
C21 家具制造业	19	0.9
C22 造纸和纸制品业	24	1.1
C23 印刷和记录媒介复制业	21	1.0
C24 文教、工美、体育和娱乐用品制造业	10	0.5
C25 石油加工、炼焦和核燃料加工业	27	1.2
C26 化学原料和化学制品制造业	128	5.9
C27 医药制造业	84	3.9

---

① 国家统计局将我国的经济区域划分为东部、中部、西部和东北四大地区。东部包括10个省区市:北京、天津、河北、上海、江苏、浙江、福建、山东、广东和海南。中部包括6个省:山西、安徽、江西、河南、湖北和湖南。西部包括12个省区市:内蒙古、广西、重庆、四川、贵州、云南、西藏、陕西、甘肃、青海、宁夏和新疆。东北包括3个省:辽宁、吉林和黑龙江。

续表

行　业	样本数	百分比（%）
C28 化学纤维制造业	11	0.5
C29 橡胶和塑料制品业	63	2.9
C30 非金属矿物制品业	112	5.2
C31 黑色金属冶炼和压延加工业	82	3.8
C32 有色金属冶炼和压延加工业	75	3.5
C33 金属制品业	132	6.1
C34 通用设备制造业	108	5.0
C35 专用设备制造业	137	6.3
C36 汽车制造业	103	4.8
C37 铁路、船舶、航空航天和其他运输设备制造业	65	3.0
C38 电气机械及器材制造业	140	6.5
C39 计算机、通信和其他电子设备制造业	69	3.2
C40 仪器仪表制造业	33	1.5
C41 其他	243	11.2

第二章　企业质量管理成熟度模型

为直观反映我国制造业企业质量管理的整体、综合水平,并通过连续的调查、比较,发现系统性的问题和变化,本调查在借鉴管理成熟度评价思想及 ISO9004 标准、卓越绩效模式评分方法的基础上,构建了"制造业企业质量管理成熟度指数"模型(见图 2-1)。企业质量管理成熟度(Quality Management Maturity,QMM)评价体系总分为 100 分,包括领导作用(M_1)、人力资源与设备保障(M_2)、研究开发(M_3)、生产制造(M_4)、测量分析与改进(M_5)和顾客服务(M_6)六个模块。

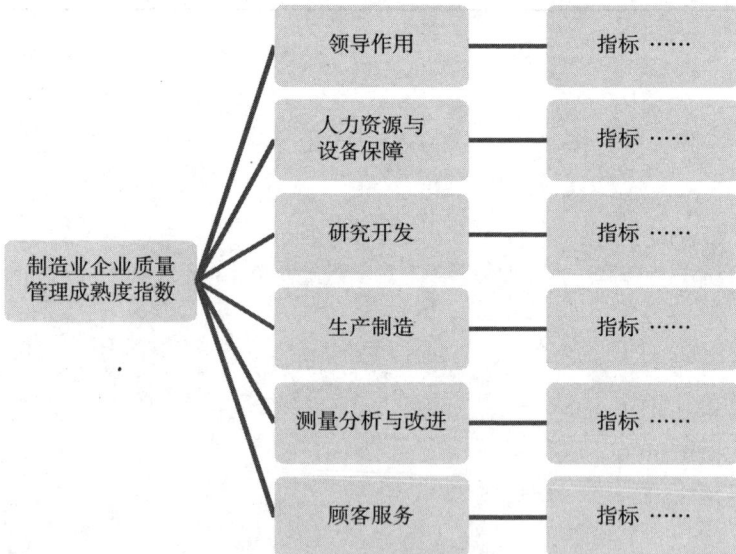

图 2-1　制造业企业质量管理成熟度指数模型

企业质量管理成熟度为

$$QMM = \sum_{i=1}^{n} \bar{\omega}_i M_i \quad (i=1,2,\cdots,n;n=6) \qquad (2-1)$$

模型中各模块的权重系数 ω 由基于方差最大化的主客观组合赋权法确定。主观赋权法是将复杂问题层次化,将定性问题定量化,专家依照不同权重进行综合评价,但是此方法建立在专家主观判断的基础上,受主观因素和认识局限的影响,数据分析的数学理论基础不牢固。客观赋权法利用实际观测数据所提供的信息,有严密的数学理论支撑,运用数学理论与方法确定各个指标的权重系数,但在实际情况中,最重要的指标不一定具有最大的权重系数,得出的结果可能与各属性的实际重要程度相悖,难以给出明确的解释。本调查采用主客观组合赋权法,将决策者给出的主观权重偏好信息与客观的决策矩阵信息进行有机的集成,使确定的权重同时反映主观程度和客观程度。

各模块的主观权重(V)由层次分析法(AHP)确定,客观权重(U)由熵值法确定,最后各模块的权重系数(ω)由 V 和 U 组合计算得出。

(1)主观权重系数由 AHP 法确定,具体如下:

本调查课题组邀请各行业各领域质量专家分别对领导作用、人力资源与设备保障、研究开发、生产制造、测量分析与改进、顾客服务六个模块进行两两比较,量化打分,通过 AHP 法确定各模块权重,建立综合判断矩阵(见表2-1)。

表2-1 质量管理成熟度评价体系中各模块的权重(V)

模块	模块判断矩阵一致性比例:0.0108;对总目标的权重:1.0000						
	领导作用	人力资源与设备保障	研究开发	生产制造	测量分析与改进	顾客服务	权重(%)
领导作用	1	2.404995	1.894993	1.804993	1.504992	1.394991	25.2
人力资源与设备保障	0.415801	1	2.04939	2.04939	1.68997	1.3	19.9
研究开发	0.527706	0.48795	1	1.694993	1.404991	1.30499	14.9

模块	模块判断矩阵一致性比例:0.0108;对总目标的权重:1.0000						
	领导作用	人力资源与设备保障	研究开发	生产制造	测量分析与改进	顾客服务	权重（%）
生产制造	0.554019	0.48795	0.589973	1	2.074849	1.984943	15.0
测量分析与改进	0.664455	0.591726	0.711748	0.481963	1	3.504996	14.8
顾客服务	0.71685	0.769231	0.766289	0.503793	0.285307	1	10.2

为计算方便,六个模块的权重保留 2 位小数,具体权重如表 2-2 所示:

表 2-2　AHP 法确定的各模块权重系数(V)

模　块	权重系数
领导作用	0.25
人力资源与设备保障	0.20
研究开发	0.15
生产制造	0.15
测量分析与改进	0.15
顾客服务	0.10

（2）客观权重系数由熵值法计算得出,计算公式为:

$$E_j = -\ln(n)^{-1} \sum_{i=1}^{n} p_{ij} \ln p_{ij} \quad (i=1,2,\cdots,n) \tag{2-2}$$

其中,E_j 为第 j 个题目的熵值,p_{ij} 表示的是第 j 个题目的第 i 个信息的不确定度(出现的概率)。

各属性的权重系数的计算公式为:

$$W_j = \frac{1-E_j}{k-\sum E_j} \quad (j=1,2,\cdots,k) \tag{2-3}$$

其中，E_j 为各属性的熵值，k 为常数。

各模块的权重系数的计算公式为：

$$U = \sum_{i=1}^{n} W_i \quad (i = 1, 2, \cdots, k) \tag{2-4}$$

其中，W_i 为各属性的权重系数。

以此方法确定的各模块权重系数见表2-3。

表 2-3　熵值法确定的各模块权重系数（U）

模　块	权重系数
领导作用	0.16
人力资源与设备保障	0.15
研究开发	0.22
生产制造	0.20
测量分析与改进	0.09
顾客服务	0.17

（3）主客观组合赋权系数计算公式为：

$$\bar{\omega} = \alpha U + \beta V \tag{2-5}$$

其中

$$\alpha = \cfrac{1}{\sqrt{1 + \cfrac{\sum\limits_{j=1}^{m} \sum\limits_{i=1}^{n} (r_{ij} - \overline{r_{ij}})^2 u_j}{\sum\limits_{j=1}^{m} \sum\limits_{i=1}^{n} (r_{ij} - \overline{r_{ij}})^2 v_j}}}$$

$$\beta = \cfrac{1}{\sqrt{1 + \cfrac{\sum\limits_{j=1}^{m} \sum\limits_{i=1}^{n} (r_{ij} - \overline{r_{ij}})^2 v_j}{\sum\limits_{j=1}^{m} \sum\limits_{i=1}^{n} (r_{ij} - \overline{r_{ij}})^2 u_j}}}$$

（r_{ij} 表示属性 i 的 n 个属性值）

表2-4　AHP法和熵值法确定的各模块权重系数（ω）

模　块	权重系数
领导作用	0.21
人力资源与设备保障	0.18
研究开发	0.19
生产制造	0.18
测量分析与改进	0.12
顾客服务	0.13

第三章 企业质量管理主要特点及趋势

一、质量管理成熟度总体偏低,不同地区、规模和行业企业差异明显

企业质量管理成熟度模型满分为 100 分,得分越高代表质量管理水平越高。调查显示,制造业企业质量管理成熟度得分平均为 55.54(见表 3-1)。从不同区域来看,中部和东部地区的质量管理水平相对较高,得分别为 57.73 和 56.91,东北(54.90)和西部(53.26)显著偏弱。从不同企业规模来看,大中型企业(58.18)质量管理水平显著高于小型企业(50.67)。从不同行业来看,汽车制造业得分最高,为 61.87;农副食品加工业为 53.99;非金属矿物制品业最低,为 52.46,行业差距较为明显。总体而言,制造业企业质量管理水平还有较大提升空间。

表 3-1 全国、不同区域、规模、行业的企业质量管理成熟度得分情况

全 国		55.54
区 域	东 部	56.91
	中 部	57.73
	西 部	53.26
	东 北	54.90
规 模	大中型	58.18
	小 型	50.67

续表

全 国		55.54
行 业	C36 汽车制造业	61.87
	C38 电气机械及器材制造业	59.29
	C34 通用设备制造业	57.73
	C35 专用设备制造业	56.66
	C14 食品制造业	56.65
	C13 农副食品加工业	53.99
	C33 金属制品业	53.56
	C26 化学原料和化学制品制造业	53.43
	C30 非金属矿物制品业	52.46

从成熟度模型的六个模块来看（见图3-1），顾客服务和领导作用两个方面的得分最高（分别为61.45和59.41），其次是研究开发（57.04）和人力资源与设备保障（54.80），得分最低的是测量分析与改进（50.33）和生产制造（49.39）。结合前述分析可以看出，我国仍处于工业化进程中，与先进国家相比还有较大差距。制造业大而不强，生产过程质量控制和测量的科学化、数据化和精细化水平总体上仍处于低端水平，是制约企业持续提升质量、降低成本的重要原因，是"中国制造"品牌提升的瓶颈所在。

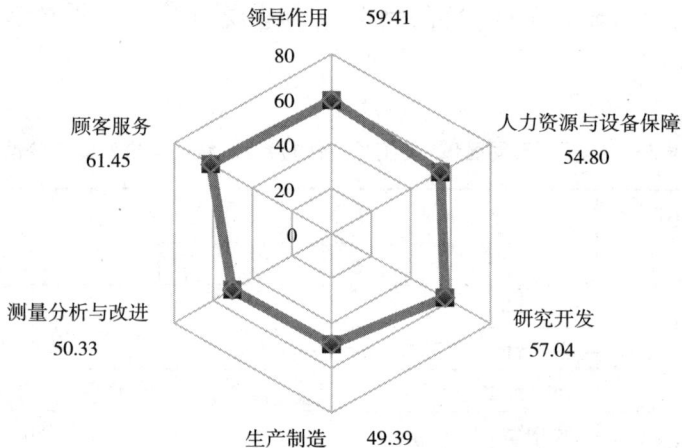

图3-1 质量管理成熟度六个模块的得分情况

在被调查企业中,80.4%的被调查企业未上市,16%的企业国内上市,3.6%的企业境外上市。质量管理成熟度结果显示:未上市企业的质量管理水平相对较低,与上市企业相比有很大差距(见图3-2)。

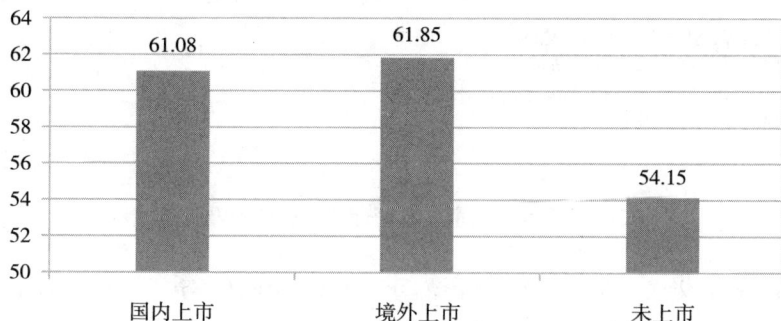

图3-2　不同上市情况的企业质量管理成熟度得分

二、企业内基本普及质量理念, 尚未形成有效质量经营

(一) 没有充分开展以质量为中心的经营活动

调查显示,95.7%的被调查企业将"顾客导向""质量第一"等质量理念纳入到企业经营理念中,并且通过适当的沟通方式传达到全体员工(见图3-3)。但是能够将质量理念传递到供应商、合作方,协调一致地开展质量活动的只有65.4%,能够做到质量经营并最终形成竞争优势的只有26.9%。这说明大部分企业将质量理念固化在企业内部,没有将本企业的质量理念宣贯、展开到供应商、合作方、顾客和社会等相关方,没有真正实施"以质量为中心的质量经营",不能有效提高企业价值(质量、品牌)和竞争力。

此外,81.2%的被调查企业在员工质量管理知识及质量技能培训方面有投入规划、明确预算,并有效执行;68.5%的企业在检验及质量

1.企业经营理念中无明确提及质量基本理念　4.3%

2.质量基本理念已成为企业经营理念的一部分，
　并让全体员工周知和理解　30.3%

3.向供应商、合作方传达质量理念　22.0%

4.向顾客、相关业界和邻近地区宣传质量基本
　理念以及企业实施质量活动　16.5%

5.通过宣传这些质量理念和实施质量活动，
　提高企业价值及竞争力　26.9%

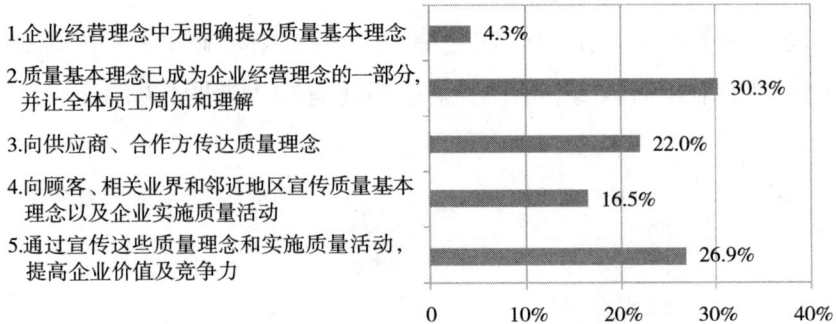

图3-3　质量理念在企业经营理念中的位置及普及情况

监测设备有投入；而在识别顾客需求（如市场调研等）方面的比例只有34.4%；在质量信息系统方面的比例为24%。表明大部分企业质量投入仍局限于人员培训和检测设备，对顾客需求识别、质量信息系统等方面重视不够（见图3-4）。

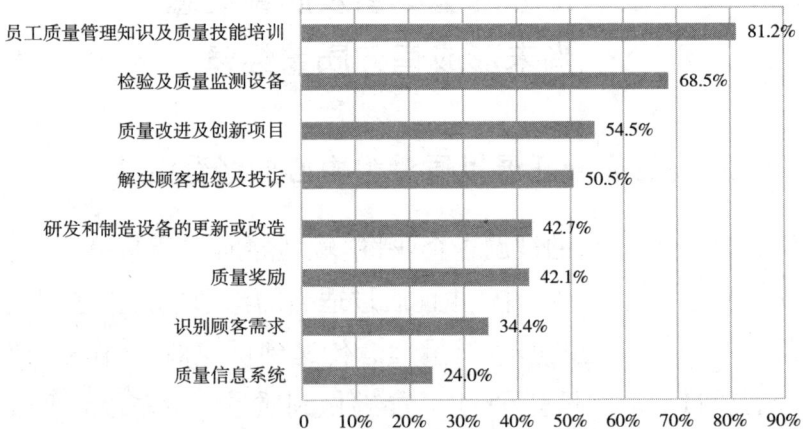

员工质量管理知识及质量技能培训　81.2%

检验及质量监测设备　68.5%

质量改进及创新项目　54.5%

解决顾客抱怨及投诉　50.5%

研发和制造设备的更新或改造　42.7%

质量奖励　42.1%

识别顾客需求　34.4%

质量信息系统　24.0%

图3-4　2014年质量投入及执行情况

（二）高层领导主动深入参与质量改进工作少

调查显示，94.8%的被调查企业高层领导都关注和参与质量工作，但只有51.4%的企业高层领导能够定期主持质量工作评价，推进质量

改进,能够直接参与改进并取得成效的仅占 19.7%(见图 3-5)。调查还显示,小型企业高层管理者重视和主动参与的程度相比大中型企业更低。全面质量管理有"头 QC"之称,新版 ISO9001:2015 也进一步明确了最高管理者对质量的领导作用,没有高层管理者的重视和以身垂范,很难保证质量工作的有效开展和落实,更无法保证在全公司范围形成协调一致、相互支撑的制度体系和行动方案。

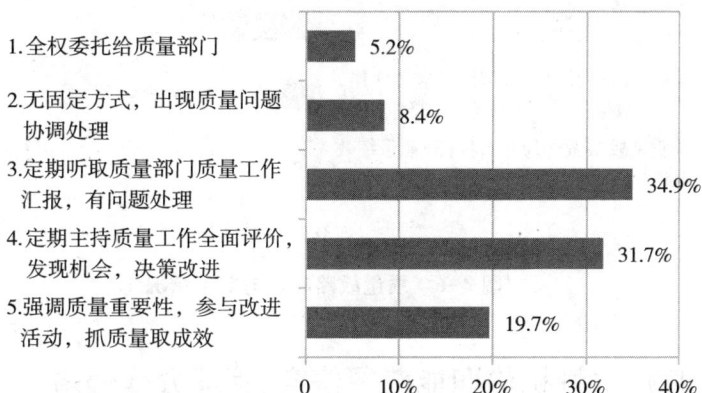

1.全权委托给质量部门	5.2%
2.无固定方式,出现质量问题协调处理	8.4%
3.定期听取质量部门质量工作汇报,有问题处理	34.9%
4.定期主持质量工作全面评价,发现机会,决策改进	31.7%
5.强调质量重要性,参与改进活动,抓质量取成效	19.7%

图 3-5　高层领导关注和参与质量工作的情况

(三) 将质量真正上升为战略层次并付诸行动的不多

调查显示,尽管有 87.4%的被调查企业宣称制定了质量战略,但是从企业填答发布的质量战略内容来看,很多企业将质量方针和目标等理解为质量战略,还有的企业将质量管理体系理解为质量战略,总体来看,质量战略概念不清晰、比较混乱,只有少数的企业有较为清晰的质量战略表述,并且通过分解和落实取得了实际的成效。调查还显示,51.7%的企业尽管有质量战略,但是由于适用性上存在问题,基本上停留在理念的层面,未能有效地转化为实际行动并为企业带来效益。只有 35.7%的企业发布了质量战略并且将战略目标和举措分解到部门和人员,但是展开范围以及实施效果参差不齐,总体状况不佳(见图

3-6）。以上情况表明,我国制造业企业对于质量战略及其与整体战略规划的关系等基本问题的认识还比较混乱,难以有效地指导相关决策。

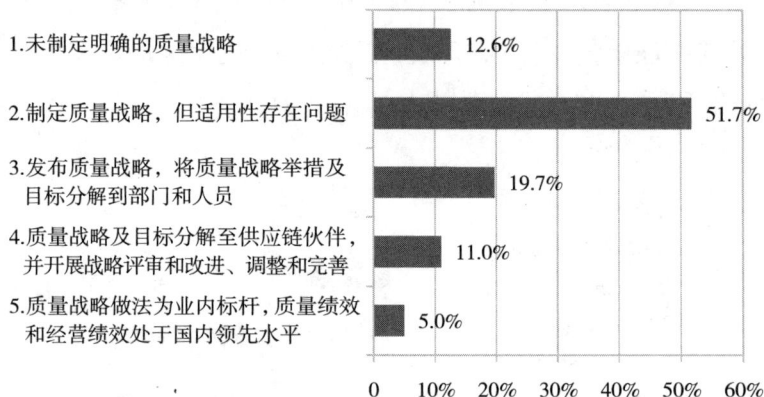

项目	比例
1.未制定明确的质量战略	12.6%
2.制定质量战略,但适用性存在问题	51.7%
3.发布质量战略,将质量战略举措及目标分解到部门和人员	19.7%
4.质量战略及目标分解至供应链伙伴,并开展战略评审和改进、调整和完善	11.0%
5.质量战略做法为业内标杆,质量绩效和经营绩效处于国内领先水平	5.0%

图 3-6　质量战略制定与实施情况

（四）质量机构职能范围偏窄、管理力度偏弱

全面质量管理着眼于企业长期发展,需要强有力的质量管理组织保证和专业人员支撑。调查显示,81.1%的被调查企业有专设的质量管理部门,能够有效地开展质量保证工作,但只有 20.8%的企业其质量管理部门被赋予明确的协调职能,能够组织和监督同级部门落实质量要求(见图 3-7)。但从企业填答的质量管理部门职能来看,主要集中在生产制造相关环节,研发和采购部门的质量控制活动还比较薄弱。这说明尽管制造业企业对于质量的重要性已高度认同,并且在政府倡导和行业推动的基础上开展了较长时期的质量管理工作,但到目前为止,质量管理机构的设置还不完善,职能定位也普遍存在单一和狭窄的问题,不能有效地支撑企业全流程、全企业、全方位和系统化质量管理活动的开展。

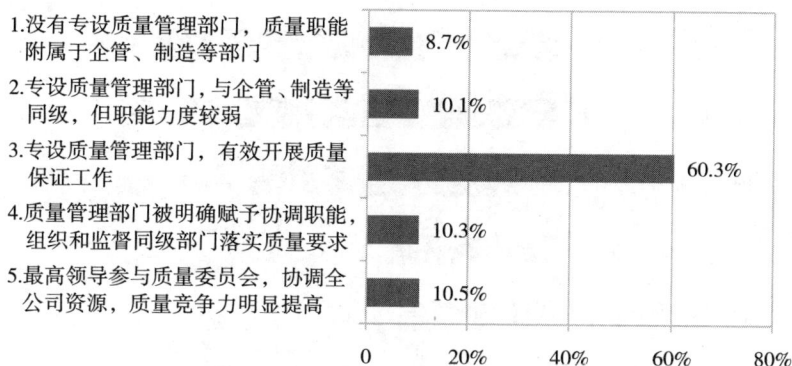

1.没有专设质量管理部门，质量职能附属于企管、制造等部门　8.7%

2.专设质量管理部门，与企管、制造等同级，但职能力度较弱　10.1%

3.专设质量管理部门，有效开展质量保证工作　60.3%

4.质量管理部门被明确赋予协调职能，组织和监督同级部门落实质量要求　10.3%

5.最高领导参与质量委员会，协调全公司资源，质量竞争力明显提高　10.5%

图 3-7　质量管理机构设置情况

（五）产品质量仍然是品牌价值提升的瓶颈

调查显示,77.4%的被调查企业已经制定了品牌推广的系统策略,但是仅有 14.7%的企业制定并实施战略品牌管理,形成全国的知名品牌,持有国际上有影响力品牌的企业只占 8.3%。2015 年国际品牌集团(Interbrand)全球最佳品牌 100 强榜单中,仅华为(第 88 位)与联想(第 100 位)两家中国制造业企业上榜。关于提升品牌价值的途径,57.4%的被调查企业认为应加强"提升产品质量",其次是"加大品牌宣传""创新产品推广方式",最后是"品牌培育指导"和"获取品牌推广抓手"(见图 3-8)。这说明,产品质量不高依然是品牌价值提升需要突破的瓶颈,要想提升产品品牌价值,企业还是首先要扎扎实实做好质量管理。

调查还显示,国内制造业企业在履行社会责任、主动塑造负责任的企业公民方面还极其薄弱。优秀的环境和优秀的质量是互补的,优秀的环境绩效是更高质量的驱动力。调查结果显示,超过 59.4%的被调查企业制定了环境保护的目标,但仅有 28.5%的企业执行降低环境负荷的具体措施,能够做得出类拔萃的仅有 4.2%(见图 3-9)。这说明相当数量的制造业企业还没有认识到社会责任与产品质量、品牌价值的关联性,没有全方位进行品牌培育。

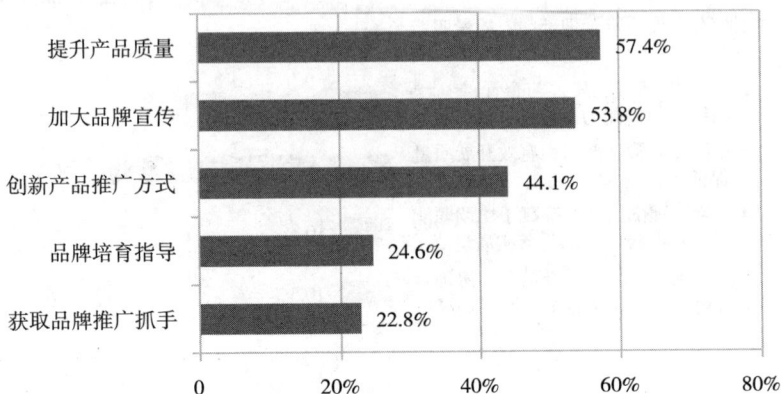

图 3-8　提升品牌价值最需加强的方面

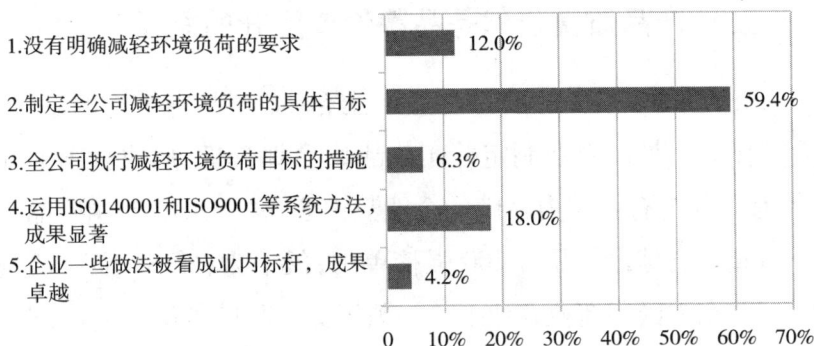

图 3-9　开展环境保护活动的情况

三、普遍开展质量培训工作，
培训力度和效果仍待提高

（一）质量培训投入不足、员工覆盖率低

调查显示,95.4%的被调查企业制定了年度质量培训计划,77%的企业已经开展"从新员工到高层管理者不同级别的质量培训"。教育培训经费投入占主营业务收入的比例均值为 0.79%（见表 3-2）。可

以说,绝大多数企业按照质量管理体系要求开展了质量培训活动。但参加教育培训的人数占从业总人数的比例仅为62.2%,参加质量培训的人数占从业总人数的比例只有47.0%,高层领导者参与过质量培训的也仅有62.4%。这表明,企业全员质量培训的覆盖面还远远不够,不能有效保障员工质量素质满足岗位要求的质量要求。

表3-2　企业教育培训投入情况

企业规模	教育培训经费投入比例(%)	教育培训参与人数比率(%)	质量教育培训参与人数比率(%)	人均培训课时数(小时)
大中型	0.80	64.7	47.8	22
小　型	1.06	57.7	45.4	21
总　计	0.79	62.2	47.0	22

调查还显示,仅有14.9%的被调查企业认为质量教育培训投入非常充足(9分以上,满分10分),仍有45.4%的企业认为不充足(6分以下)(见图3-10)。

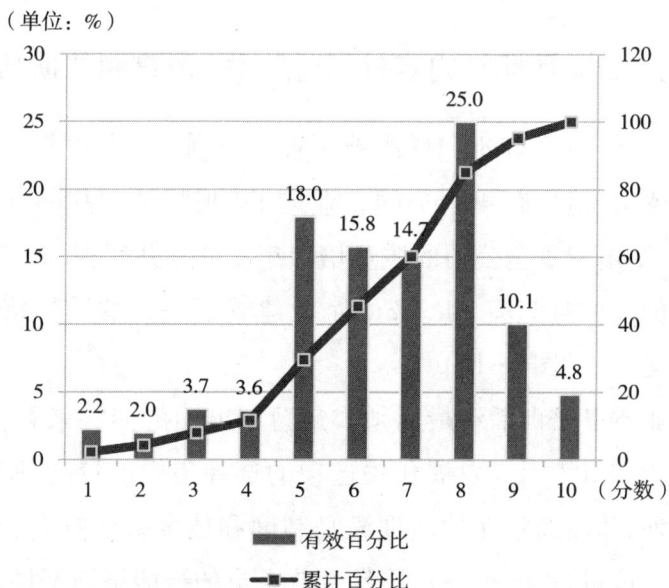

图3-10　对教育培训投入充足程度的评分情况(满分10分)

对于认为对教育培训投入不充足的原因，55.5%的被调查企业认为是"经费不足"，50.3%的企业认为是"缺乏规划"，41.0%的企业认为是有计划但"落实不到位"（见图3-11）。这说明企业在质量培训方面投入的资源和组织保障不力，未能满足企业和员工发展的需求。

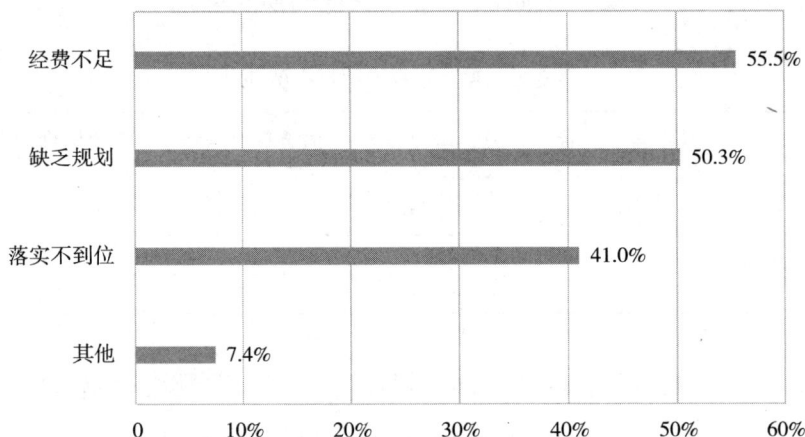

图3-11　对教育培训充足程度评价低（<4分）的原因

（二）培训目标与内容针对性不强，严重制约队伍建设

调查显示，尽管有80.1%的被调查企业制定了年度培训计划并对过程进行评价，但只有40.6%的企业能够"根据公司战略和质量体系运行情况，制定覆盖全公司的质量培训年度计划并实施，对培训效果进行适宜评价"，而且只有14.3%的企业建立了完善的质量培训管理体系并有效运行（见图3-12）。

从企业质量培训活动最亟须或最薄弱方面的回答来看，与质量专业人员技能和员工个人发展相关选项的选择集中度较高：质量专业职业资格培训、急需新技能的培训激励制度和技术人员质量工具方法培训位列前三位，这说明企业对质量专业人员的技能培训不足，相关的激励政策和个人职业发展通道不配套，质量从业人员受重视程度不够，严

1.未制定质量培训年度计划　4.6%

2.根据员工需求，制定少数部门的质量
培训年度计划，但未落实并评价效果　15.3%

3.根据员工需求和公司要求，制定实施
部门质量培训年度计划，对培训评价　39.4%

4.根据公司战略和质量体系，制定并实施
公司质量培训年度计划，对培训评价　26.3%

5.公司建立质量培训管理体系并运行，
持续改进质量培训　14.3%

0　10%　20%　30%　40%　50%

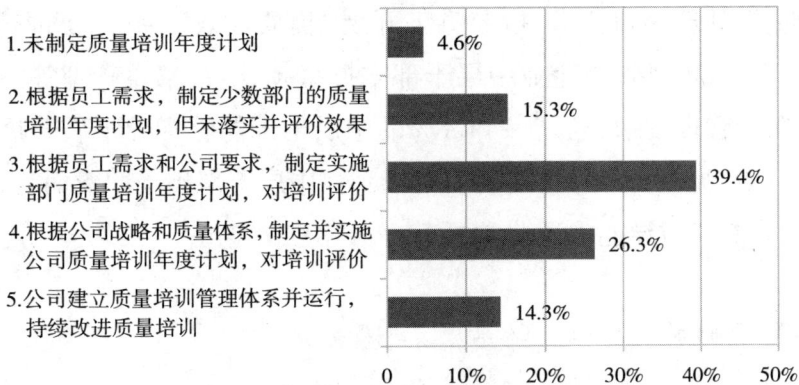

图3-12　质量培训计划及培训效果

重制约了制造业企业质量专业队伍的建设。

调查还显示，78.6%的被调查企业质量专业人员队伍建设主要集中在制造和质量部门，仅有21.4%的企业在研发、采购和服务等环节设立了质量专业人员（见图3-13）。这些都说明大多数企业未能从全流程、全企业的角度培养和配备符合质量技能要求的专业人员，这种现象在小型企业更为突出。

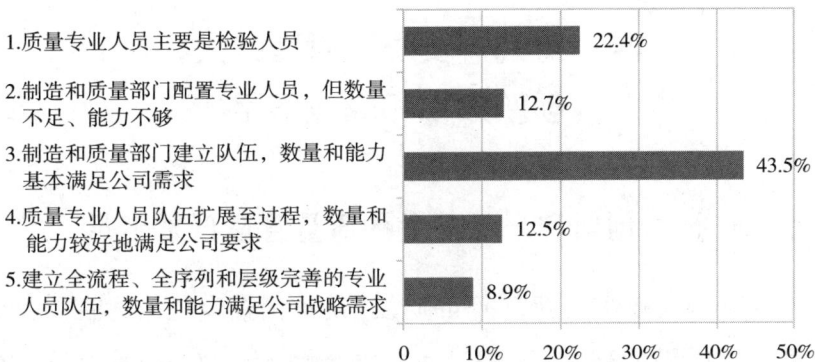

1.质量专业人员主要是检验人员　22.4%

2.制造和质量部门配置专业人员，但数量
不足、能力不够　12.7%

3.制造和质量部门建立队伍，数量和能力
基本满足公司需求　43.5%

4.质量专业人员队伍扩展至过程，数量和
能力较好地满足公司要求　12.5%

5.建立全流程、全序列和层级完善的专业
人员队伍，数量和能力满足公司战略需求　8.9%

0　10%　20%　30%　40%　50%

图3-13　质量专业人员队伍建设情况

（三）管理层质量培训不足，质量指导能力薄弱

与产品实现过程紧密相关的中层干部作为管理者，需要掌握充足

的质量管理理论和技术,指导员工开展"提质增效"活动。调查显示,仅有25.8%的被调查企业中层干部掌握卓越绩效、精益管理等一些先进的质量管理技术,且只有11.8%的中层干部能够指导下属开展质量管理活动(见图3-14)。这说明对于企业中层干部担当职责而言,质量理论、技能和指导能力还非常匮乏。

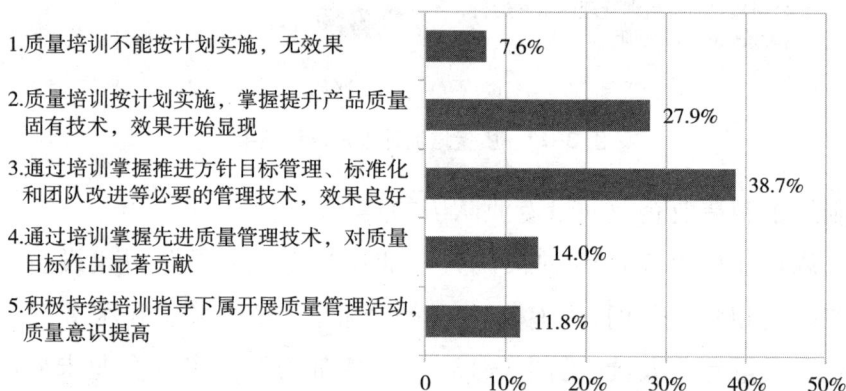

图3-14　与产品实现过程紧密相关的中层干部质量培训情况

四、研究开发质量管理缺失,
创新效率和成效不足

（一）技术创新和产品开发的质量管理严重不足

调查显示,"技术创新""产品研发"是被调查企业认为在质量管理方面最需要加强的环节,选择这两方面的企业占比分别为49.4%和46.1%。此问题在小型企业更为突出,比例分别是51.3%和48.6%(见图3-15和图3-16)。

这说明我国制造业有近半数企业在技术创新和产品研发方面,还没有进行充分的质量管理,严重制约了"中国制造"的质量竞争力。

技术创新 49.4%
产品研发 46.1%
制造过程控制 40.5%
人员素质 28.5%
质量信息化系统 27.0%
采购管理 17.0%
标准化 14.6%
设备管理 13.7%
检验 10.5%
服务 8.7%
储运 4.2%
其他 0.8%

0　10%　20%　30%　40%　50%　60%

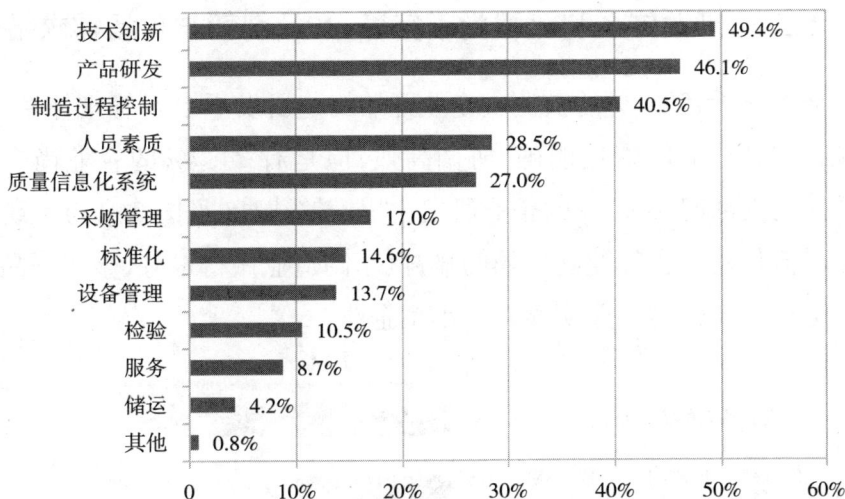

图 3-15　质量管理最需要加强的环节

（单位：%）

环节	大中型	小型
技术创新	48.4	51.3
产品研发	44.7	48.6
制造过程控制	41.2	39.3
质量信息化系统	30.2	21.2
人员素质	27.7	29.8
采购管理	17.9	15.5
标准化	15.0	14.0
设备管理	12.5	15.7
检验	8.4	14.3
服务	7.8	10.3
储运	4.9	2.9

■大中型　■小型

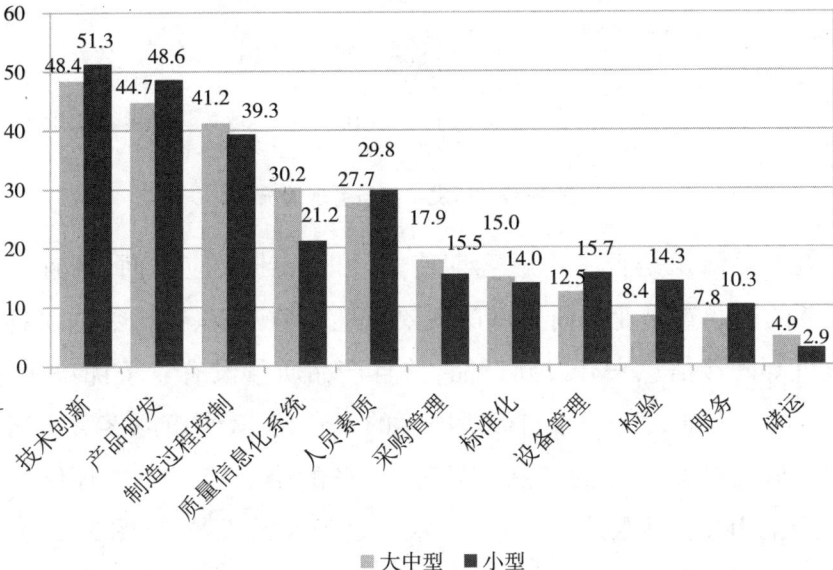

图 3-16　不同规模的企业质量管理最需加强的环节

（二）研发体系和流程尚不完善，产品创新与市场需求错位

调查显示，59.8%的被调查企业开始构建研发平台及管理体系，研发工作与其他部门责任明确、协调高效，但是有24.7%的企业尚未建立产品研发部门，40.2%的企业研发流程不够清晰（见图3-17）。研发体系和流程建设在行业间差异明显，汽车制造业做得最好，金属制品业做得最差。大中型企业明显好于小型企业。

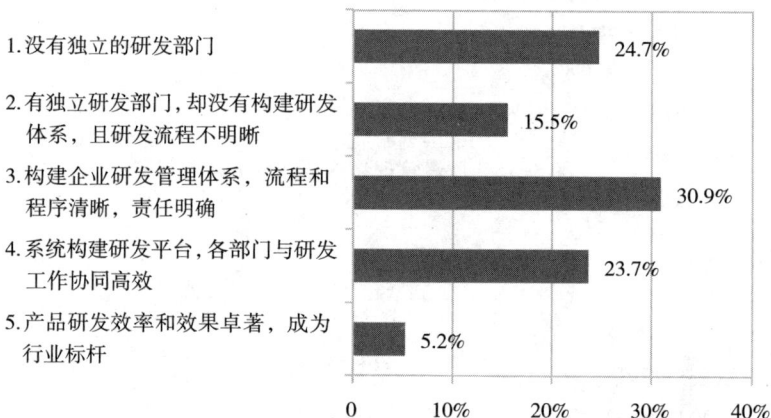

1. 没有独立的研发部门 — 24.7%
2. 有独立研发部门，却没有构建研发体系，且研发流程不明晰 — 15.5%
3. 构建企业研发管理体系，流程和程序清晰，责任明确 — 30.9%
4. 系统构建研发平台，各部门与研发工作协同高效 — 23.7%
5. 产品研发效率和效果卓著，成为行业标杆 — 5.2%

图3-17　研发组织与管理情况

在产品研发是否考虑顾客期待并及时作出反应方面，调查显示，88.7%的被调查企业的研发部门主要通过市场调查、销售数据信息、市场投诉等间接信息来开发新产品，并且产品质量没有竞争优势。仅有11.3%的企业研发部门亲自倾听顾客的声音，有效了解顾客真实需求，生产出国内有竞争力的产品。只有2.8%的企业充分考虑环保、社会责任乃至相关方的要求，而且产品水平处于国际领先（见图3-18）。

这说明企业的产品创新没有充分做到从顾客和市场需求出发，研发环节和市场环节存在脱节现象，并且缺乏社会责任感和长远发展思维，造成产品创新成效低。

1.产品开发从设计者或企划部门考虑，当销路不畅或市场投诉时，进行局部调查 13.4%

2.市场调查或销售部门向产品开发部门反馈行业内生产销售数据和市场信息 29.8%

3.分析市场信息明确需求，与开发部门沟通，生产出与竞争对手同等的产品 45.4%

4.利用顾客信息、倾听顾客声音、预测需求及其变化，生产出国内领先产品 8.5%

5.考虑环保、社会责任乃至社会相关方的要求，生产出世界领先产品 2.8%

0 10% 20% 30% 40% 50%

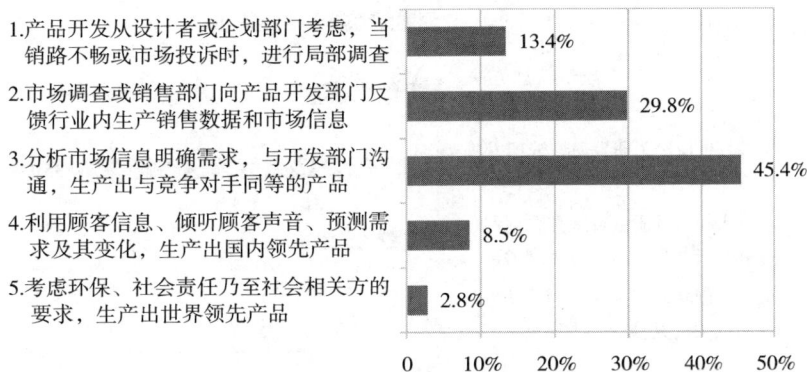

图 3-18　考虑顾客期待并及时反映在新产品开发上的情况

（三）研发质量工具和方法应用不足，知识管理水平低

调查显示,48.3%的被调查企业在使用研发质量工具方面有局限,使用效果不佳,甚至有19.2%的企业没有使用提升研发效率的质量工具和方法。能够很好地应用研发质量管理方法的企业比率仅有16.6%,这其中仅有半数企业能够系统化地运用质量功能展开（Quality Function Deployment,QFD）,设计故障模式与影响分析（Design Failure Mode and Effects and Analysis,DFMEA）等这些必备的研发质量工具方法（见图3-19）。这说明质量工具方法还没有很好地纳入到研发流程中,没有很好地应用。由此可见,我国制造业研发质量管理还很薄弱,缺乏科学性和系统性的提升。这势必影响产品创新的质量和速度,与我国"十三五"发展规划提出的创新发展理念的要求不匹配。

调查还显示,48.8%的被调查企业没有在研发过程中系统地开展知识管理,具有研发过程知识管理信息系统的企业只有15.6%,尚有18.2%的企业认为开展此项工作的时机尚未成熟,30.6%的企业只是在少数环节零星地开展了知识管理（见图3-20）。考虑到ISO9001：2015标准专门新增条款特别强调知识管理的重要性,作为企业完整的质量管理体系中不可缺少的一个条款内容,知识管理工作亟待加强。

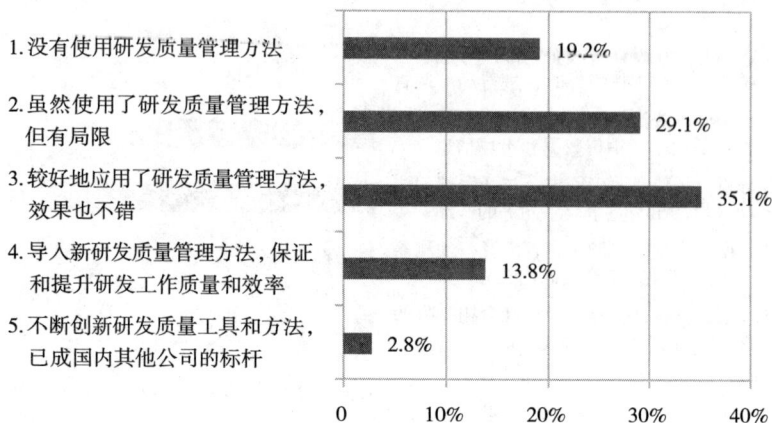

图3-19 研发质量工具和方法的使用情况

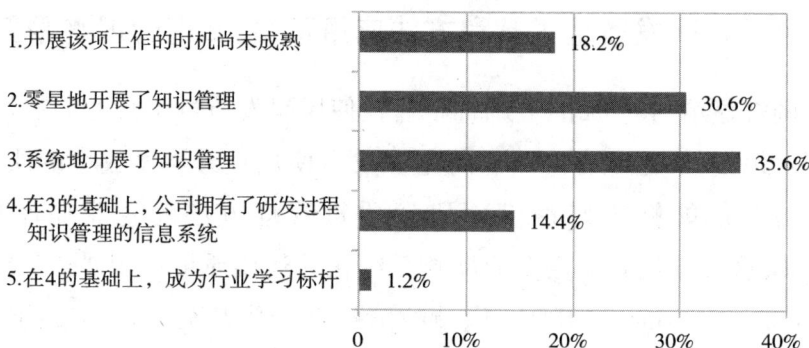

图3-20 研发过程中开展知识管理的情况

（四）产品创新能力不足，贡献率不高

调查显示，被调查企业的近三年新产品数占产品总数的比例平均为25%，新产品销售额占总销售额的比例平均为27.26%。另外，40%的被调查企业全力以赴地开发所需要的新技术，但其中仅五成的企业能够将新技术进行有效商品化。这说明产品创新的市场价值有所体现，但新技术的高附加价值仍没有充分显现。调查还显示，亿元产值发明专利数平均为0.22件，距离《中国制造2025》提出的2020年应达到0.70件的要求相距甚远（见表3-3）。

表3-3 不同区域、规模的企业新产品开发投入产出情况

		近三年开发的新产品数占产品总数的比例(%)	新产品销售额占主营业务收入的比例(%)	研发投入占主营业务收入的比例(%)	研发人员比例(%)	亿元产值专利数(件)	亿元产值发明专利(件)	实用新型专利(件)	外观设计专利(件)
区域	东部	28.73	30.62	2.60	5.94	1.29	0.22	16.01	7.48
	中部	25.78	30.24	2.30	6.60	1.86	0.27	11.97	3.62
	西部	21.96	23.65	2.37	5.99	1.37	0.19	5.91	2.18
	东北	20.80	22.02	2.18	6.02	0.96	0.17	8.61	1.83
规模	大中型	25.95	28.41	2.45	6.01	1.33	0.23	15.13	6.19
	小型	23.24	25.15	2.39	6.24	1.55	0.18	2.34	0.75
总计		25.00	27.26	2.91	7.74	1.39	0.22	11.57	4.68

在企业对"产品成本""产品质量""产品交付""产品创新速度""公司财务"及"总体评价"等维度的自我评价中,创新速度评价均值为3.62(满分5分),低于总体评价均值的3.83,排位靠后(见图3-21)。相比较产品质量和产品交付而言,企业普遍对自身创新能力不满意,认为在产品创新方面没有优势,特别是对创新速度和创新质量没有自信,创新能力有待提升。

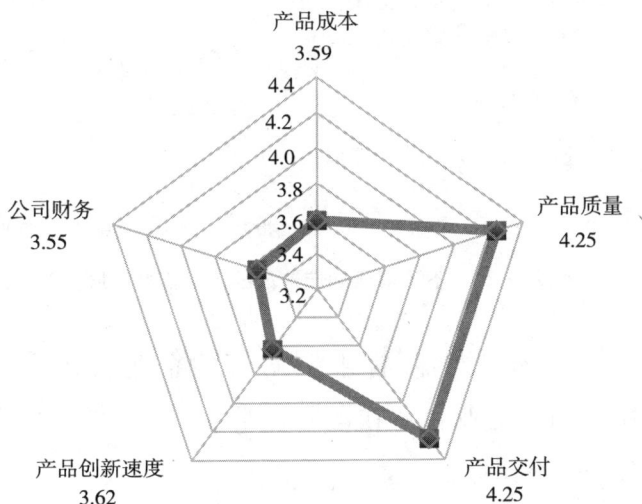

图3-21 企业综合表现自我评价(满分5分)

五、产品标准体系普遍建立，
与世界先进水平尚有差距

（一）标准国际化认知不够，国际标准制订参与度低

调查显示，18.1%的被调查企业不了解自己所制造产品的国际标准。其中，67.2%的企业认为国际标准不适用于本企业制造的产品，这在一定程度上说明企业对国际标准的认识和研究不够。25.3%的企业表示没有途径去了解相关国际标准；选择其他原因的被调查企业中有14%认为自己的产品不出口或不涉及国际业务，没有必要采用国际标准（见图3-22）。这说明政府有关主管部门对于标准的信息公开力度不够，对采用国际标准重要性的宣传不够，信息渠道和平台建设亟待加强。

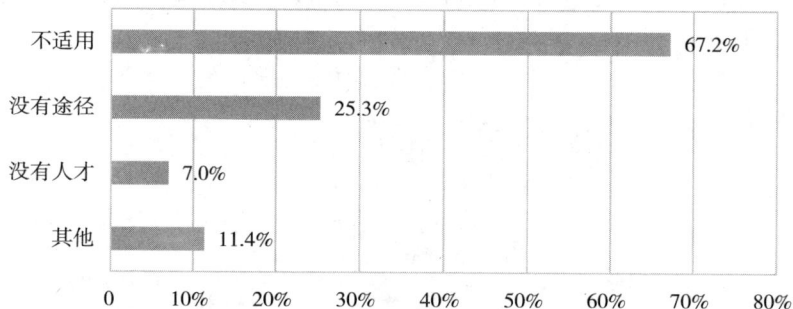

图3-22 不了解所制造产品的国际标准的原因

另外，参加或牵头国际标准制修订的企业占比为1.4%（见图3-23），说明我国制造业企业在国际标准制/修订方面的话语权低，与制造大国的地位不相称。

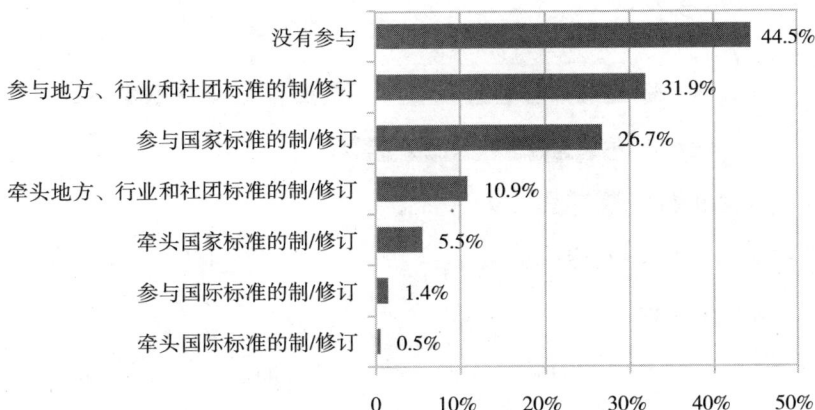

图 3-23　参与国际、国家、行业、地方标准的制/修订情况

（二）企业产品标准与国际领先标准水平差距较大

调查结果显示,96%的被调查企业已将国家标准作为企业产品质量检验和交付顾客的质量基准,其中还有近60%的企业建立了高于国家标准的内控标准(2013年装备制造业为36%),表明在国家标准化建设的推动下,制造业企业的产品标准正在不断规范和提升。

但调查结果也显示,只有12%的被调查企业执行的标准达到国际先进标准水平,且其中仅2%的企业执行的标准严于国际先进标准(尽管有37%的企业认为本企业95%以上的产品实际质量标准已达到国际标准水平),由此可见,目前国家标准和企业内部标准总体水平与国际先进标准仍有差距。

另外,分别只有31.4%和6.1%的被调查企业认为本企业主导产品的技术水平达到国内领先水平和国际先进水平(见图3-24),因此目前企业在执行的标准水平和产品实际达到的实物质量水平之间,也存在明显的差异。考虑到国际标准和国家标准作为通用性技术规范,只是最基础的技术要求,在此基础上根据顾客需求设定更高的质量目标、过程控制技术标准和出厂产品检验标准,应成为企业提升产品质量竞争力的一个重要方面。

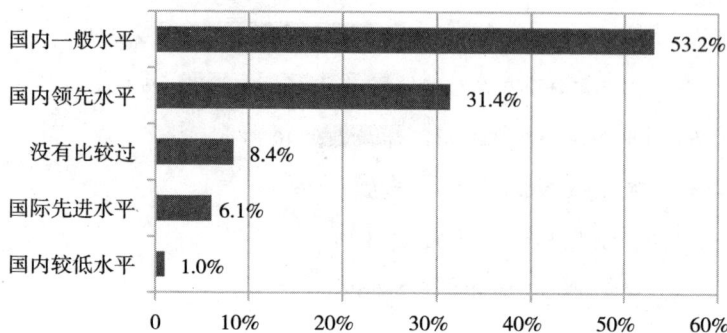

图 3-24　主导产品的技术水平

六、员工参与质量改进不充分，
解决问题精细化程度不高

（一）员工参与质量改进不充分

美国著名质量专家朱兰博士指出，质量改进必须依靠一个项目一个项目的积累。全员参与是成功实施质量管理的根本原则之一。调查显示，82.3%的被调查企业已经开展团队质量改进活动，且认为效果较好的企业比例达到51.7%（QC小组、精益团队、六西格玛团队等），员工参与质量改进活动的比例（下称"员工参与率"）比2013年提高了8.8个百分点。

但调查还显示，平均每家企业仅完成19.0个质量改进项目，员工参与率仅为31.6%，日本企业质量改进活动员工参与率为66%（2012年日本企业品质经营度调查）。改进团队主要以QC小组为主，而相对复杂但效果明显的精益团队和六西格玛团队比例还不高（见图3-25）。未开展团队质量改进活动的主要原因是"公司没有要求"（52.3%）和

"不掌握方法"（30.4%）。这说明质量改进方法的普及力度不足,员工参与质量改进的广度和深度都有很大提升空间。

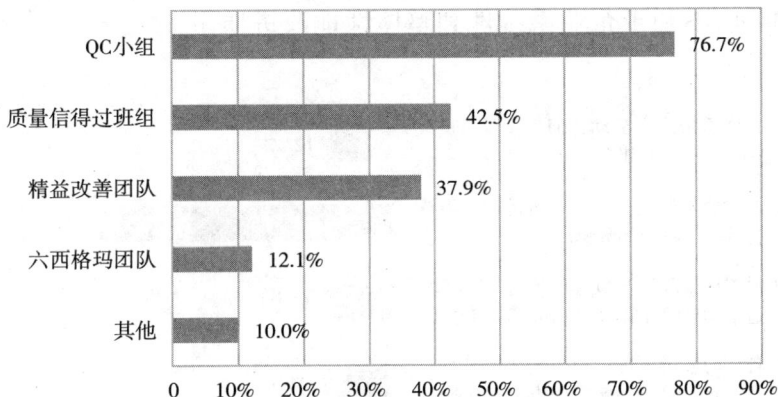

图3-25　不同质量改进活动的开展比例

此外,调查显示,62.9%的被调查企业开展了员工满意度调查,满意度均值为86.2%。其中,95.1%的企业员工满意度开展方式为独自完成,7.5%的企业委托第三方实施。从员工满意度结果来看,东北地区企业调查的员工满意度最高,东部地区最低。大中型企业的员工满意度低于小型企业。说明企业没有重视通过提高员工满意度,以促进质量的改进和提升。

（二）全员全过程全方位的协调联动性差

调查显示,只有12.3%的被调查企业未针对质量改进活动设立专职管理部门,表明大部分企业对质量改进的重视程度较高,都设立了专职的管理部门推进,对推进质量改进的必要性达成了一定程度上的共识。

但数据显示,59.3%的被调查企业的质量改进活动局限于部门内部（见图3-26）,只有9.1%的企业能够做到不同部门间协调合作,甚至只有 6.2%的企业能做到对质量改进作出评价,进而支持公司的战略发展。这些数据表明大部分企业在实施质量持续改进的过程中欠缺全局意识和质量链意识,没有做到各部门都参与质量改进,没有跨部门协作推进,不利于企业系统性和整体性地改进质量。

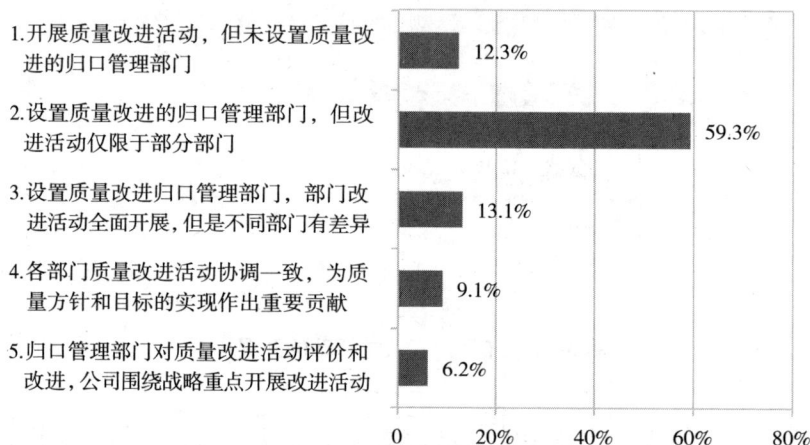

1.开展质量改进活动，但未设置质量改进的归口管理部门   12.3%
2.设置质量改进的归口管理部门，但改进活动仅限于部分部门   59.3%
3.设置质量改进归口管理部门，部门改进活动全面开展，但是不同部门有差异   13.1%
4.各部门质量改进活动协调一致，为质量方针和目标的实现作出重要贡献   9.1%
5.归口管理部门对质量改进活动评价和改进，公司围绕战略重点开展改进活动   6.2%

图3-26　质量改进活动专职部门及实施情况

（三）有效的外部推动成为质量方法普及的重要方式

市场压力和外来推力是促进先进质量方法使用的有效因素,一些由国家政府相关部门、行业协会和认证机构大力推行、设置表彰项目(见表3-4和图3-27),以及实施认证的质量管理方法使用率较高,效果也较明显,如 ISO9001 质量管理体系、QC 小组等。94.1%的被调查企业已实施按照 ISO9001 等标准建立的质量管理体系,这其中78.3%的企业认为得到了很好的应用;77.9%的被调查企业已实施 QC 小组/信得过班组,这其中 66.4%的企业认为得到了很好的应用(见图3-28)。

表 3-4　不同区域、规模的企业近三年获得外部质量奖励的情况

		获得过外部质量奖励的比例（%）
区　域	东　部	35.3
	中　部	53.4
	西　部	39.9
	东　北	38.8
规　模	大中型	49.1
	小　型	25.0
总　计		59.4

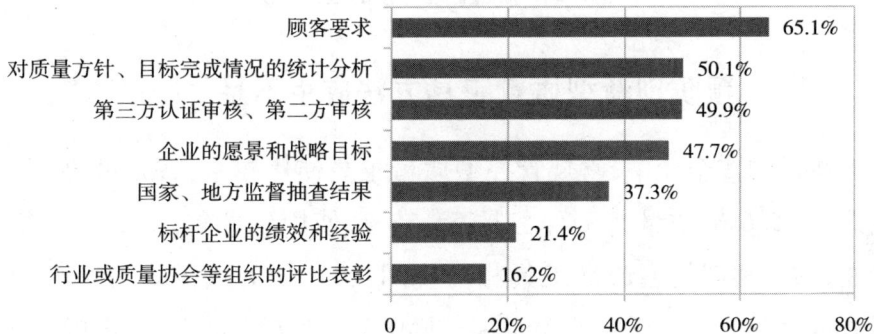

图 3-27　实施质量持续改进的主要驱动因素

　　另外,我国制造业企业使用卓越绩效模式的比例在 2009—2015 年间的增长超过了 100%（见图 3-28）,自 2001 年中国质量协会设立全国质量奖、推广卓越绩效模式以来,引导了卓越绩效评价准则国家标准的出台,以及各省市质量奖的设立,极大地促进了卓越绩效模式在我国企业的推广应用。由此可见,质量方法的普及和应用与国家、政府和行业协会等多部门的大力支持与推广息息相关。

（单位：%）

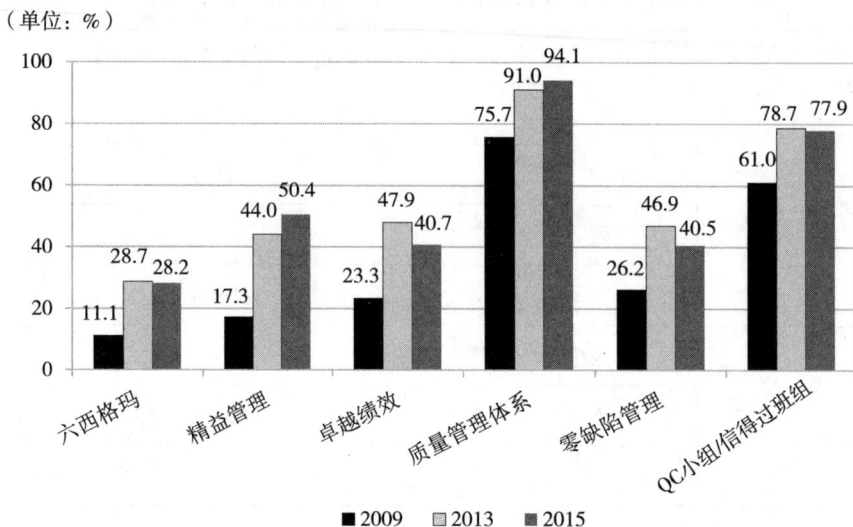

图 3-28　质量管理方法的应用情况

（四）预防创新型质量工具方法应用不足

在被调查企业中,常规管控型质量工具使用较多,普及度高(如目视管理 55.6%、质量老 7 种工具 55.5%),使用效果较好;而相对复杂专业,预防和创新型质量工具相对使用较少,如失效模式与影响分析(Failure Mode and Effect Analysis, FMEA)32.7%、故障树分析(Fault Tree Analysis, FTA)31.7%、创造性解决问题方法(Teoriya Resheniya Izobretatelskikh Zadatch, TRIZ)22.9%,且取得效果不太理想(见图 3-29)。由此可见,企业应用质量工具的目的主要是质量管控,利用专业质量工具进行质量预防和质量创新的能力不足,说明企业对质量工具的应用还比较初级。

调查对质量改进采用的管理方法的实施效果作了评价,认为质量管理体系实施效果很好的企业占已实施质量改进管理方法的企业数的 78.3%,占比最高;其次是 QC 小组/信得过班组,占 66.4%,合理化建议和"五小"(小建议、小革新、小攻关、小发明、小创造)分别占 66.3%

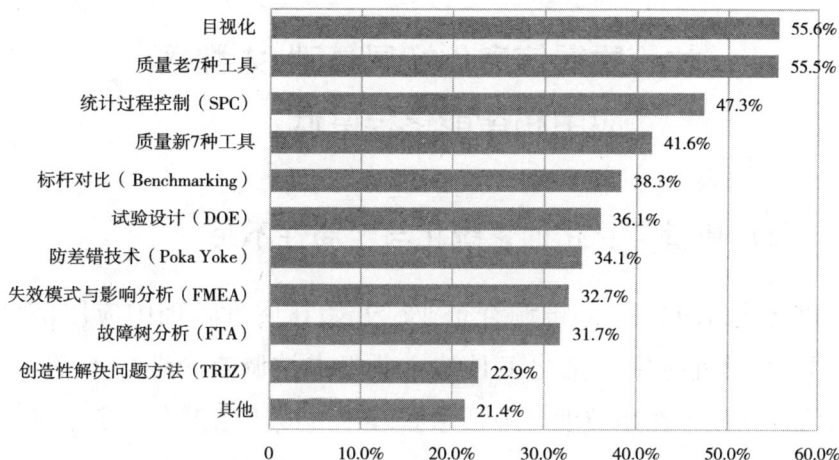

图 3-29　经常使用的质量工具

和 60.5%。占比低于 60% 的依次是卓越绩效模式、全面生产维护、精益管理、质量功能展开、零缺陷管理和六西格玛管理（见图 3-30）。值得注意的是具有先进性和系统性的管理方法，如卓越绩效、精益管理和六西格玛等，从整体来看并未达到很好的实施效果，原因需要进一步探讨。

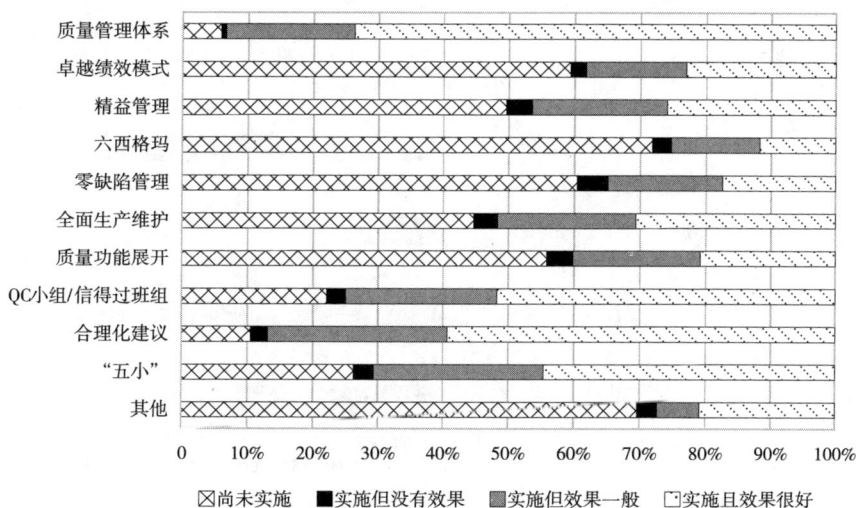

图 3-30　质量改进采用的质量方法及其效果

七、质量信息化初具基础，大数据应用和智能化程度低

（一）质量信息化的系统化与全局性不足

调查显示，93.3%的被调查企业已开始在质量管理中应用信息化技术手段，没有应用信息化工具的企业仅占被调查企业的6.7%。这表明信息化技术在制造业企业质量管理中的应用已具有一定基础。但多数应用仅停留在单点工具或局部业务的层面，系统化与全局性应用比例不高。其中，"全面实施质量管理信息系统，实现质量管理在线协同"的企业仅占21%；27.6%的企业虽已"建立了质量管理系统"，但"仅覆盖了50%左右的质量业务"；其余44.7%的企业仍停留在单体工具软件应用的层次上，而其中多达36.4%的企业仅"局部应用Excel等通用软件"，"使用质量管理专用软件"企业仅占到8.3%（见图3-31）。

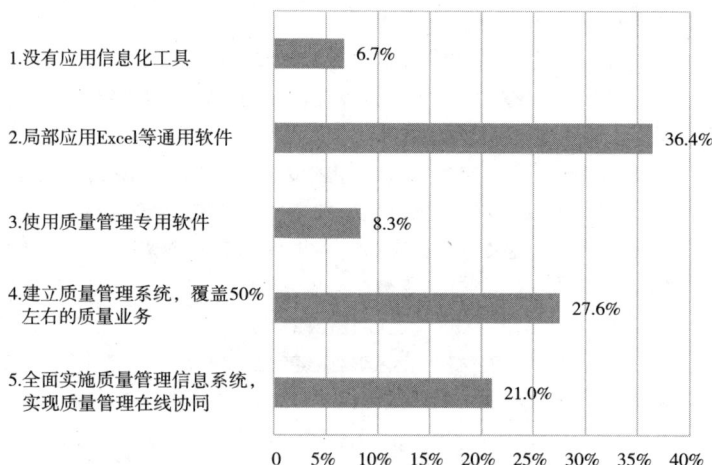

图3-31　质量管理工具或系统的应用情况

（二） 质量管控智能化水平低

近年来,为抢占经济发展制高点,世界各国纷纷制定了以智能制造为主线的产业升级战略。然而,调查数据显示,我国在制造过程质量数据感知与决策管控的自动化方面,与智能制造需求相比尚存在较大缺口。能够做到"绝大部分数据在线自动采集"的企业仅占被调查企业的 10.3%,尚有 29.5% 的企业仍完全依靠手工方式进行质量数据采集（见图 3-32）。

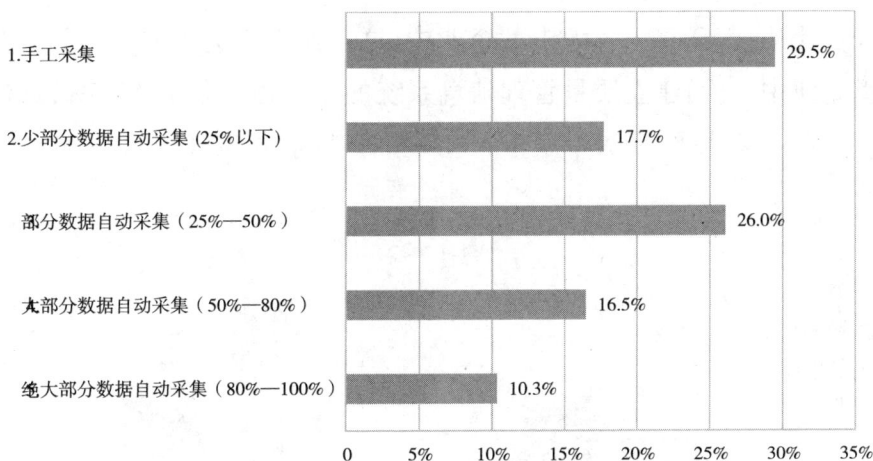

图 3-32 质量数据采集信息化情况

特别是在小型企业中,完全依靠手工方式进行质量数据采集的比例高达 46.4%（见图 3-33）。此外,用于产品检验测试的关键仪器、设备与分析、控制系统联网的比例仅为 41.8%。这一缺口如无法尽快弥补,必将成为《中国制造 2025》计划和"质量为先战略"推行的瓶颈。

（三） 不同规模不同区域的质量信息化水平差距较大

调查显示,企业的质量信息化技术应用水平在不同区域和不同规模之间存在着明显的失衡现象。在小型企业中,"没有应用信息化工具"的

（单位：%）

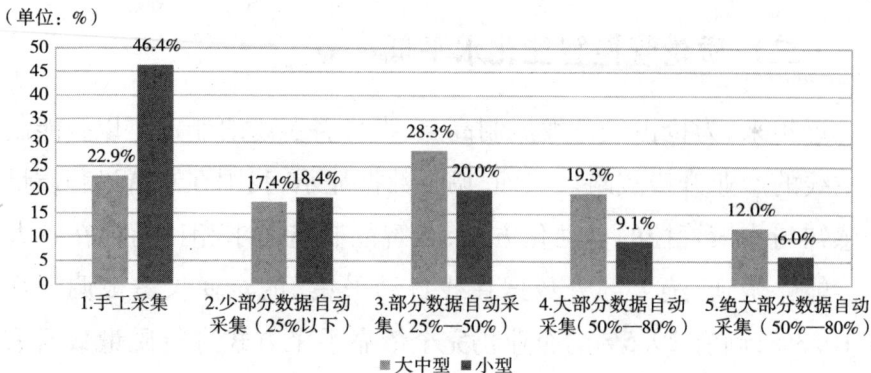

图 3-33　质量数据采集工作的信息化情况

企业占比达到 10.9%，而大中型企业中，这一比例仅为 5.1%。同时，在小型企业中，全面建立质量管理信息系统的企业占比仅为 12.5%，远低于 21% 的平均水平，而大中型企业这一指标达到 24.3%（见图 3-34）。

（单位：%）

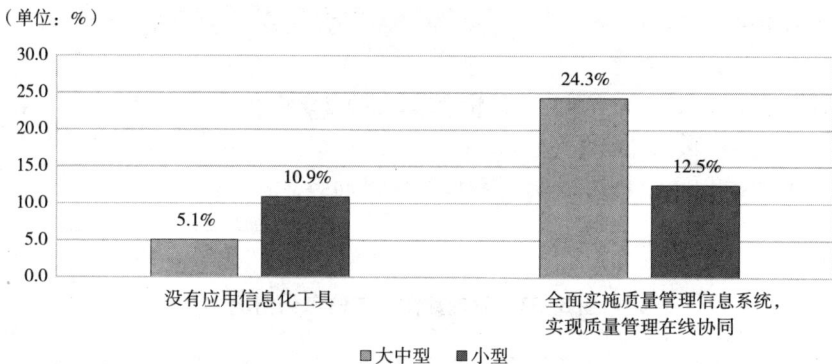

图 3-34　不同规模企业质量管理信息化工具或信息化系统的应用情况

　　不同区域之间目前质量管理信息化工具或质量管理系统的阶段差异较为明显。"没有应用信息化工具"的企业在东部企业中的占比仅为 4.7%，而在东北企业中的占比则高达 11.5%。"全面实施质量管理信息系统，实现质量管理在线协同"的企业中部地区占比为 22.8%，西部地区仅为 19%（见图 3-35）。中、东部企业要明显优于东北和西部企业。质量信息化综合评分的结果亦印证了此种差异，东部企业质量管理信息化综合评分的均值为 2.89(满分 5 分),西部地区均值则仅为 2.67。

(单位:%)

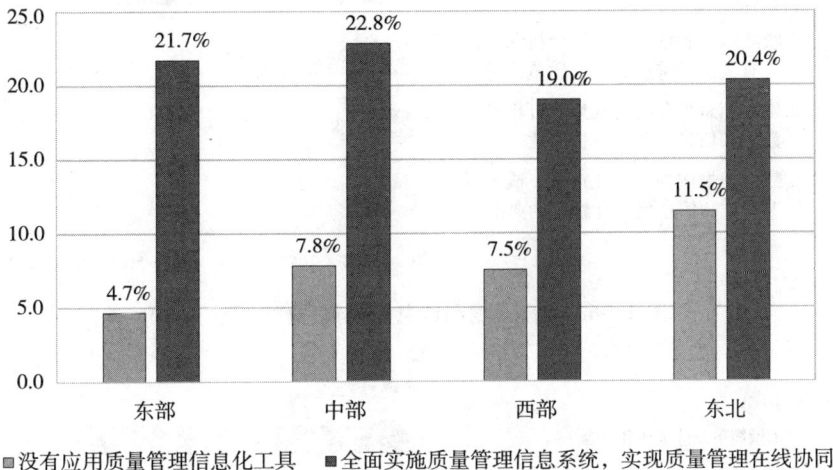

■没有应用质量管理信息化工具　■全面实施质量管理信息系统,实现质量管理在线协同

图 3-35　不同区域目前质量管理信息化工具或信息化系统的阶段

(四) 质量数据资源利用率低

近年来,多数企业通过应用质量管理信息化技术显著提升了质量数据采集和规范化存储、管理的能力,并开展了质量数据分析工作。调查显示,有 24.9%的企业基于质量管理信息系统开展了较为全面深入的质量数据分析和应用工作,起到了一定的示范引领作用(见图 3-36)。但就整体水平而言,企业对质量数据的分析与挖掘工作尚不充分。多达 23.9%的被调查企业还只能做简单的统计集成和整合工作,23.5%的企业停留在使用信息化工具做一定的数据分析的水平,尚不具备展开系统性、全局性的质量数据资源集成分析和整合应用的能力,质量数据资源利用率较低。欠缺对质量数据进行有效深度加工,会造成对数据隐含信息的严重缺失,妨碍问题深度分析,难以做到事中质量管理和及时有效的经营决策;同时也反映出企业中质量管理信息化程度很低,亟待加强(见图 3-37)。

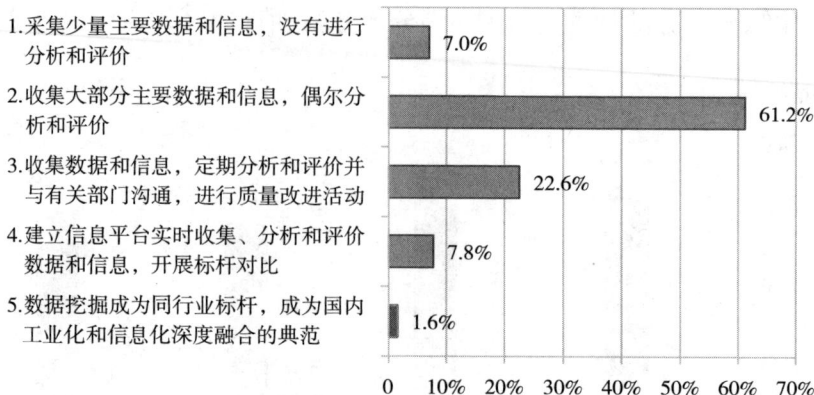

图 3-36　质量数据和信息的收集、分析和评价情况

1. 采集少量主要数据和信息，没有进行分析和评价　7.0%
2. 收集大部分主要数据和信息，偶尔分析和评价　61.2%
3. 收集数据和信息，定期分析和评价并与有关部门沟通，进行质量改进活动　22.6%
4. 建立信息平台实时收集、分析和评价数据和信息，开展标杆对比　7.8%
5. 数据挖掘成为同行业标杆，成为国内工业化和信息化深度融合的典范　1.6%

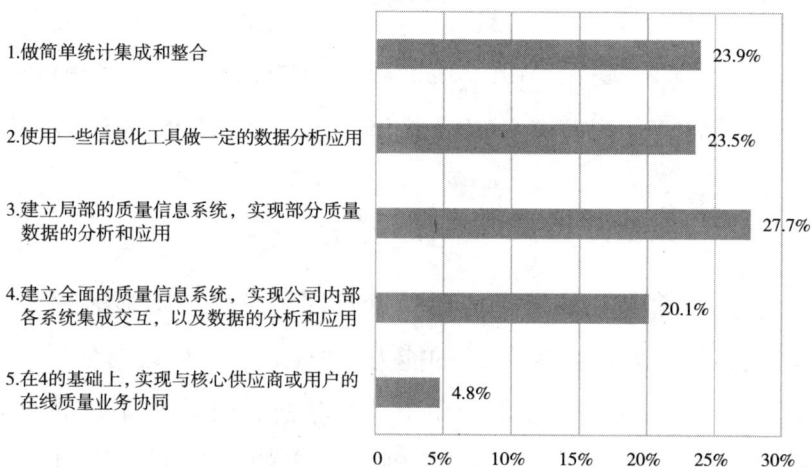

图 3-37　质量数据的分析应用情况

1. 做简单统计集成和整合　23.9%
2. 使用一些信息化工具做一定的数据分析应用　23.5%
3. 建立局部的质量信息系统，实现部分质量数据的分析和应用　27.7%
4. 建立全面的质量信息系统，实现公司内部各系统集成交互，以及数据的分析和应用　20.1%
5. 在4的基础上，实现与核心供应商或用户的在线质量业务协同　4.8%

（五）质量信息系统与运营管理业务集成交互程度较低

质量管理是一项涉及产品全生命周期和全部生产经营体系的综合性业务，质量管理信息系统只有实现和企业整体信息化系统的融合和集成才能充分发挥效益。调查显示，企业在质量管理信息系统与相关业务的集成融合方面已经开始起步。24.9%的被调查企业在建立全面的质量管理信息系统的同时，实现了质量管理系统与公司内部各系统之间的集成交互,其中4.8%的先进企业还进一步实现了与核心供应商或用户的在线质量业务协同。但多数企业在此方面仍存在不足,75.1%的企业尚未系统开展面向产品全生命周期和全企业的集成质量系统应用。

(单位:%)

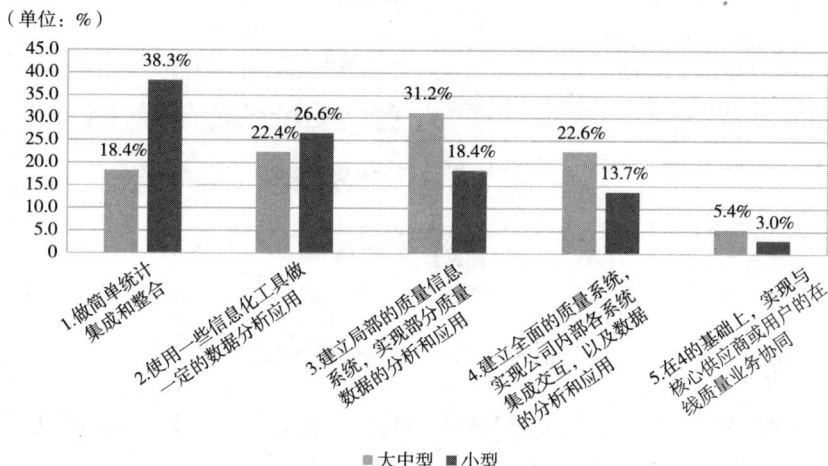

图3-38　不同规模的企业质量数据的分析应用情况

被调查企业中,22.6%的大中型企业建立了全面的质量管理信息系统,实现质量数据分析和应用,小型企业这一比例仅为13.7%;能够实现与核心供应商或用户的在线质量业务协同的企业,在大中型企业中占比为5.4%,小型企业中占比为3.0%(见图3-38);数据表明,大中型企业在质量数据的分析应用的信息化程度方面,要明显好于小型企业。

八、客户关系管理体系初步建立,仍需加强对标和改进

(一)售后服务没有做到全流程闭环管理

调查显示,79.1%的被调查企业针对售后服务管理都制定了规范

的处理流程,确保顾客声音和信息传递到相关部门并迅速处理(见图3-39)。76.8%的企业针对质量纠纷和索赔能够有效采取措施。说明事后被动响应型售后服务工作基本到位。

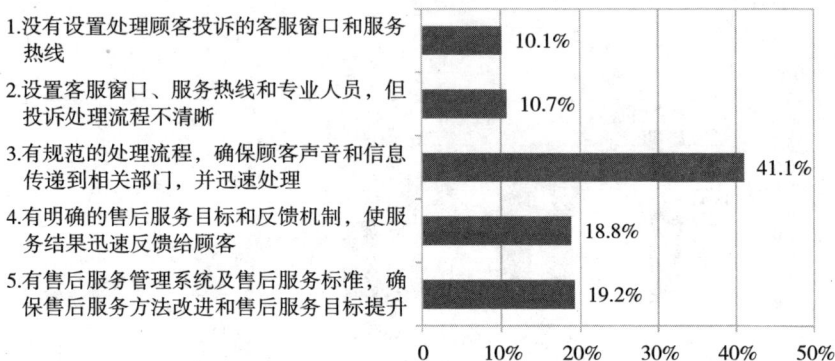

1.没有设置处理顾客投诉的客服窗口和服务热线 10.1%

2.设置客服窗口、服务热线和专业人员，但投诉处理流程不清晰 10.7%

3.有规范的处理流程，确保顾客声音和信息传递到相关部门，并迅速处理 41.1%

4.有明确的售后服务目标和反馈机制，使服务结果迅速反馈给顾客 18.8%

5.有售后服务管理系统及售后服务标准，确保售后服务方法改进和售后服务目标提升 19.2%

图3-39 售后服务管理情况

调查还显示,仅有19.2%的被调查企业有完整和规范的售后服务管理系统及售后服务标准,以确保售后服务方法的不断改进和售后服务目标的不断提升。

同时,仅有33.9%的被调查企业通过分析质量纠纷和索赔,建立防止再发生机制,能将可能产生重大质量缺陷的信息引入产品开发,预先防止质量纠纷和索赔的发生的企业更只有11.0%(见图3-40)。这表明目前国内企业的售后服务体系、机制不健全,对顾客的反馈信息响应的及时性存在滞后的现象,明显处于被动响应的状态。另外,绝大部分企业售后服务的改进循环还局限于售后部门,没有将售后服务信息作为产品质量改进、创新的重要依据输入。

（二）主动了解和服务顾客的客户体验活动普遍不足

调查显示,82.6%的被调查企业已开始关注客户体验,但只有12.3%的企业建立了客户响应中心平台以及完善的顾客体验流程,用于主动获得顾客声音;仅有5.4%的企业使用各种客户互动工具,主动

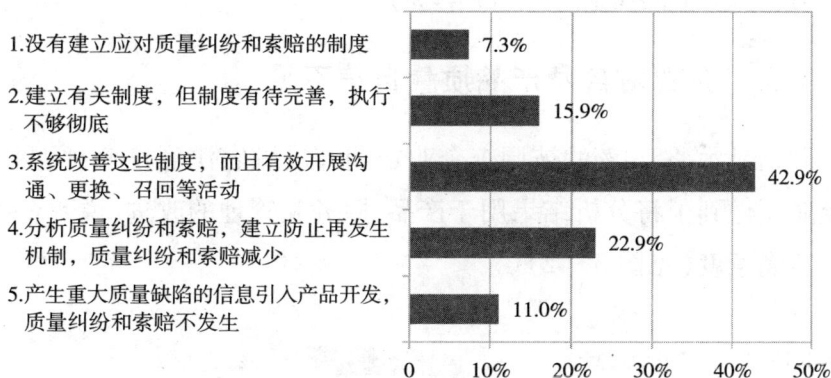

1.没有建立应对质量纠纷和索赔的制度　7.3%

2.建立有关制度，但制度有待完善，执行不够彻底　15.9%

3.系统改善这些制度，而且有效开展沟通、更换、召回等活动　42.9%

4.分析质量纠纷和索赔，建立防止再发生机制，质量纠纷和索赔减少　22.9%

5.产生重大质量缺陷的信息引入产品开发，质量纠纷和索赔不发生　11.0%

图3-40　对产品质量纠纷和索赔采取措施的情况

捕捉客户需求，从而推动产品创新（见图3-41）。这表明多数企业缺乏系统化的客户体验机制，没有充分开展面向主动满足和愉悦顾客的管理创新和产品创新活动。

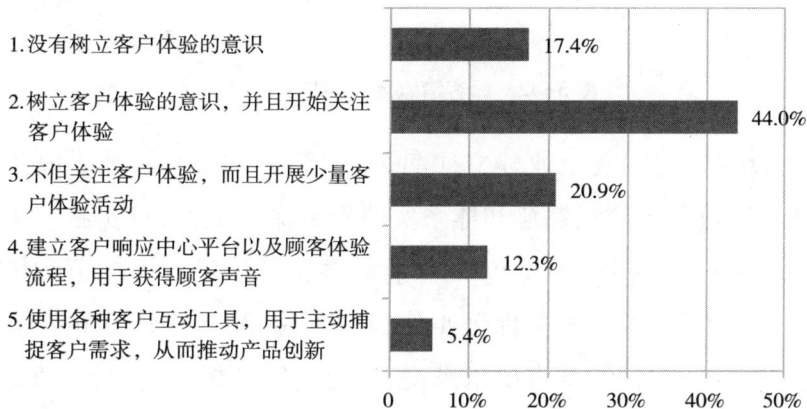

1.没有树立客户体验的意识　17.4%

2.树立客户体验的意识，并且开始关注客户体验　44.0%

3.不但关注客户体验，而且开展少量客户体验活动　20.9%

4.建立客户响应中心平台以及顾客体验流程，用于获得顾客声音　12.3%

5.使用各种客户互动工具，用于主动捕捉客户需求，从而推动产品创新　5.4%

图3-41　组织客户体验的情况

企业产品市场占有率从一个很重要的角度反映企业顾客服务的成效。被调查企业主要产品的市场占有率平均值为30.76%。从不同区域来看，东北和西部地区企业主要产品市场占有率较高，分别为32.91%和32.28%，其次是中部地区企业，为30.15%，东部地区最低，为28.95%。不同规模的企业之间差异不大，大中型企业均值

（30.91%）略高于小型企业（30.49%）。

（三）企业对自身产品质量自信不足

调查显示,85.4%的被调查企业定期开展顾客满意度测评,44.7%的企业还做到了将分析结果用于产品、服务和管理的改进,说明企业重视顾客满意度(见图3-42)。

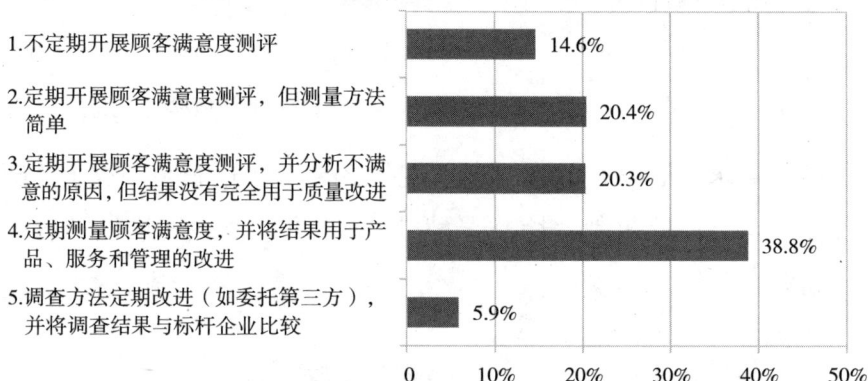

1.不定期开展顾客满意度测评　14.6%
2.定期开展顾客满意度测评,但测量方法简单　20.4%
3.定期开展顾客满意度测评,并分析不满意的原因,但结果没有完全用于质量改进　20.3%
4.定期测量顾客满意度,并将结果用于产品、服务和管理的改进　38.8%
5.调查方法定期改进（如委托第三方）,并将调查结果与标杆企业比较　5.9%

图3-42　顾客满意度测评与管理情况

91.6%的被调查企业建立了针对顾客服务的质量保证规范和体系,58.5%的企业按照规范和体系实施质量保证工作,且实施效果良好(见图3-43)。但仍有41.5%的企业顾客服务质量保证规范和体系不完善,效果不佳,顾客服务保证工作没有到位,相对于达到顾客满意是任何一家企业运营的基本要求来说,这个比例是相当高的,应值得高度重视。

从与主要竞争对手相比,本企业在"客户感知的产品质量""新产品满足客户需求"和"新产品提升品牌价值"等三项指标上的自我评价来看(见图3-44),选择"较差"和"非常差"的比例不高,不足5%,选择"非常好"的企业平均仅为20%左右,这表明认为自身产品具有绝对质量竞争优势的企业数量不多。

1.没有建立针对顾客服务的质量保证规范和体系　8.4%

2.建立相关规范和体系，但存在执行不到位的情况　16.7%

3.按照规范和体系实施顾客服务质量保证工作，但效果不佳　16.4%

4.按照规范和体系实施质量保证工作，实施效果良好　48.9%

5.规范和体系不但有效运行，而且通过与标杆企业比较，对规范和体系持续改进　9.6%

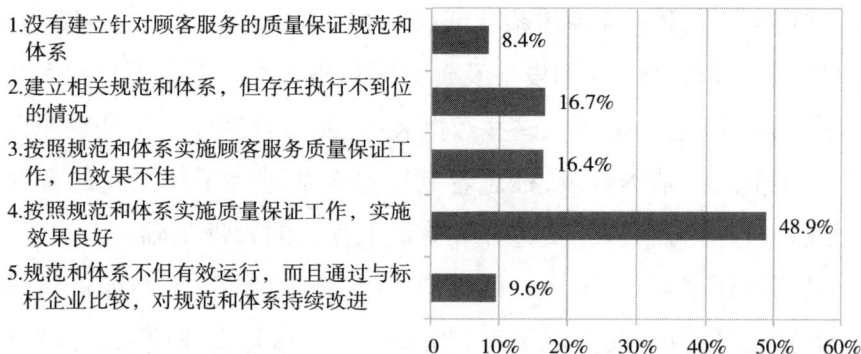

图 3-43　顾客服务质量保证规范和体系的情况

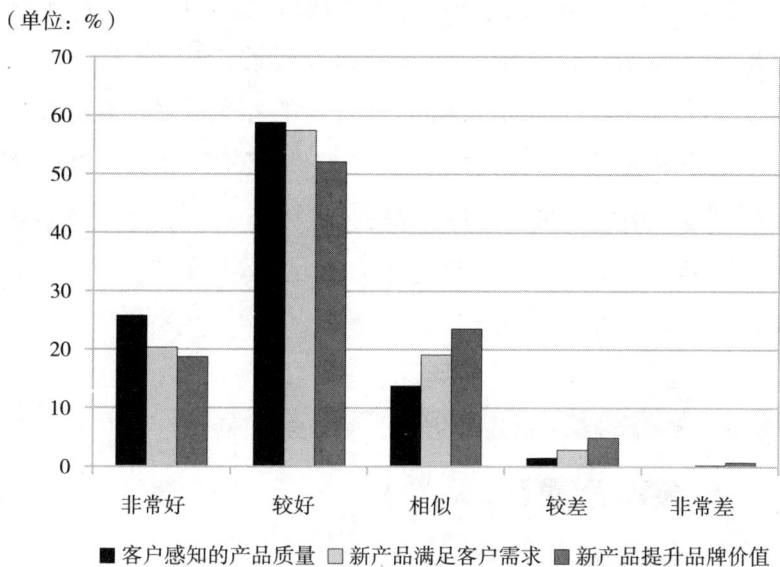

（单位：%）

图 3-44　质量竞争优势指标的自我评价

■ 客户感知的产品质量　新产品满足客户需求　新产品提升品牌价值

九、质量管理体系普遍建立，
夯实与优化成为运行主线

（一）质量管理体系运行的有效性长期中低位徘徊

调查显示，94.1%的被调查企业通过了 ISO9001、GJB9001B 和

ISO/TS16949 等质量管理体系认证,比 2013 年的 92.2%(装备制造业)及 2009 年的 88.9%(通用设备及食品制造业)分别提高 1.9 和 5.2 个百分点,呈持续上升态势。这些数据表明,质量管理体系认证在我国制造业企业中已经基本普及,标志着制造业企业进入了体系化的全面质量管理阶段,这为制造业质量升级奠定了良好的管理基础。

但调查还显示,仅有 40.1% 的被调查企业能够"定期评价质量规划的落实、质量目标的实现情况,当未达到目标时查找原因,并持续改进",而且仅有 19.3% 的企业"定期评价质量方针和质量目标的适宜性,实现持续改进,质量方针和质量目标引领公司取得了竞争优势";在对质量管理体系运行达到预期效果的自我评价中,仅有 32.0% 企业认为"好"和"非常好";从体系运行效果差的原因来看,最主要的原因是制度不健全和缺乏相关人才(见图 3-45 和图 3-46)。这表明体系策划的精细度、可操作性及适用性差,实施体系设计和运行人员的能力不足,进而导致体系自我持续改进能力不足,运行的有效性差,企业对质量体系运行的效果不满意。

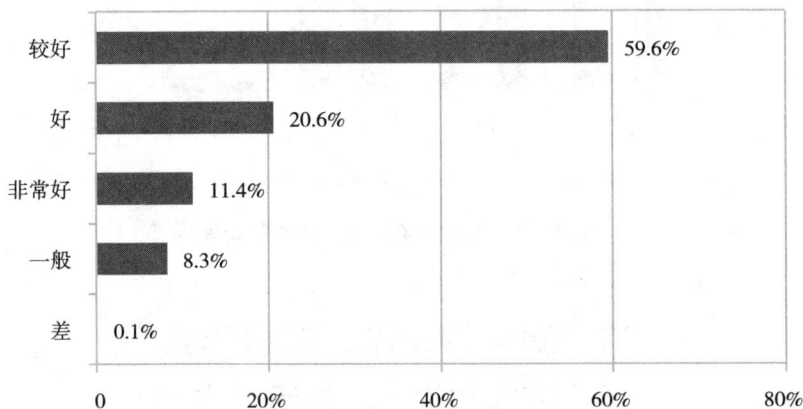

图 3-45　质量管理体系运行达到预期效果的评价

调查还显示,在与质量相关的一些关键部门设立质量绩效考核指标的企业比例不高,如采购(72.1%)、研发(56.7%)、物流储运

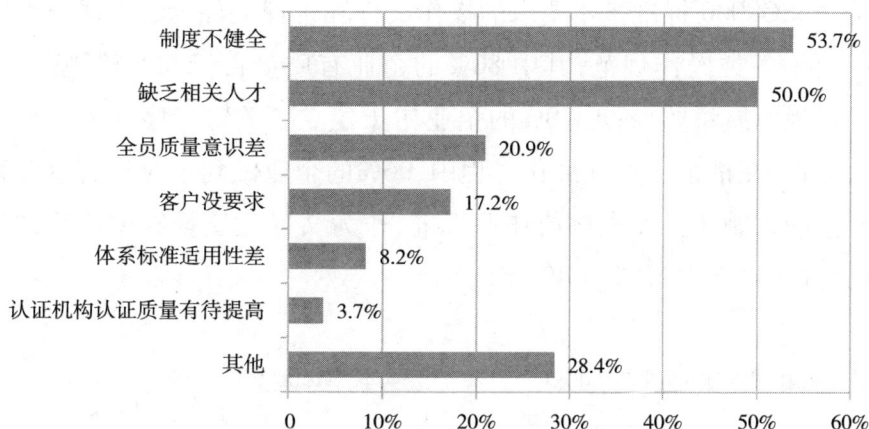

图 3-46 对质量管理体系运行效果的评价为"很差"或"一般"的理由

（47.4%）和售后（40.4%）（见图 3-47）。这说明质量主体责任还未在企业内部全面落实，没有从全流程、全方位实施质量管控，容易导致质量管理的孤岛，体系要求还没有充分融入到业务过程中。

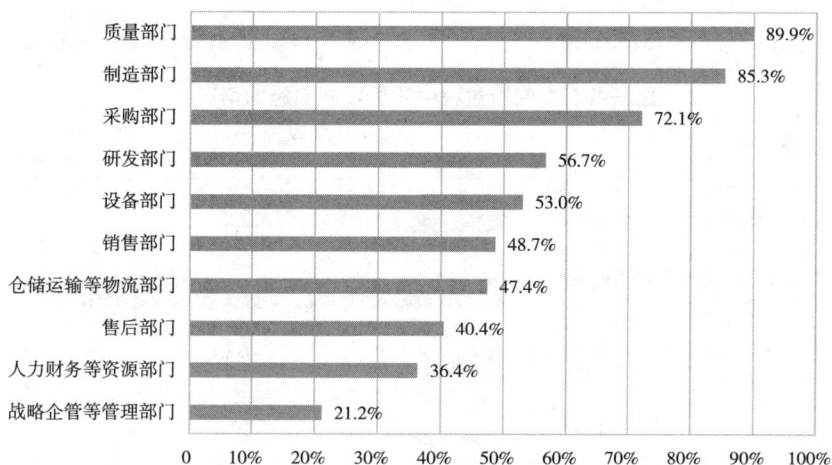

图 3-47 企业内部设立质量绩效考核的情况

（二）制造过程管控缺乏科学的工具方法

调查显示，绝大多数被调查企业都建立了过程质量管控流程，制定了符合 ISO9000 标准基本要求的操作文件和管理文件,如:被调查企业均制定了各类操作规范,其中 80% 的企业有质量目标和实施规范,能够进行规范质量监控;近 70% 的企业初步建立了关键工序能力评价和管理流程;在推进作业标准化过程中,96% 的企业做到了对所有重要程序和活动都制定工作程序或作业标准,作为文件化质量管理体系的重要内容(见图 3-48、图 3-49)。

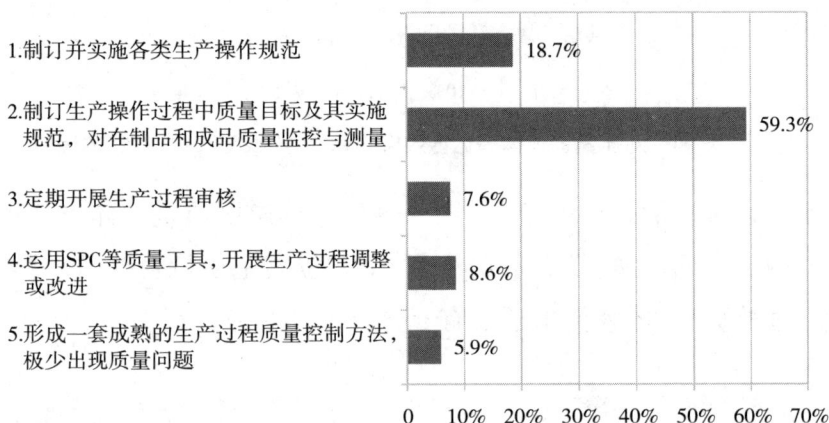

图 3-48　在制造过程中质量控制实施的情况

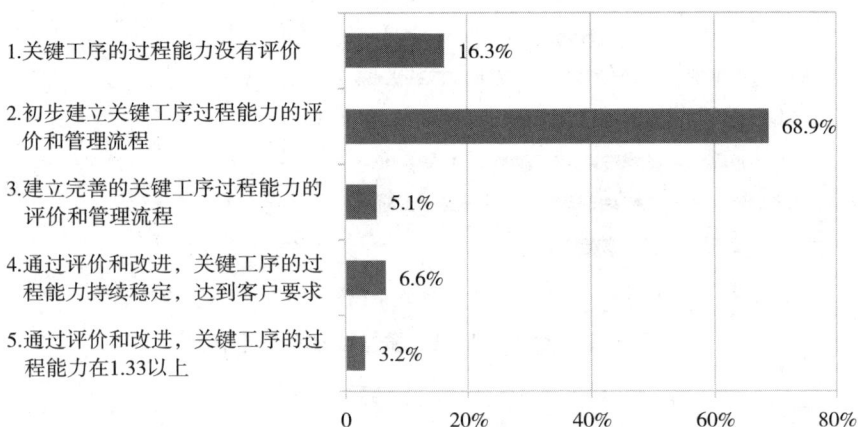

图 3-49　关键工序的过程能力管理情况

但调查结果也表明,众多企业对制造过程的管控仍处于定性和经验阶段,科学管理方法应用不足,且对操作文件的适应性改进和有效落实不充分。在被调查企业中,定期进行生产过程审核的比例只有7.6%,64%的企业对工艺参数的优化调整方法停留于经验判断或简单试错阶段,只有17.2%的企业能应用科学方法进行定性分析,如PFMEA,仅5.2%的企业能够应用量化统计工具,如实验设计(Design of Experiment,DOE)、仿真方法等,进行参数优化(见图3-50)。

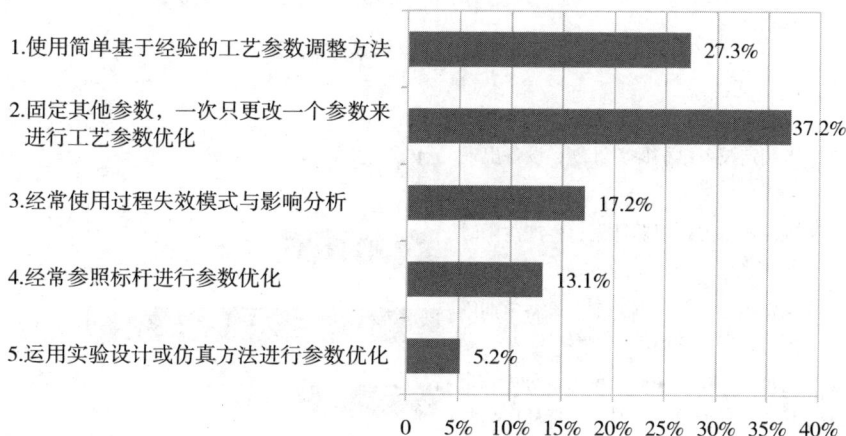

1.使用简单基于经验的工艺参数调整方法　27.3%
2.固定其他参数,一次只更改一个参数来进行工艺参数优化　37.2%
3.经常使用过程失效模式与影响分析　17.2%
4.经常参照标杆进行参数优化　13.1%
5.运用实验设计或仿真方法进行参数优化　5.2%

图 3-50　工艺参数优化能力

另外,作业标准化文件有效落实的深度和改进的活力不足,如只有半数左右的被调查企业制定了支持性考核制度,而能及时修订更新作业标准的企业只有30%左右(见图3-51)。只有7.8%的企业以设备全寿命周期为对象,系统、持续地开展TPM活动(见图3-52)。

被调查企业生产制造的关键设备自动化率平均值为79.5%,数控化率73.7%,国产化率为46.8%。用于产品检验测试的关键仪器、设备数字化率平均值为81.8%,与分析、控制系统联网的比例为41.8%,国产化率为42.8%。不足30%的企业定期进行系统分析,只有6.5%的企业根据分析结果改进测量系统。71.2%的被调查企业计算

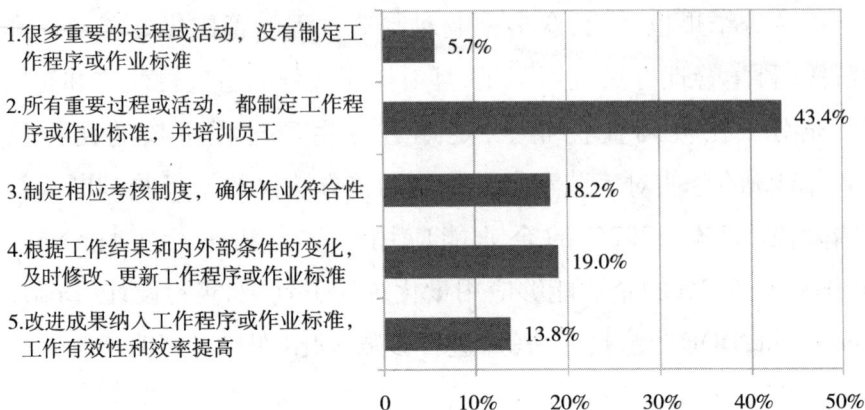

图 3-51　作业标准化情况

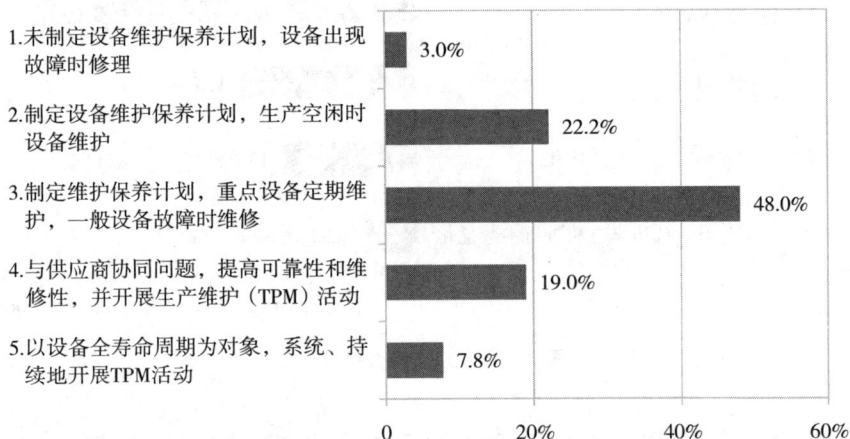

图 3-52　设备维护保养情况

了一次交检合格率,41.1%的企业计算了直通率。

由于被调查企业普遍存在过程管控精准化、数据化程度不足,使得生产过程产品质量命中率降低、波动增大、不良品增多,这是导致许多企业产品质量水平低于国际先进水平的重要原因。

（三）总质量损失仍较高

在外部推动和企业自主改善力度不断强化的态势下,近年来企业总体质量损失呈下降趋势。调查显示,2015年被调查企业的总质量损失占主营业务收入比例为1.83%(其中外部质量损失率为0.88%),与2013年的2.43%(装备制造业)和2009年的2.79%(通用设备和食品制造业)相比,有所降低;一次交检合格率为96.13%(2013年装备制造业为95.83%),亦呈改善趋势(见表3-5)。

表3-5　不同区域、规模的企业总质量损失占主营业务收入的比例

		均值(%)
区　域	东　部	1.91
	中　部	1.70
	西　部	1.88
	东　北	1.49
规　模	大中型	1.68
	小　型	2.29
总　计		1.83

但尽管如此,目前被调查企业的质量损失仍与国外企业的差距较大(据2012年"日本企业品质经营度"调查数据,日本制造业企业总质量损失率为0.76%)。我国小型企业的质量损失(2.29%)明显高于大中型企业的质量损失(1.68%)。考虑目前我国众多制造业企业效益下滑、处于微利状态(中国企业联合会、中国企业家协会发布的《2008—2014年中国制造业500强研究报告》显示,2014年中国制造业企业500强的利润率仅为2.7%,远低于世界制造业的利润率),进一步降低质量损失率,对提升企业和行业经济效益具有重要意义。

质量损失调查结果显示的另一个重要信息是,只有61.3%和58.3%的被调查企业进行了内部和外部质量损失统计,其中实施了统计的小型企业只有54.7%和52.6%。许多企业对质量损失的统计尚不规范,一些重要质量成本要素没有纳入统计监控,如:67.4%的被调

查企业没有进行"停工损失"的统计,36.3%的企业没有进行"换货损失费"统计;对"产品质量事故处理费""停工损失费"等需要实施深度管理的项目,有超过半数的企业没有统计。由此可推断,目前众多企业统计的质量损失可能仍是冰山一角,质量金矿仍待进一步挖掘。

（四）供应商缺少科学管控和协调发展

调查显示,94%的被调查企业按照 ISO9001 的要求实施对供应商的评价,且85%的企业有原材料质量检验和控制流程(见图 3-53 和图 3-54)。

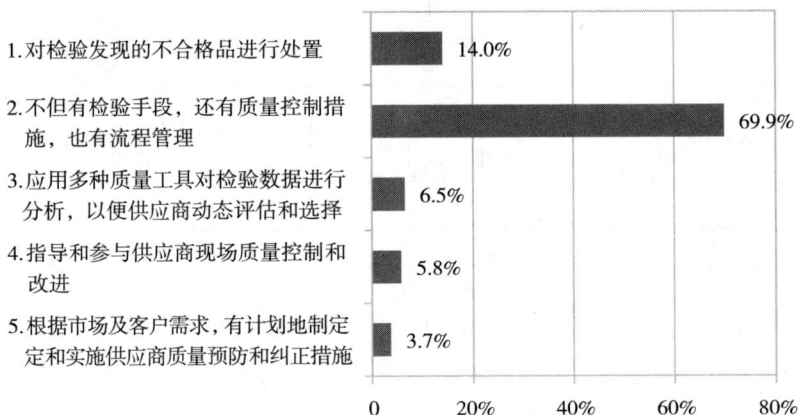

图 3-53　对供应商提供的原材料或零部件的质量控制情况

但总体来看,多数企业的供应商的管理水平不高,只有14%的企业对供应商绩效进行规范评价,而与供应商确立长远合作关系的企业不足3%。另外,只有15%左右的企业对原材料质量检验结果实施了进一步的数据分析、应用,并对供应商进行深入指导、评价。

同时,调查结果也显示出不同行业存在的显著差异,如:汽车制造业、电器行业、食品制造业等市场发育充分、与终端消费者关系密切、国家重点监管的行业供应商管理总体水平较高,而其他行业则呈现出不同程度的差距(见表 3-6)。

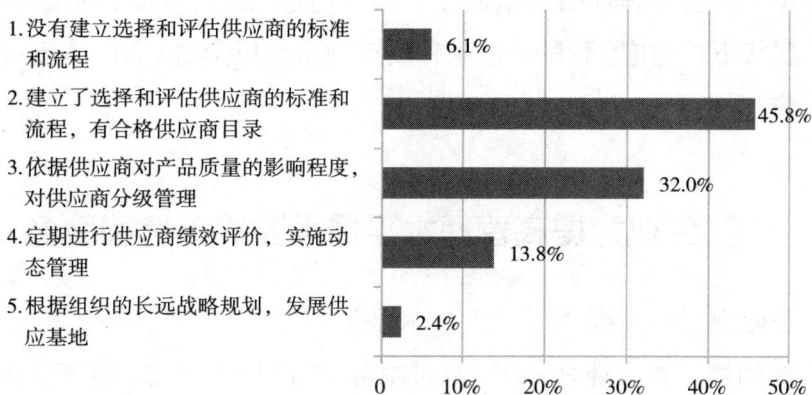

1. 没有建立选择和评估供应商的标准和流程　6.1%
2. 建立了选择和评估供应商的标准和流程，有合格供应商目录　45.8%
3. 依据供应商对产品质量的影响程度，对供应商分级管理　32.0%
4. 定期进行供应商绩效评价，实施动态管理　13.8%
5. 根据组织的长远战略规划，发展供应基地　2.4%

图 3-54　供应商管理的情况

表 3-6　不同行业的企业供应商管理的情况

行　业	得　分
C36 汽车制造业	3.03
C38 电气机械及器材制造业	2.92
C14 食品制造业	2.74
C34 通用设备制造业	2.66
C35 专用设备制造业	2.62
C13 农副食品加工业	2.55
C26 化学原料和化学制品制造业	2.48
C30 非金属矿物制品业	2.42
C33 金属制品业	2.39

　　以上表明,我国制造业企业的供应商管理水平仍处于以管控为特点的初级阶段,存在以下两方面不相适应的情况:一是与国家实施供给侧结构性改革、提高供给体系质量的要求不相适应,不利于保证高水平供应商在产业链中保持稳定位置、上下游在战略层面上长期合作共赢目标的实现;二是在目前外包成为制造业产业链常态、ISO 已

发布相关外包管理标准的情况下,与供应商管理成为重要质量控制环节的现状不相适应,不利于企业有效控制质量风险、保证产品质量的稳定受控。

十、企业为提高管理水平最需要的支持和服务

企业为进一步提高质量管理水平最需要得到的支持和服务方面,有54%的被调查企业选择了"及时制订、修订与国际市场接轨的产品、技术标准并指导企业应用",占比最高。其他在国家政策、法律法规、标准及服务等方面的需求情况见表3-7。调查结果说明,我国质量管理的基础性工作和公共性服务亟待加强;特别是在优化标准、加强质量信息化和专业人才队伍建设方面的需求尤为突出。有关政府部门和行业组织在营造质量提升大环境的良好氛围方面要加强组织,有所作为。

表 3-7　最需要得到的支持和服务

选　项	比例（%）
及时制订、修订与国际市场接轨的产品、技术标准并指导企业应用	54.0
建立信息化的质量技术公共服务平台,提供质量技术咨询和指导	45.2
明确各类质量专业人员任职资格标准,促进质量专业人员成长	44.8
组织标杆学习和交流活动,分享优秀企业的经验	43.9
设立国家质量教育基金,促进全员质量知识的普及	36.4
制定质量促进法等促进性法律法规,鼓励和引导追求高质量	30.3
制定产品责任法等约束性法律法规,形成公平的市场机制	28.1
其　他	0.6

不同区域、规模和行业的企业最需要得到的支持和服务见表3-8和表3-9。

表 3-8 不同区域、规模的企业最需要得到的支持和服务 （单位:%）

选 项	区 域				规 模	
	东部	中部	西部	东北	大中型	小型
及时制订、修订与国际市场接轨的产品、技术标准并指导企业应用	55.7	52.0	53.1	55.3	53.3	55.2
制定质量促进法等促进性法律法规,鼓励和引导追求高质量	29.9	31.4	29.6	32.6	27.8	34.8
制定产品责任法等约束性法律法规,形成公平的市场机制	28.4	29.1	28.2	24.8	26.9	30.4
设立国家质量教育基金,促进全员质量知识的普及	38.1	35.6	35.8	33.3	38.0	33.4
明确各类质量专业人员任职资格标准,促进质量专业人员成长	45.2	41.2	46.6	42.6	44.5	45.3
建立信息化的质量技术公共服务平台,提供质量技术咨询和指导	44.3	49.0	44.4	44.0	47.0	41.9
组织标杆学习和交流活动,分享优秀企业的经验	43.8	55.2	40.1	36.2	47.1	38.0
其 他	0.2	0.3	1.3	0.0	0.4	1.0

表 3-9 不同行业的企业最需要得到的支持和服务 （单位:%）

	C38 电气机械及器材制造业	C14 食品制造业	C35 专用设备制造业	C33 金属制品业	C26 化学原料和化学制品制造业	C30 非金属矿物制品业	C34 通用设备制造业	C36 汽车制造业	C13 农副食品加工业
及时制订、修订与国际市场接轨的产品、技术标准并指导企业应用	48.0	53.2	55.0	63.1	55.5	56.1	67.7	48.9	55.4
制定质量促进法等促进性法律法规,鼓励和引导追求高质量	33.9	23.8	29.2	33.6	28.6	29.0	33.3	23.9	32.5
制定产品责任法等约束性法律法规,形成公平的市场机制	36.2	27.0	31.7	34.4	26.9	34.6	30.3	20.7	27.7

	C38 电气机械及器材制造业	C14 食品制造业	C35 专用设备制造业	C33 金属制品业	C26 化学原料和化学制品制造业	C30 非金属矿物制品业	C34 通用设备制造业	C36 汽车制造业	C13 农副食品加工业
设立国家质量教育基金,促进全员质量知识的普及	38.6	39.7	38.3	38.5	36.1	40.2	37.4	31.5	41.0
明确各类质量专业人员任职资格标准,促进质量专业人员成长	48.8	38.9	46.7	45.1	45.4	36.4	45.5	53.3	42.2
建立信息化的质量技术公共服务平台,提供质量技术咨询和指导	50.4	50.0	49.2	42.6	41.2	38.3	44.4	45.7	50.6
组织标杆学习和交流活动,分享优秀企业的经验	48.8	53.2	40.8	40.2	44.5	37.4	40.4	53.3	45.8
其 他	0.8	0.8	0.0	0.0	0.0	0.0	0.0	2.2	1.2

第四章　提升制造业企业质量管理水平的对策与建议

一、推进制造业"品质革命"，营造崇尚质量的文化氛围

通过推行三十多年的全面质量管理,我国制造业产品的质量水平有了明显提高,但在产品的质量、品种、服务和品牌等方面,我国与发达国家仍有显著差距,国内市场供给侧和需求侧的错位明显,要实现"中国制造"向"中国质造"的转变,客观上需要发动一场"品质革命",重新塑造对质量的信仰、对"工匠精神"的崇尚、对精美细致的追求,改变重数量轻质量的经营理念,彻底摒弃粗放的生产方式。为此建议:

(一) 引导全方位参与"品质革命"活动

质量管理是一种以顾客为中心并致力于长期成功的管理方式。消费者质量意识的提高是制造业质量升级的根本动力之一。众多国际知名企业将此奉为企业成功的"秘方",实施这种管理方式需要企业坚持不懈"练内功",始终将顾客放在首位,不走捷径。建议由国家有关部门倡导、全社会参与开展一场持久的"品质革命"活动,首先要从保护消费者权益的核心出发,建立完善与质量责任相关的法律法规体系。强化监管执法,增大违反质量法律成本,降低消费者维权成本,营造公平竞争经营环境,让企业切实承担起质量主体责任。其次,政府要制定

《质量促进法》，加大产品优质标准制/修订力度，让推进质量升级的企业获得支持，让优质产品获得优价，消除"劣币驱除良币"的顽疾。最后，总结提炼"中国式管理方法"，向世界讲好中国"品质革命"的故事，做牢"中国品牌"的内涵。

（二）构建以质量为中心的经营管理模式

从企业文化、战略和组织管理机制入手，构建以质量为核心的企业经营模式，走质量效益型之路。企业最高管理者要主导构建企业的质量文化，把体现"质量第一""顾客至上"的质量理念和企业使命、愿景、价值观贯穿其中，并实现具体化和量化。要建立完善企业质量文化多维传播的制度化管道和平台，与员工、供应商和顾客进行质量理念和文化的多向沟通，将此作为企业高层管理团队日常质量经营活动的首要任务。要构建质量文化落地评价制度，将精细文化、"工匠精神"的理念转化为对各层级管理人员和基层操作人员的量化工作要求，实施评价和考核。将质量业绩作为对企业，特别是企业领导进行工作业绩评价的重要内容。

企业要全面强化和规范专职质量部门的全过程质量管控职能。要提升专职质量管理人员的责任意识和专业水准，并通过充分授权，确保专职质量部门在研发、采购、制造、销售和服务全过程质量的集中一贯管控。行业部门要研究国内外企业质量管理机制，提出中国制造业企业质量管理机构设计推荐模式，为企业优化质量管理机制提供参考。

（三）多方位培育"中国制造"品牌

品牌培育是我国制造业升级的一个薄弱环节，产品质量水平不高和品牌宣传不足是企业提升产品品牌价值的主要瓶颈。建议企业将战略品牌管理作为常态性工作纳入企业经营战略规划，将质量管理活动与经营活动结合起来，同时高度重视企业社会责任与品牌的关联性，努力塑造负责任企业公民形象,多方位培育品牌和提高质量品牌的影响力。此外,加大国内品牌评价机构的公信力和影响力建设,进一步完善、强化我国品牌价值影响力评价体系建设,加快推进中国制造品牌的国际影响力。

二、增加质量教育培训的投入,持续提升员工质量素质

职业教育是提升全民素质和提升国家竞争力的重要一环,必须将提升员工质量素质作为提升产品质量水平的战略性举措。我国员工质量教育培训的突出问题是,教育培训投入缺乏法制化、制度化保障,在经济发展迟缓、企业效益不足的情况下,容易被忽略。此外,教育培训内容与实际需求的不匹配、教育培训方式与员工需求的不匹配等问题也影响了培训的效果。建议:

(一) 建立员工质量教育培训国家投入机制

员工教育培训是政府、社会和企业共同的责任和义务。员工的质量通识教育——基本的质量知识、方法,应由政府和社会负责。我国企业之所以教育培训投入不足,一个主要原因是企业承担了政府和社会的过多责任。据了解,英、法、美、德等国家,职业教育经费中50%由政府提供,而且均由完善的法律制度加以保障。此外,法国、新加坡、瑞典、荷兰、丹麦、加拿大等国家也都有类似的职工教育培训的财税支持政策,例如企业缴纳培训税等。目前我国尚未从国家层面建立制度化的职工教育培训费用投入机制,职工教育培训费用主要由所在企业承担。建议我国政府部门研究社会通用性的员工教育培训需求,纳入财政预算,并且通过法律手段予以明确和制度化。此外,建议配套《质量发展纲要(2011—2020年)》和《中国制造2025》的落实,建立国家质量

教育培训基金,大力普及全面质量管理知识。

（二）建设公共质量教育网络平台,引导自主教育

现代信息技术手段,可以促进知识信息快速、高效、准确传递。政府部门应投入专项资金,强化质量教育信息化平台建设,行业专业组织可以联合相关机构,以信息化平台为依托,开发高水平的网络公开课、电视公益讲座等,向全体社会公民,包括企业从业人员,普及质量知识,提高全民质量意识,促进良好质量文化的形成。此外,在平台上实施员工培训建档,实行员工在线培训电子履历管理和学时学分累积管理,为单位对员工的评价和员工职业资质评价提供参照,形成对员工参与培训的正面激励。

（三）建立市场导向的质量专业人才培养机制

质量管理具有很强的实践性、综合性和专业性,从理解企业运作管理流程、具备企业生产管理实践经验的人员中选拔、培养各领域的质量专业人才,是发达国家的普遍路径。美、德、日和韩等经济发达国家都有专业权威的质量组织,开发满足各类质量岗位需要的知识大纲和教材,开展质量经理、质量工程师、可靠性工程师、六西格玛黑带等考试注册活动,受到企业普遍欢迎和高度认可。质量资格考试和注册制度,不仅能帮助各类质量人员具备岗位需要的系统知识技能,还能提升质量专业人员的社会认可程度,使更多的优秀人才投身到质量工作。建议政府部门参照国际惯例,支持规范的质量专业组织,开发各类质量知识大纲,开展质量专业资格考试注册工作,并探讨纳入国家专业技术人员职称系列,为企业选拔培养质量专业人才提供服务。

（四）分层次多方式对企业管理者实施质量管理培训

企业管理者在质量管理中发挥着主导作用。高层管理者在构建质

量文化氛围方面起着决定性作用,中层管理者在执行质量管理制度、实施质量改进方面起着监督者、教练员的中坚作用,而目前我国企业管理者对于质量管理知识和技能掌握不足。建议政府部门出台相关政策对企业高层领导者进行质量管理轮训,借鉴戴明博士培训日本企业"一把手"的做法,聘请国内外著名的质量管理大师或者有影响力的企业家进行授课,或借鉴韩国企业家早餐会的做法,举办企业高层领导者面对面的沟通活动,让企业家们从心底里接受"质量管理是企业获得成功的秘方"的观点。中层管理者是日常任务的执行者,建议企业为中层管理者增加先进质量管理方法和技术、团队质量改进的指导技能的培训,以提升中层管理者质量教练能力。

三、实施质量管理体系升级,提升产品质量保证能力

质量管理体系(GB/T19001)是我国制造业企业应用最广的基本方法,其运行状况关系着我国制造业的总体质量水平。从调查结果看,提升企业质量管理体系运行的有效性,是企业管理工作的一个紧迫而重要的目标。为此建议:

(一) 推进行业质量体系标准,强化行业管理和自律

ISO9001 质量管理体系是一个适宜各行业的通用标准,但对不同行业的针对性和深入性不同。例如,TS/ISO16949 和 GJB9001B 是针对汽车制造业和军工制造业企业的质量管理体系标准,它们比 ISO9001 有更具体的标准要求。为了增加我国制造业质量竞争力,建议国家标准化管理部门,以 2015 年版 ISO9001 质量管理体系换版为契机,积极促进不同行业质量管理体系标准或实施指南的制订,鼓励行业组织、行业龙头企业制订企业团体标准/联合标准,针对各行业特性和需求,大

幅增加适宜的要求,融入科学的质量管理技术和工具,促进企业质量管理实践更加务实、细化和深化,提升体系运行的有效性。同时,认证行业主管部门要强化对认证机构工作规范性的监管,提升认证的公信力,并鼓励认证机构采用不同行业的体系标准实施对企业的认证审核。

（二）建立质量管理体系认证分级制度

按照卓越绩效模式理论和实践验证,初期通过质量体系认证的企业,管理成熟度一般在300—400分(满分1000分),因此,获证企业还有很大持续改进的空间,获证不是企业质量管理的终点。认证机构每年对企业的外审,认证结论往往是运行是否有效,并以提出体系运行的不符合项为主要评价手段,不利于了解企业质量管理全貌和管理差距。针对我国落实《中国制造2025》的高要求和质量升级任务的紧迫性,建议采用比国际质量管理体系认证模式更加严格的方式,利用ISO9004或卓越绩效模式成熟度原理,对获证企业实施认证分级,让企业在获证的同时也清楚自身管理存在的差距,激励获证企业积极完善体系运行,持续提升有效性。此项工作建议在部分有能力的认证机构进行试点,对企业开展"认证+成熟度级别"的认证模式。

（三）确保体系要求融入业务过程,实现质量体系运行的"三个转变"

企业要借助质量管理体系换版之际,深入理解体系化管理对企业稳健增长的意义,自上而下转变观念,体系运行效果不理想的主要原因在于企业自身,而不是质量体系标准无效。要努力实现体系管理的"三个转变",即:由应对外部认证向关注内部落实转变,由关注体系的常规符合性向关注体系的有效性转变,由满足于符合ISO9001基础水平向构建具有企业特色的质量体系升级版转变。在推进质量体系有效落实方面,务必做到"质量管理体系要求融入业务过程"这一核心要求,要强化体系运行的制度,培养体系工程师,实施科学化的设备管理。重点关注质量设计过程的科学性、规范性,生产过程操作规范和标准的有效性和可执行性,切实摒弃质量体系管理中存在的形式主义,实现真正的科学化、法治化管理。

(四) 应用供应商管理标准,促进供应链协调发展

社会化生产是现代企业特别是制造业企业运行模式的普遍特点,因此"外部提供的过程、产品和服务的控制"(即供方的管理)成为质量管理体系的最重要环节,在 ISO9001：2015 版中增加了明确的要求。企业在质量管理体系升级的过程中,应将供应商管理作为提升企业质量管理水平的一个突破点,积极引入 ISO37500：2014《外包指南》,以及即将发布的《供应商管理评价准则》国家标准,从降低供应链风险、与供应商建立战略合作关系和构建供应链命运共同体出发,实施全产业链的质量标准设计、质量绩效测量评价与质量改进,实现共赢。

四、加快质量软件与平台建设,提升质量管理信息化

目前我国企业信息化建设已有一定基础,一些企业建立了 ERP 系统或局部控制系统,也有些企业使用独立的质量管理软件。但这些信息化系统普遍缺失质量管理模块,缺乏从数据自动采集到分析管控的联网。为适应制造业由传统制造业态向信息化、智能化、服务化等先进业态的快速转变,企业应加快补齐质量管理信息化短板。为此建议:

(一) 开发高端质量软件系统

质量管理信息化技术的应用对质量管理系统软件具有较高的依赖性,而目前国内鲜有高端的质量管理软件系统。建议加强面向未来新型制造业态的质量管理信息化技术跟踪与研究,如:与智能化生产系统

融合的在线质量管控、云制造环境下的质量管控技术等。建议政府部门应加大对国产化质量管理系统研发和推广的扶持，以尽快形成面向中国制造业企业环境的质量管理系统高端软件，为中国制造业企业实施集成化、系统化质量管理信息工程建设和应用提供支撑。

（二）搭建小型企业云技术质量服务平台

虽然多数小型制造业企业对开展质量管理信息化技术应用具有较高的认知度和热情，但由于企业体量或经营规模较小，难以支撑较大的投入，制约和影响了应用质量管理信息化技术的水平。建议由政府和质量组织投入资源，建立面向小企业的质量管理信息化技术云服务平台，在平台中封装面向小企业质量管理需求的系统功能，以无偿或低收费方式提供质量服务，以此推动小企业质量管理信息化技术的应用普及。

五、推进制造过程"精益求精"，
实现提质降本增效

制造过程是体现"工匠精神"的核心环节，在制造过程科学化管控方面存在的差距，是我国企业与世界优秀企业之间在质量管理水平方面存在的核心差距。要实现"制造大国"向"制造强国"的转变，企业必须首先从提升制造过程精准化、数据化入手。为此建议：

（一）提高制造过程精准化、数据化管控水平

企业作为制造过程质量管控的主体，首先要从领导转变观念入手，将质量管理用数据说话作为提升质量水平的核心任务去抓。要从质量策划、控制、改进全流程推行适宜的质量管理方法，通过信息化和计量、检测基础设施的完善，保证过程质量数据的完善性和准确性。从对员

工的科学管理方法培训入手,提升基层员工实施质量统计分析的能力。从生产工艺技术特性的细化研究和全方位质量特性值检测入手,落实"工匠精神",保证过程管控的高效、有效,并最终保证出厂产品的可靠性。此外,质量专业协会、科研院所,要大力推进统计过程控制(SPC)、实验设计(DOE)等科学质量方法和工具在企业的应用,为企业提供技术指导和支持。要继续研究和推进质量管理和过程控制创新模式的构建,支持和引导企业学习国外先进的质量管理理念和方法,并通过组织标杆学习,为企业间管理方法的交流搭建平台。

(二) 强化质量损失管控,着力降低质量成本

首先,实现质量损失统计方法的规范化和标准化。研究借鉴发达国家企业质量管理实践,制定质量损失统计与管理国家标准,为企业提供指导性规范,并对企业质量损失管控工作进行指导和评价。同时建立地方、行业和国家级质量损失数据库,通过与企业效益的相关性分析和与国外优秀企业的对标分析,实现产品质量和经济发展质量有机结合,为企业挖掘质量效益提供支持。其次,强化制造环节相关基础资源建设,保证质量损失监管的有效落实。企业在推进信息化建设过程中,要有效运用质量统计工具和方法,深度挖掘全流程质量损失数据,并通过信息化平台予以整合、统计和分析,为降本增效提供支持。

(三) 深化推广精益管理,帮助企业实现提质增效

围绕"提质增效"这个艰巨任务,在我国制造业企业中深化推广精益管理,消除非增值活动,最大限度地减少浪费,实现完美的工作流程,创造一致的精益文化。首先,以精益管理标准制订和推广为抓手,包括《企业精益管理标准》《精益项目评价标准》和《企业现场管理准则》,引导企业实施精益管理。其次,举办精益管理项目发表赛,树立精益管理的标杆,促进企业相互学习和提升。最后,为实施精益管理的企业培

养精益专员,提升企业精益管理水平;为中小企业提供免费的精益管理培训和诊断服务,引导中小企业实施一些"快赢"(易用、见效快)的精益工具方法,提升系统应用精益管理的动力。

六、以顾客价值和先进产品为标杆,实施质量标准升级

产品标准是产品制造和交付的技术依据。只有持续推进国家和行业标准体系升级,将顾客不断提升的质量要求纳入企业内部标准中,并与国际先进水平看齐,才能保证企业产品在全球市场竞争力的持续保持。为此建议:

(一) 优化标准制定流程,提高需求侧话语权

针对供给侧结构性改革和提升供给侧质量的要求,建议优化制造业相关产品国家标准和行业标准制定流程,提高需求侧话语权。一是针对与产品安全和公众利益密切相关的产品,由全产业链共同参与标准的制定,并完善和固化征求公众意见的法规和流程,保证公众知情权、话语权,使终端消费者生命财产安全得到确实保障;二是针对与下游加工产业密切相关的生产资料类产品,将目前由生产者主导制定标准的方式转变为由下游产业共同主导制定;三是针对与制造业装备水平和生产能力密切相关的产品,由生产者和行业协会组织制定标准的同时,考虑下游企业和消费者需求,对生产单位的准入条件进行必要的限制;四是鼓励全产业链参与行业总体标准架构的设计与提升。

(二) 与国际先进水平对标,快速提升企业内控标准水平

建议国家投入资源,委托行业协会和技术机构,在研究国际标准的同时,加强研究先进产品的实际质量水平和先进企业的内控标准,为我国企业制定内控标准提供信息依据。相关行业部门进一步完善对企业

产品标准国际化水平的评价体系,以公共实验平台和第三方的形式,对企业执行标准实际达到的水平进行评估。

企业要构建有竞争力的内部标准,保证产品质量水平的先进性和竞争力。企业要对市场发展方向和顾客个性化质量需求进行分析,特别要从为顾客创造价值角度出发,将顾客隐性质量需求显性化,并纳入企业标准中。要实施实物质量对标,特别要通过剖析国际先进水平产品的技术特性,作为制定企业标准的基准;要通过制定与企业标准相配套的内控工艺标准、全产业链物料标准和检测标准,保证质量标准在制造过程中的真正落实。

七、系统推广质量工具方法,
助力企业质量持续改进

企业长期应用质量管理工具方法水平不高、效果不好的重要原因是,没有建立起系统化应用质量管理工具方法的能力。实践证明,外部强力推动对企业质量工具方法的应用也是一种有效的手段。为此建议:

(一)制度化推进质量管理工具方法的应用

企业从建立系统化应用质量管理方法和工具的管理机制出发,完善相关的制度和标准,编制各个关键环节应用工具方法的操作规范,嵌入质量管理体系要求。对相关专业人员进行培训,并建立考核和评价制度,保证科学质量管理方法和工具在企业应用的长效机制,其中要重点完善采购、研发、制造等环节应用各类质量管理方法和工具的制度,切实提升企业的质量保障和创新能力。

(二)充分调动社会力量推广质量管理工具方法

第一,要以质量奖、质量标杆、认证认可和质量评价等为引导,强化质量管理方法、技术和工具的应用,如卓越绩效、精益管理等,推动企业质量管理创新,让企业从质量和效益上增强"获得感"。第二,要帮助企业研究和引入符合企业自身质量提升要求的质量管理方法,针对不同的行业、不同质量管理基础的企业,进行量身定制,分级推进。第三,要大力开展我国本土化质量管理方法的研究和推广。

八、转变顾客信息思维，提高
基于顾客需求的创新能力

顾客的需求就是企业最好的标准。只有全方位掌握和理解顾客的需求,准确将其传递到企业产品形成的全流程,企业才能不断提高自身的创新能力和市场竞争力。为此建议:

（一）全方位提升挖掘和真正理解顾客需求的能力

企业要转变思维,从顾客角度出发,强化对顾客感知的质量需求与价值的了解与理解。企业要建立外部顾客需求信息的收集统计和内部快速响应机制。外部顾客需求信息的收集要强调全面、多方位,可通过多种方式,包括顾客体验活动、"互联网+"、大数据、第三方用户测评机构等。企业内部要建立顾客响应中心平台和专业化团队分析改进机制,不断提高企业对顾客需求的理解和转化能力,充分挖掘和分析顾客需求信息,确保企业能够真正准确了解并理解顾客的需要,并能进行系统的快速响应。

（二）顾客信息与创新对接，提升产品改进和创新的成功率

企业要建立完整的销售和服务管理系统,实现对顾客信息的系统快速响应和全流程闭环管理,不断提升产品和服务的改进创新成功率。

第一,企业通过顾客信息分析,抓住顾客关注的质量焦点问题,并有效运用到产品设计、采购、制造、销售、服务、回收的全生命周期的质量改进和创新中;理顺创新流程,提升创新效率。第二,在产品改进和创新中,始终将为顾客创造价值和满足顾客需求放在第一位,通过有效机制,保障改进与创新能够准确应对顾客的需求,防止创新与需求的错位,提高创新的成功率。

市　场　篇

　　本篇重点介绍 2015 年度应用用户满意度指数(CCSI)模型对汽车行业、家电行业、食品行业进行的用户满意度测评结果。从市场和用户的角度反映上述三个行业的发展现状及趋势、具体企业和品牌的产品质量、服务质量评估以及企业业绩评价。

第五章 用户满意度测评概述

一、我国用户满意度测评发展历程与意义

（一）用户满意度测评发展历程

用户满意度指数（Customer Satisfaction Index，CSI）作为一种新型的反映经济质量的指标，不仅可以应用于对产品质量和服务质量的评估，也可以应用于对企业业绩的评价，还可以用来描述国家宏观经济运行状况。因此，对用户满意度测评的研究，无论是在理论上还是在实践研究上都具有重要意义。

我国用户满意度测评体系的建立起步较晚，大致经历以下四个阶段：

第一阶段（1986—1991年）主要是用户评价理念引入及行业评价时期。中国质量协会（原名中国质量管理协会，2001年更名）用户委员会（全国用户委员会）以政府和社会监督的形式，会同政府有关主管部门，对经济运行中的重点行业和用户反映比较强烈的行业开展用户评价。这一时期的用户评价，无论是评价指标和量表的设定，还是统计分析方法都比较简单。

第二阶段（1992—1995年）是用户评价由行业推进到企业的时期。1991年，中国政府提出要"由市场和用户评价企业及其产品优劣"。中国质量协会和全国用户委员会利用这一契机，将用户满意度测评导入

企业,并于1993年推出"用户满意企业""用户满意产品"和"用户满意服务"的评选,有力地促进了企业开展用户满意测评。这个阶段的用户满意度测评,在理论和方法上都有一定进步,并在企业中得以开展。

第三阶段(1996—1998年)是用户满意经营战略下的用户满意度测评时期。1996年,中国质量协会牵头,会同国家技术监督局等八部局联合发出《关于实施"用户满意工程"的通知》,使实施用户满意经营战略、树立以用户为中心的经营理念、开展用户满意度测评在更多的行业和企业中得以展开。在这一时期,清华大学开始了对国外用户满意度指数的研究。

第四阶段(1999年至今)是引进和转化美国用户满意度指数(American Customer Satisfaction Index,ACSI)方法的时期。1999年中国质量协会赴美国密歇根大学安纳堡分校学习用户满意度测评并翻译了《1998年美国用户满意度指数的方法论报告》,使中国质量界和企业首次全面了解了美国用户满意度指数方法。在这一时期,中国质量协会进行了中国用户满意度指数模型的研究与构建,并陆续开展了住宅、轿车、服务、钢铁、食品、家电、工程机械、金融等领域的行业用户满意度指数测评及企业第三方委托测评。国家质检总局也开展了七类产品和两项服务的试点研究和调查。这一阶段,在中国质量协会的参与和推动下,用户满意度指数的测评方法实现了全面的研究和普及,并在2009年出台了《顾客满意测评模型和方法指南》(GB/T19038—2009)和《顾客满意测评通则》(GB/T19039—2009)国家标准,以及在2016年出台了《顾客关系管理评价准则》(T/CAQ10301—2016)社团标准。

综上所述,用户满意度测评在中国的发展经历了一个从导入用户理念、开展较为简单的用户评价调查,到学习、引进和转化国际上通用的用户满意度测评方法的过程。在测评理论和方法上,也经历了从简单测量满意率,到采用多因素或多因素加权平均方法测量满意度,再到运用计量经济模型和矩阵研究测评满意度的过程。

（二）用户满意度测评的意义

在全球范围内,用户满意度指数已经是许多国家使用的一种新的经济指标,它主要用于对经济产出质量进行评价。在中国走向完善的市场经济体制和国际化方向发展的进程中,强调用户满意经营理念对于提高中国企业的核心竞争力具有重要意义。各行业、企业进行用户满意度测量,不仅可以确定行业或企业用户消费后的满意程度,还可以通过横向比较来确定本行业、本企业在用户心目中的地位,并为预测行业内各企业的市场占有率、寻找改进点提供有效参考。

对国家而言,在全国范围内开展用户满意度测评有助于衡量国民经济运行状况,有利于国家正确制定宏观经济政策,调控国民经济,优化经济结构;对企业而言,通过对产品、服务满意度的测评,便于了解影响顾客满意的主要因素,并有针对性地提高顾客满意度,从而提高企业满足顾客需求的能力,增加企业经营效益;对顾客而言,通过发布用户满意度测评得分信息,有利于用户获取真实可靠的质量信息,选择符合自身需求的产品、服务,让用户接受到更好的质量服务,提高消费者的生活质量水平。

二、用户满意度指数模型

中国用户满意度指数(CCSI)测评体系的建立起步较晚,1997年在中国质量协会、全国用户委员会的推动下,开始着手CCSI系统研究,并联合北大、人大、清华、社科院等国内顶极学术机构共同攻关,展开适合中国国情的国家满意度指数模型的设计工作。1999年12月,国务院发布了《关于进一步加强产品质量工作若干问题的规定》,明确提出要研究和探索顾客满意度指数评价方法。CCSI模型是在参照和借鉴美国用户满意度指数方法(ACSI)的基础上,根据中国国情和特点而建立的具有中国特色的质量评测方法。模型见图 5-1：

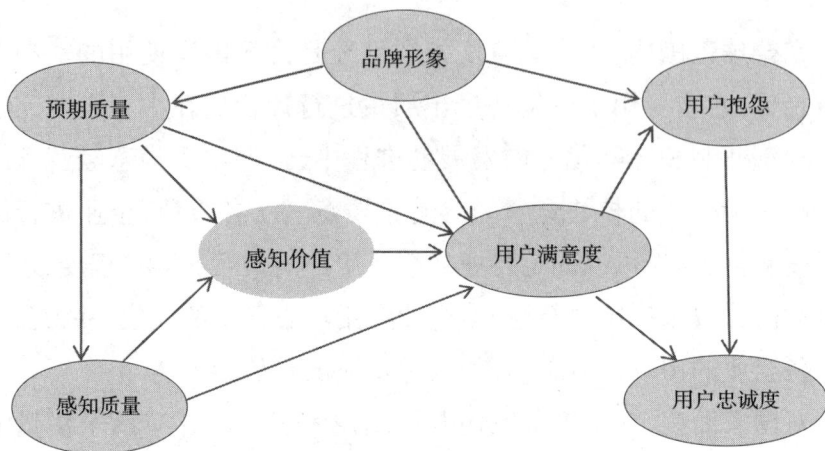

图 5-1 CCSI 模型

图 5-1 中的椭圆代表结构变量,它们之间的箭头表示变量间影响的方向,通常将一变量对另一变量的影响系数标于箭头旁。可以看出,CCSI 基本模型是一个因果关系模型,其中用户满意度是目标变量,感知质量、预期质量、品牌形象和感知价值为原因变量,用户抱怨与用户忠诚度是用户满意度的结果变量。CCSI 模型国家标准《顾客满意测评模型和方法指南》(GB/T19038)和《顾客满意测评通则》(GB/T19039)由中国标准化研究院、中国质量协会、海尔集团等机构和企业的相关专家共同参与起草,并包含以下结构变量:

——品牌形象:在购买该产品或服务前对其形象的感知;

——预期质量:购买和使用该产品或服务前对其质量的评价;

——感知质量:购买和使用该产品或服务后对其质量的评价;

——感知价值:通过购买和使用该产品或服务对其提供价值的感受;

——用户满意度:对该产品或服务的总体满意度;

——用户忠诚度:继续选购该产品或服务的可能性;

——用户抱怨:向厂商或经销商抱怨的频率。

三、用户满意度测评的指标体系

（一）指标体系的基本构成

本指标体系包含两类指标:第一类指标是用户满意度指数的测量指标,共分三级;第二类指标是用户满意度的影响指标。

（二）用户满意度测量模型采用的指标

在考虑各行业用户满意度测量的共性特点以及拟采用模型的基础上,设置三级测量指标体系:一级指标即为用户满意度指数;二级指标包括七个指标,用于测量用户在购买与消费特定品牌产品前后的有关感受,其中用户满意度的原因指标有 4 个,结果指标有 2 个;三级指标包含 21 个指标,分别用于测度相应的二级指标。具体的各级指标见表5-1:

表5-1　用户满意度测量指标体系及数学符号

一级指标	二级指标	三级指标
用户满意度指数	企业/品牌形象 X_1	企业/品牌总体形象 X_{11}、企业/品牌知名度 X_{12}、企业/品牌特征显著度 X_{13}
	用户预期 X_2	总体质量预期 X_{21}、可靠性预期 X_{22}、个性化预期 X_{23}
	产品质量感知 X_3	总体产品质量感知 X_{31}、产品质量可靠性感知 X_{32}、产品功能适用性感知 X_{33}、服务质量感知 X_{34}
	价值感知 X_4	给定质量下对价格的评价 X_{41}、给定价格下对质量的评价 X_{42}
	用户满意度 X_5	总体满意度 X_{51}、实际感受同预期质量水平相比下的满意度 X_{52}、实际感受同理想质量水平相比下的满意度 X_{53}
	用户抱怨 X_6	用户抱怨与否 X_{61}、用户投诉与否 X_{62}、投诉处理满意度 X_{63}
	用户忠诚度 X_7	重复购买的可能性 X_{71}、向他人推荐的可能性 X_{72}、价格变动忍耐性 X_{73}

四、用户满意度模型与估计

用户满意度模型采用结构方程模型（SEM）的形式，分为结构方程和测量方程，通过特定的估计方法得到所需要的用户满意度指数值。用户满意度模型有特定的数学形式，这些数学表达式是正确运用计算机软件程序来估计所需要的用户满意度指数的必要前提。该模型可以作为各行业、企业进行用户满意度测量的初始模型，最终的模型形式根据由具体调查数据所得的拟合结果加以调整。用户满意度模型的结构方程如下：

$$\begin{pmatrix} X_2 \\ X_3 \\ X_4 \\ X_5 \\ X_6 \\ X_7 \end{pmatrix} = \begin{pmatrix} 0 & 0 & 0 & 0 & 0 & 0 \\ \beta_{32} & 0 & 0 & 0 & 0 & 0 \\ \beta_{42} & \beta_{43} & 0 & 0 & 0 & 0 \\ \beta_{52} & \beta_{53} & \beta_{54} & 0 & 0 & 0 \\ 0 & 0 & 0 & \beta_{65} & 0 & 0 \\ 0 & 0 & 0 & \beta_{75} & \beta_{76} & 0 \end{pmatrix} \begin{pmatrix} X_2 \\ X_3 \\ X_4 \\ X_5 \\ X_6 \\ X_7 \end{pmatrix} + \begin{pmatrix} \gamma_2 \\ \gamma_3 \\ \gamma_4 \\ \gamma_5 \\ 0 \\ \gamma_7 \end{pmatrix} X_1 + \begin{pmatrix} \zeta_2 \\ \zeta_3 \\ \zeta_4 \\ \zeta_5 \\ \zeta_6 \\ \zeta_7 \end{pmatrix}$$

其中 $X_1, X_2, \cdots, X_7$ 是指标体系中的 7 个二级指标；$\beta_{32}, \beta_{42}, \cdots, \beta_{76}$ 以及 $\gamma_2, \cdots, \gamma_5, \gamma_7$ 是需要估计的内部结构系数；$\zeta_2, \zeta_3, \cdots, \zeta_7$ 是结构方程的随机误差项；同时假设 $E[\zeta] = E[X_1\zeta'] = 0$。

用户满意度模型的测量方程反映隐变量与其测量指标/变量之间的关系，其数学形式为：

$$\begin{pmatrix} X_{11} \\ X_{12} \\ X_{13} \end{pmatrix} = \begin{pmatrix} \lambda_{11} \\ \lambda_{12} \\ \lambda_{13} \end{pmatrix} X_1 + \begin{pmatrix} \delta_{11} \\ \delta_{12} \\ \delta_{13} \end{pmatrix}$$

$$
\begin{pmatrix} X_{21} \\ X_{22} \\ X_{23} \\ X_{31} \\ X_{32} \\ X_{33} \\ X_{34} \\ X_{41} \\ X_{42} \\ X_{51} \\ X_{52} \\ X_{53} \\ X_{61} \\ X_{62} \\ X_{63} \\ X_{71} \\ X_{72} \\ X_{73} \end{pmatrix}
=
\begin{pmatrix}
\lambda_{21} & 0 & 0 & 0 & 0 & 0 \\
\lambda_{22} & 0 & 0 & 0 & 0 & 0 \\
\lambda_{23} & 0 & 0 & 0 & 0 & 0 \\
0 & \lambda_{31} & 0 & 0 & 0 & 0 \\
0 & \lambda_{32} & 0 & 0 & 0 & 0 \\
0 & \lambda_{33} & 0 & 0 & 0 & 0 \\
0 & \lambda_{34} & 0 & 0 & 0 & 0 \\
0 & 0 & \lambda_{41} & 0 & 0 & 0 \\
0 & 0 & \lambda_{42} & 0 & 0 & 0 \\
0 & 0 & 0 & \lambda_{51} & 0 & 0 \\
0 & 0 & 0 & \lambda_{52} & 0 & 0 \\
0 & 0 & 0 & \lambda_{53} & 0 & 0 \\
0 & 0 & 0 & 0 & \lambda_{61} & 0 \\
0 & 0 & 0 & 0 & \lambda_{62} & 0 \\
0 & 0 & 0 & 0 & \lambda_{63} & 0 \\
0 & 0 & 0 & 0 & 0 & \lambda_{71} \\
0 & 0 & 0 & 0 & 0 & \lambda_{72} \\
0 & 0 & 0 & 0 & 0 & \lambda_{73}
\end{pmatrix}
\begin{pmatrix} X_2 \\ X_3 \\ X_4 \\ X_5 \\ X_6 \\ X_7 \end{pmatrix}
+
\begin{pmatrix} \varepsilon_{21} \\ \varepsilon_{22} \\ \varepsilon_{23} \\ \varepsilon_{31} \\ \varepsilon_{32} \\ \varepsilon_{33} \\ \varepsilon_{34} \\ \varepsilon_{41} \\ \varepsilon_{42} \\ \varepsilon_{51} \\ \varepsilon_{52} \\ \varepsilon_{53} \\ \varepsilon_{61} \\ \varepsilon_{62} \\ \varepsilon_{63} \\ \varepsilon_{71} \\ \varepsilon_{72} \\ \varepsilon_{73} \end{pmatrix}
$$

其中 $X_1, X_2, \cdots, X_7$ 是指标体系中的 7 个二级指标，$X_{11}, X_{12}, \cdots, X_{73}$ 是指标体系中的 21 个三级指标；$\lambda_{11}, \lambda_{12}, \cdots, \lambda_{73}$ 是需要估计的系数（称载荷系数）；$\delta_{11}, \delta_{12}, \delta_{13}$ 及 $\varepsilon_{21}, \varepsilon_{22}, \cdots, \varepsilon_{73}$ 是测量方程的随机误差项；并假设 $E[\delta] = E[\varepsilon] = 0, E[X_1 \delta'] = E[X_i \varepsilon'] = 0$ （$i = 2, 3, \cdots, 7$）。

用户满意度模型中三级指标的数值通过对用户的实际调查得到，其他数值需要经过特定的统计分析方法估计得到。第三级指标以十分制测量，10 分表示最高评价、1 分表示最低评价；第一、二级指标则以百分制测量,100 分表示最高评价、0 分表示最低评价。

用户满意度模型的估计采用 PLS(偏最小二乘估计)方法。实现该方法的计算机程序有多个,如 LVPLS-PC 1.8、PLSGraph 等,也可以采用 S-PLUS、MATLAB 等编程实现。本篇用户满意度指标计算结果已四舍五入。

五、用户满意度测量的调查方案设计

(一) 抽样方法设计

1. 界定调查对象范围

通常从以下几个方面来定义抽样总体:

——地域特征:指用户活动的范围,可能是一个城市、一个省,也可能是全国。

——人口统计特征:指目标用户群的年龄、性别、收入等统计特征。

——产品或服务使用情况:指一段时间内对消费者使用产品和接受服务的情况,包括是否使用和使用频率。

用户满意度调查的对象是在规定时限内购买和使用过产品或服务的消费者,一般指个人或家庭,但有时也会是公司、社会团体等组织型客户。被调查者年龄应该为 18—75 岁。

2. 明确调查目的

调查目的包括了解某企业或品牌的用户满意程度,以及了解某行业的整体用户满意度。

3. 建立抽样框

当用户资料(名录)比较完备时,该名录可作为概率抽样的抽样框。名录应包括用户姓名和联系方式(至少含电话号码、住址、通信地址中的一项)的完整准确信息;同时在可能的条件下,最好还包括与所研究目标量相关的辅助信息,以便用这些辅助信息改善抽样设计的效果,提高估计推断的精度;当用户资料很难取得或较少时,无法建立理想的抽样框,则进行不等概率抽样;整群抽样、多阶段抽样不要求掌握包含总体所有单位的抽样框,只需知道每阶段被抽中单元中下一级单元的抽样框即可。

4. 选择抽样方法

对行业满意度进行测评的抽样分为两个层次:一是从行业数量众多的企业(品牌)中选取有代表性的企业或品牌;二是从入选企业数量众多的用户中抽取一定规模的样本进行调查。最终不仅可以得到企业的满意度指数,还可以汇总为整个行业的满意度指数。

5. 确定样本量

确定样本量需要考虑以下三个因素:

——调查对象在调查指标上的差异程度。总体差异性越大,所需的样本量一般也越大。

——抽样误差的控制范围。调查允许误差与样本量的平方根大致成反比,允许误差越小,所需样本量越大。根据调查目的与调查预算成本来决定允许误差。

——调查结果的可靠程度。用置信度表示,数值范围为0—1,所要求的置信水平越高,样本量应该越大。

6. 计算样本量

计算样本量需要考虑以下方法:

——统计学方法。根据允许误差公式推导在某种置信度水平和误差控制范围下的样本量。运用该方法计算样本量需要三种资料:可接受的抽样误差范围、置信水平以及总体标准差的估计值。

——经验法。通常企业用户满意度调查的样本量可以在200—500之间,这一样本量基本可以满足测评企业或品牌用户满意度指数的需要。若企业在得到总体满意度的同时还希望得到不同类型细分市场（如不同年龄段、购买不同产品）的用户相对满意度,则应保证每个细分市场中的调查样本量都在 100 以上。

——因子分析方法的要求。在用户满意度调查问卷的信度与效度检验以及数据分析中,通常要使用因子分析方法。该方法要求调查样本量应该是问卷中（参与因子分析的）问题数量的 5—10 倍,达到这一数量方可满足因子分析可靠性的要求。

在以上计算基础上,根据已有经验或对有效问卷回收率的预测,考虑适当增加样本量,以确保收到的有效问卷数量满足要求。调整公式为:

最终样本量=要求样本量/预计问卷回收率

（二）调查方式设计

1. 消费品制造行业

采取定点拦访方式,拦截地点为产品的销售场所（如:超市、购物中心等）;也可采取电话调查（包括传统的电话调查或计算机辅助电话调查）或入户调查方式。对于组织型客户,还可采取邮寄调查方式。

2. 服务行业,但有特定的服务场所

采取定点拦访方式,拦截地点为相应的服务场所。对于用户区域间流动性不大且在人群中占较大比重的服务行业（如零售业、餐饮业、金融保险业、卫生等等）,还可采取电话调查或入户调查方式。对于组织型用户,还可采取邮寄调查方式。

3. 服务行业,但没有特定的服务场所

这类行业一般用户区域间流动性不大,且在人群中占较大比重,如公共交通行业（包括公共汽车、地铁、出租车等）、房地产业、公用事业（包括自来水、电力、燃气等的供应）等,可采取入户调查或电话调查的方式。

对于特殊类型的行业（如报纸、期刊的出版与发行）,依据不同的

营销渠道采取相应的调查方式。

（三）问卷设计

1. 调查问卷设计的准备

主要准备工作包括理解调查目的、确定调查行业、选择和确定该行业用户满意度指数模型、界定调查抽样的范围、明确数据收集方法,以及列出所需信息资料清单。

2. 调查问卷设计的基本原则

问卷必须准确满足所有的信息需求条件,问题的措辞必须清楚,以及易于用户理解,问题排列的顺序必须符合逻辑和有利于回答,尽量采用便于数据处理的封闭式问题。

3. 调查问卷的结构

满意度调查问卷中通常包括以下几个部分:标题、问候语、甄选部分、用户满意度指数测量部分、与用户满意水平有关的影响因素的测量部分、人口统计信息部分和结束语。

（四）调查问卷的信度与效度检验

1. 信度评价

信度评价用于检验问卷是否具有较高的稳定性和一致性,即问卷测评的结果内部是否相互符合,以及在不同的测评时点结果是否稳定;通过预测试的评价结果对问卷进行有针对性的修改。信度评价的方法包括:重测信度与复本信度(测量稳定性)、折半信度、α 系数、基于因子分析的 θ 和 Ω 系数法(测量一致性),以及综合信度。可以根据问卷的结构和内容、经费、计算工具等条件,选择一种或几种信度指标进行计算评价。

2. 效度评价

用于检验问卷中的问题是否有效地测量了拟测量的内容;通过预

测试的评价结果对问卷进行有针对性的修改。效度评价的方法包括：表面效度、内容效度、效标效度和结构效度。根据问卷的结构和内容、经费、计算工具等条件,选择一种或几种效度指标进行计算评价。

3. 保证用户满意度测量问卷信度和效度的基本要求

——问卷不能够过长,问卷的问题具有良好的代表性,问题的答案应采用封闭形式。

——样本量应满足要求。

——采取措施减少测量过程中的误差,对访问员进行严格培训,在整个访问过程中要求其不可出现偏颇与暗示、不要带有任何的主观引导;要注意观察受访者的身心健康状况、动机、注意力、持久性和作答态度,尽量保证受访者能够认真作答;尽可能提供好的访问环境条件等;正式使用的问卷应该同时具有较高的信度与效度。

六、用户满意度测量的统计分析

（一）基本的描述统计分析

1. 频数统计

进而可以计算百分数,用于估计和比较持不同满意水平的用户,以及不同背景的用户在总体中所占的比例。

2. 指数

用于评价用户满意水平的变动,以及对各方面的用户满意水平的比较。最常用的方法是:将待比较数值中的一个特定数值定为基数,计算其他数值相对于基数的百分数,称其为指数。

3. 平均数

用于反映各方面用户满意度的平均水平。

4. 方差或标准差

用于反映用户满意水平的差异状况。

（二）变量之间的关联分析

1. 方差分析与列联表分析

用于评价不同部门、不同市场细分或不同类型的用户,在满意水平方面是否存在差异。

2. 相关分析

用于反映用户在不同方面的满意度水平变动的关联程度。

3. 对应分析

判断不同类型用户的偏好特性。

（三）结构方程模型中直接效用和间接效用的分析

直接效用和间接效用分析用于发现在满意度测量结构方程模型中对满意度影响最大的因素,为企业采取措施提高用户的整体满意度提供参考意见。直接效用即为结构模型中回归系数的估计值,反映满意度结构方程模型中二级指标之间的直接影响作用的大小。间接效用通过沿二级指标的箭头方向对直接效用进行累乘叠加计算得到,反映二级指标通过中间变量(二级指标)对其他二级指标的影响作用的大小。总效用为直接效用与间接效用的总和,反映二级指标之间总的影响作用。

（四）满意度重要性矩阵

在满意度调查收集的信息中,主要分为两类:一类是用户对产品或服务各主要因素的重要程度评价;另一类是对各主要因素的满意度评价。

用户重要性满意度矩阵是以产品和服务各因素对用户的重要程度

为纵坐标,以用户对这些因素的满意度评价为横坐标建立的四个矩形组成的矩阵图。从而可以判断企业在哪些因素上具备优势、哪些因素上具有劣势并亟须改进。

（五）用户忠诚度分析

用户忠诚度分析采用行为—情感模型,运用情感忠诚度与行为忠诚度组成的两维坐标图,综合对情感忠诚度、行为忠诚度进行分类和量化。利用忠诚度的评价结果,借助马尔可夫链来预测在产品供过于求的情况下的品牌市场占有率。

（六）奖惩分析

利用用户对产品或服务各具体因素的评价与对产品或服务总体评价的关系,对各具体因素进行分类,为企业有选择地改进具体因素提供依据。根据各具体影响满意度的因素对整体满意度的影响作用,应用奖惩分析将满意度影响因素划分为基本因素、绩效因素和激励因素三类。

（七）用户细分方法

用户的背景特征与其满意程度可能存在着一定的联系,可以采用不同的方法进行用户细分,具体包括:

1. 满意度忠诚度矩阵分析法——对应分析法
主要用于判断不同细分市场的偏好特性。

2. 因子分析
将产品或服务的各种具体因素,依照相关性的强弱合并为类,根据因子得分的特点总结各个类别的特点。

3. 用户价值分析
利用用户终身价值信息来区分用户,可以定义三种主要的用户类型:最有价值的用户、第二层级用户、负值用户。

第六章　汽车行业用户满意度

一、调研的基本情况

2015 年 4 月 1 日至 8 月 20 日,中国质量协会实施了 2015 年度中国汽车行业用户满意度指数(CACSI)调研。采用定点拦截面访、电话预约面访、部分采用平板电脑调查的方式对华北、东北、华东、华中、华南、西南、西北等七大市场区域进行调研,调研的样本总量为 22387 个,调查城市包括北京、石家庄、保定、唐山、太原、临汾、运城、长治、朔州、呼和浩特、沈阳、大连、锦州、长春、哈尔滨、济南、青岛、潍坊、烟台、威海、临沂、济宁、南京、苏州、无锡、常州、盐城、杭州、温州、宁波、上海、郑州、合肥、蚌埠、武汉、长沙、南昌、广州、佛山、深圳、东莞、厦门、成都、绵阳、攀枝花、重庆、昆明、南宁、西安、乌鲁木齐、兰州、银川等 52 个城市。测评车型涉及 47 个汽车厂商、57 个汽车品牌、175 个主流车型。

调研包括产品质量调研、售后服务质量调研、销售服务质量调研和新能源汽车调研。所有调研都涉及 CACSI 综合评价。其中,产品质量调研还涉及汽车质量可靠性评价和汽车性能设计评价。

产品质量调研的对象为购车 2—6 个月的个人用户;售后服务质量调研的对象为购车 12—24 个月的个人用户;销售服务质量调研的对象为购车 2—4 个月的个人用户;新能源汽车调研对象为购车 2 个月以上的用户。

二、CACSI 综合评价

2015 年我国汽车行业用户满意度指数（CACSI）为 79 分（满分 100 分）。2011—2015 年,有 4 年是 79 分,2012 年实现历史最高水平 80 分。2015 年首次与美国汽车满意度指数持平（见图 6-1、图 6-2）。

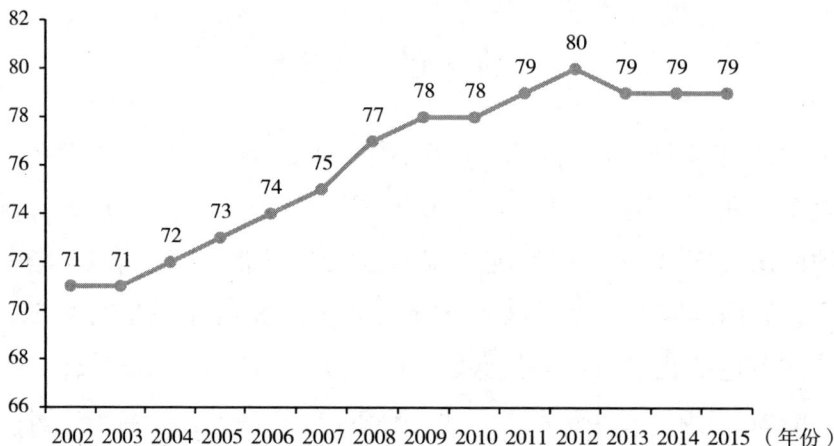

图 6-1 2002—2015 年中国汽车行业用户满意度指数

自主品牌满意度水平已连续两年有所改善,合资品牌却出现下降。2015 年自主品牌满意度指数 77 分,同比提高 1 分。合资品牌满意度指数 80 分,同比下降 1 分（见图 6-3）。

德系品牌满意度 82 分,与 2014 年持平;美系、日系、法系满意度均为 80 分,均与 2014 年持平;韩系满意度 79 分,同比下降 1 分（见图 6-4）。在 175 个测评的车型中,满意度指数同比提高的车型有 47 个,自主品牌占了其中 20 个;同比下降的车型有 54 个,自主品牌占了其中 17 个。

从各主要测评项目得分情况来看:品牌形象得分 80.5 分、预期质量得分 82 分、感知质量得分 79.4 分、感知价值得分 75.5 分、忠诚度得分 74 分;抱怨率为 14.2%,与变量之间的影响系数见图 6-5。

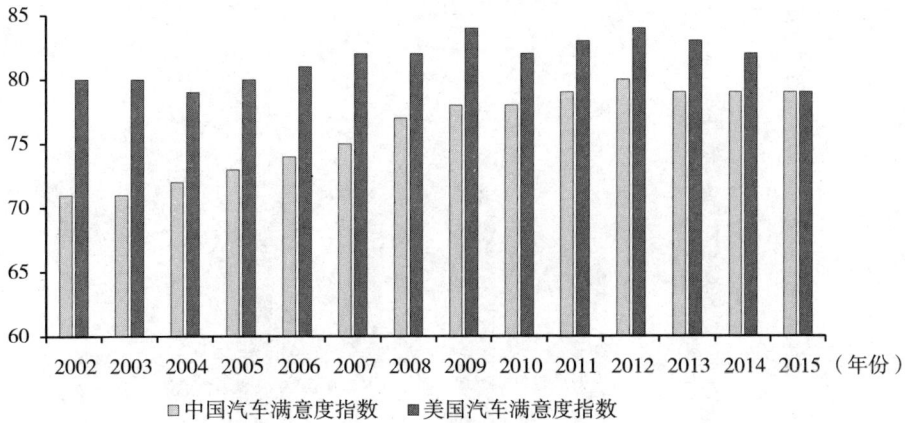

图 6-2 CACSI 与美国汽车行业 ACSI 比较

注:数据源来源于中国质量协会卓越用户满意度测评中心、美国质量学会。

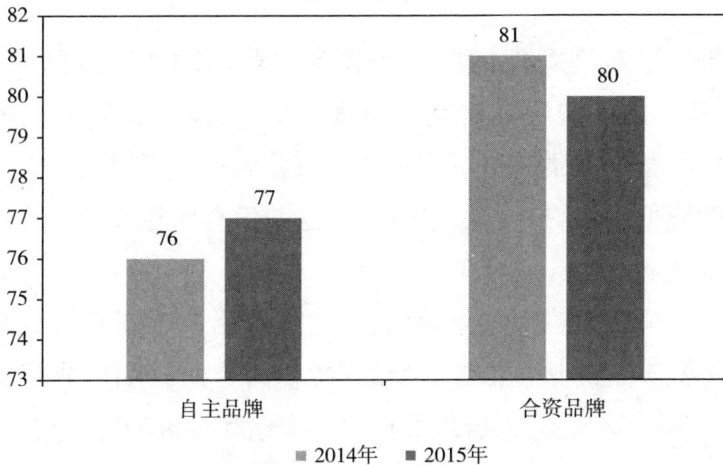

图 6-3 自主与合资品牌满意度得分

品牌形象首次成为影响满意度的第一要素。品牌形象对满意度影响系数是 0.575,在其他条件不变的情况下,品牌形象每提高 1 分,用户满意度会相应提高 0.575 分。品牌形象比预期质量低 1.5 分,且品牌形象对预期质量的影响系数是 0.731。汽车厂商对品牌建设的努力与用户的预期仍然有很大差距。

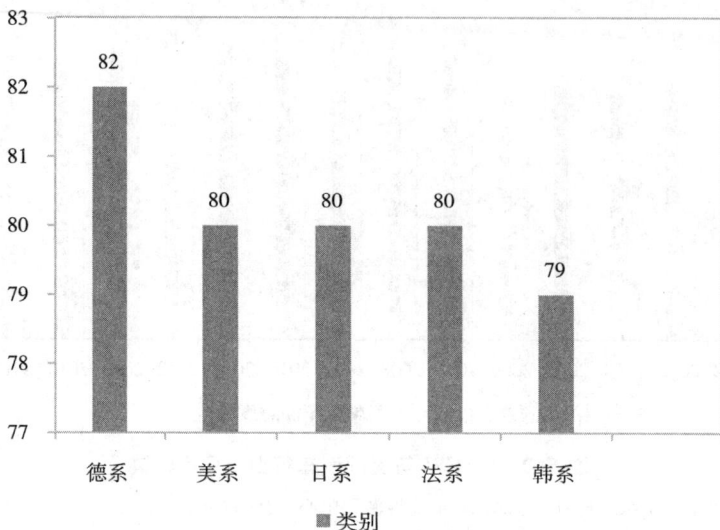

图 6-4　合资品牌满意度指数

感知质量对满意度的影响仍较为显著,其对满意度影响系数为
0.552。用户的感知质量比预期质量低 2.6 分,两者的差距进一步扩
大。在市场竞争激励和市场需求增长疲软的背景下,尽管汽车厂商、服
务商大幅降低价格,持续改进质量,但这并没有明显改善用户对汽车的
感知价值和满意度。

厂商应积极适应市场竞争的新变化,以用户感知质量为基础提升
企业、品牌、车型的整体形象,向市场提供符合用户期望或超出用户期
望的产品和服务,还应积极地处理用户抱怨和投诉问题,进一步提高其
品牌忠诚度。

三、汽车质量可靠性评价

2015 年汽车行业质量可靠性满意度 79.3 分,同比提高 0.1 分(见
图 6-6)。

百辆新车故障次数有显著下降,质量可靠性略有改善。2015 年百

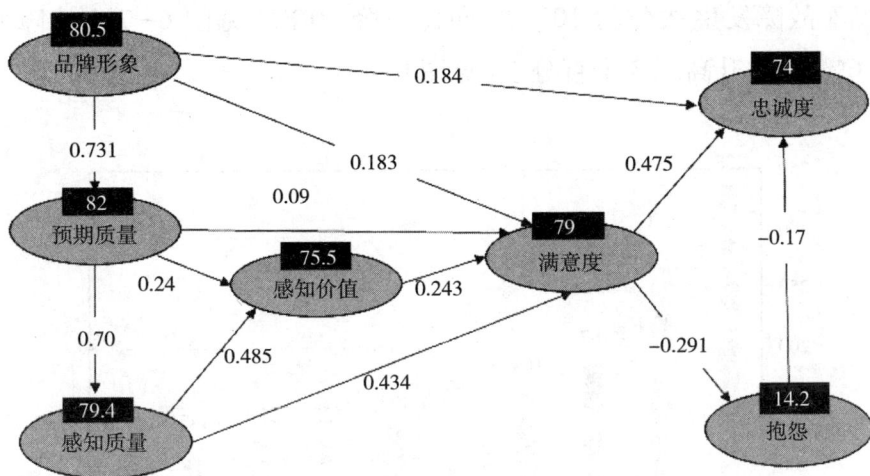

图6-5　2015年CACSI行业测评结果

品牌形象：企业品牌形象、车型品牌形象；
预期质量：预期质量水平、预期质量符合；
感知质量：实际质量、实际质量符合；
感知价值：性价比；
满意度：总体评价、预期与感知比较、理想与感知比较；
忠诚度：再选可能性和推荐可能性；
抱怨：抱怨率。

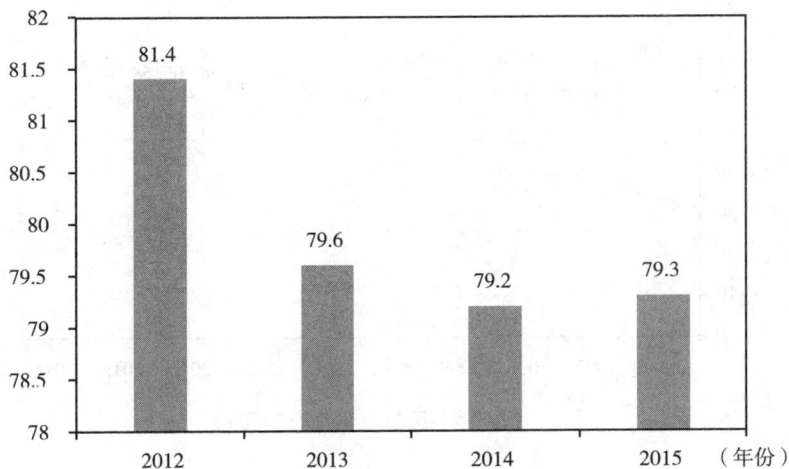

图6-6　历年质量可靠性得分

辆新车故障发生次数为 107 次,同比下降 10 次(见图 6-7);故障率 61.6%,同比升高 3.3 个百分点(见图 6-8)。

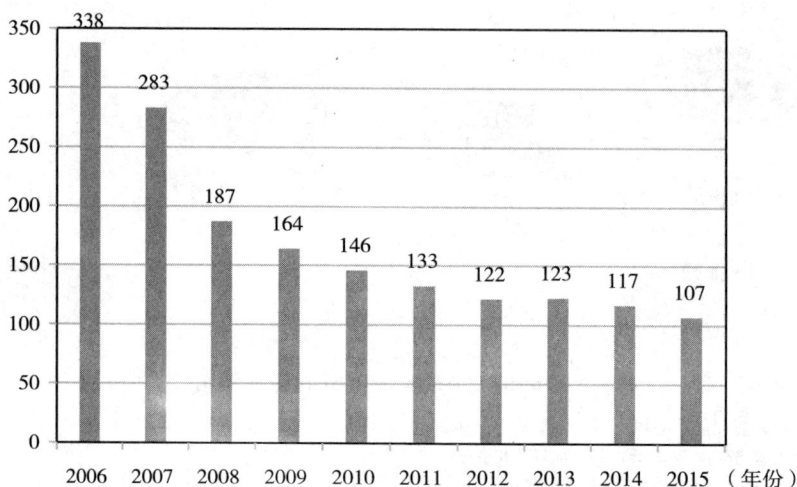

图 6-7　历年百辆新车故障发生次数

（单位：%）

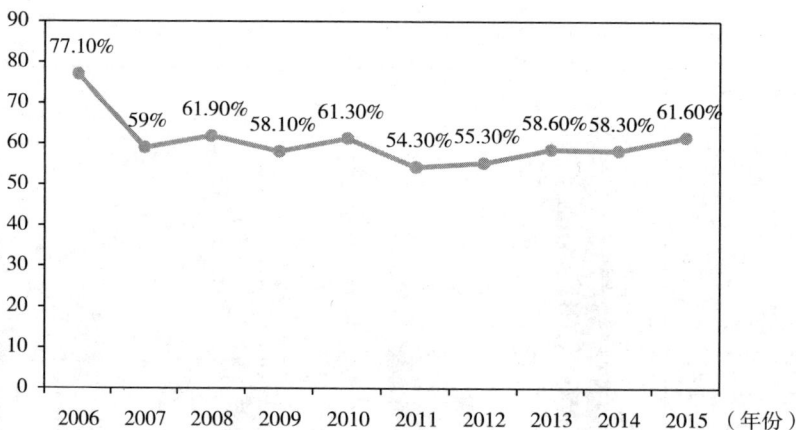

图 6-8　历年百辆新车故障率

　　如图 6-9 所示,"发动机""行驶、转向和制动""内饰""车身外观" 四大系统的百辆新车故障发生次数约占总故障频次的 60%。"发动

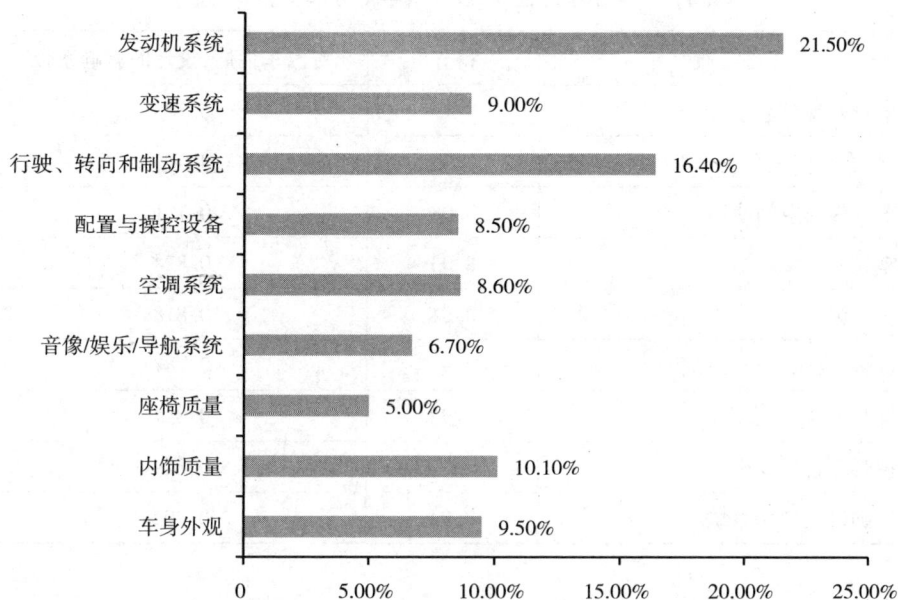

图 6-9　百辆新车各系统的故障占总故障次数的比例

机""行驶、转向和制动""内饰"等系统的故障成为制约我国汽车行业质量可靠性水平提高的主要原因。

汽车厂商质量部门应重点解决下列易发故障(问题):内饰异味重;风噪声大;燃油消耗过高;发动机有杂音;加速反应迟缓、无力;行驶中轮胎噪音大;手动挡挡位不准、入档困难;刹车有异响。

四、汽车性能、设计评价

2015 年汽车行业性能设计满意度 77.9 分,同比下降 0.3 分。除"发动机及变速系统"和"音响/娱乐/导航系统"外,其他系统的因子性能、设计水平都低于 2014 年(见表 6-1)。

表6-1　各系统的性能、设计水平得分以及影响系数

系　统	得分	对汽车性能、设计的影响系数
车身外观及造型	8.19	0.785
驾驶座、仪表盘及车身内装	7.99	0.82
车身内部空间使用	8.08	0.791
座　椅	8.03	0.824
空　调	8.01	0.818
音响/娱乐/导航系统	7.91	0.787
驾驶、操控及刹车	7.98	0.821
视野和行车安全	8	0.829
发动机及变速系统	7.94	0.792

在汽车性能/设计方面，"空调""视野和行车安全""驾驶、操控及刹车""驾驶座、仪表盘及车身内装"等系统的性能/设计水平应成为厂家的重点关注点。

汽车厂商应重点提高下列要素的性能、设计水平：经过凹凸不平道路时的舒适程度；可记忆储存的电台数目；雾天行驶的灯光效果；不良路况下的操控性、平稳性；夜间行驶的灯光效果；发动机、排气管在瞬间加速的声音；在高速中的超车表现；座椅的材质；车内饰做工品质；迂回（弯路）道路行驶的操控性、安全感。

五、汽车售后服务评价

调查显示，"服务效率"和"保养和维修服务质量"是提升售后服务满意度的关键环节（见表6-2）。2015年汽车行业售后服务满意度79分，与2014年持平。

表6-2　各因素得分以及对售后服务满意度的影响系数

因　子	得分	对售后服务满意度的影响系数
服务态度	8.22	0.864
服务效率	8.11	0.868
保养和维修服务质量	8.13	0.86
服务设施及环境	8.21	0.822
服务收费	7.69	0.78

用户希望经销商能改善下列要素的服务水平：备件充足，不需要延迟修理；服务后提车过程顺利，无须等待或等待时间较短；正确诊断故障；维修的配件质量；能彻底修好用户的车。

六、汽车销售服务

调查显示，"交车过程""试乘试驾"和"议价和签署书面文件"应是经销商提升销售服务满意度的关键环节（见表6-3）。2015年汽车行业销售服务满意度80分，同比下降1分。

表6-3　各因素得分以及对销售服务满意度的影响系数

因　子	得分	对销售服务满意度的影响系数
销售顾问	8.29	0.857
试乘试驾	8.17	0.852
议价和签署书面文件	8.18	0.851
交车过程	8.2	0.866
服务设施及环境	8.22	0.824

用户希望经销商能改善下列要素的服务水平：完整解释售后服务及车辆保险信息；交车人员答疑的能力；交车后回访跟踪服务；试乘试驾时间充足；完善试乘试驾的流程；详细、清晰地解释所有购车书面文件。

第七章 家电行业用户满意度

一、调研基本情况

（一）调研对象、方法和地区

2015 年 7 月 1 日—8 月 25 日，中国质量协会、全国用户委员会继 2010 年、2011 年度后再次组织开展了冰箱、空调、洗衣机、电视和手机五大类产品的用户满意度测评，测评对象为 2014—2015 年市场占有率较高的品牌，选取冰箱、空调、洗衣机、手机各 12 个品牌，电视 11 个品牌，共 59 个品牌，所选品牌市场占有率约达到 90%，具有较强的代表性。针对购买时间在 2014 年 1 月 1 日至 2015 年 6 月 30 日的相应家电品牌的用户，采用随机拨号（Random Digit Dialing，RDD，即先在电话局号库取出相应的局号，然后根据局号对随机生成的电话号码进行访问）的电话调查和网络调查的方式进行信息收集。调查区域包括华北、东北、华东、华中、华南、西南和西北七大市场区域的北京、上海、广东等 14 个省市。

（二）样本构成

在被调查的样本中，男性用户占比 62.3%，女性用户占比 37.7%；大学学历用户占比最大，高达 45%；家庭月收入在 5001 元—15000 元之间的用户占比近三成，为 29.4%，购买渠道为家电大卖场的占到了

37.0%(见图7-1)。

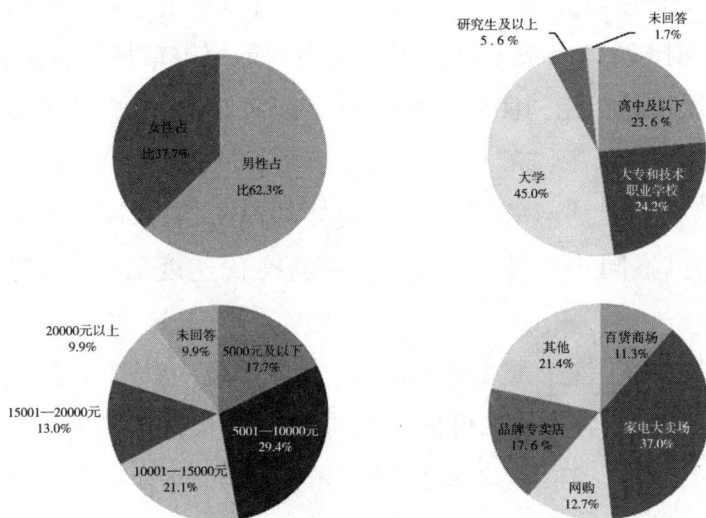

图7-1 样本构成

二、家电行业测评的主要结果

家电行业满意度处于较满意水平,品牌形象和质量水平对满意度的影响最大。冰箱、空调和洗衣机白电产品满意度水平高于电视,手机满意度最低(见表7-1)。

表7-1 2015年各家电类型结构变量得分情况

结构变量	冰箱	空调	洗衣机	电视	手机
满意度指数	82.8	82.4	81.3	79.4	76.4
忠诚度	76.5	76.9	75.0	72.1	66.0
品牌形象	83.5	82.7	81.6	80.2	77.9
感知质量	83.7	82.9	82.4	80.9	76.9
感知价值	82.0	80.2	80.5	78.7	76.3
抱怨率	13.8%	15.5%	17.8%	15.2%	31.8%

2015 年冰箱、空调、洗衣机、电视和手机五大类产品中,用户满意度指数(CCSI-HA)分别为 82.8、82.4、81.3、79.4 和 76.4 分(满分 100分),得分均比 2011 年度有所提升。随着智能家电市场的快速发展,家电在满足用户的功能和使用方面均有了较大提升,用户的满意度也随之提升。冰箱、空调、洗衣机三大白电市场的满意度水平较高,均高于80 分,电视由于受到网络、手机等新媒体的冲击,满意度水平不及白电市场,而手机不同于其他家电产品,更新换代速度较快,满意度相对较低。

在各类产品满意度的影响因素中,品牌形象的影响都是最大的,其次是感知质量,然后是感知价值。尤其是手机,品牌形象对满意度的影响系数最大,用户越来越重视品牌的影响力。

冰箱、空调、洗衣机、电视和手机五大类产品的忠诚度分别为76.5、76.9、75.0、72.1 和 66.0 分。用户对白电产品的忠诚度相对较高,对电视的忠诚度相对较低,而手机相对其他家电产品,更换频率较高,用户忠诚度较低。

冰箱、空调、洗衣机、电视和手机五大类产品的品牌形象得分分别为83.5、82.7、81.6、80.2 和 77.9 分,感知质量得分分别为 83.7、82.9、82.4、80.9 和 76.9 分,感知价值得分分别为 82.0、80.2、80.5、78.7 和76.3。白电市场各要素得分高于 80 分,电视得分次之,手机得分最低。

除手机外,其他四类产品的品牌形象得分均低于感知质量,而品牌形象对满意度的影响最大,说明家电产品在品牌形象定位、宣传等方面还需进一步加强。

用户在购买冰箱、空调、洗衣机、电视和手机时考虑的因素统计结果见表 7-2。

表 7-2 用户购买家电时考虑的因素统计结果

类 型	因 素	提及率(%)
冰 箱	品牌信誉好	51.4
	性能好	40.2
	性价比高	39.6
	能耗等级	29.8
	外观、款式	22.9
空 调	品牌信誉好	55.3
	性能好	48.9
	价格便宜	28.8
	省 电	26.3
	噪音小	24.8
洗衣机	品牌信誉好	51.5
	性价比高	42.3
	性能好	40.8
	省水省电	28.1
	售后服务好	22.3
电 视	品牌信誉好	49.9
	性价比高	44.6
	性能好	38.4
	外观、款式	28.9
	节能环保	19.4
手 机	性价比高	38.7
	性能好	38.3
	品牌信誉好	33.9
	价格便宜	25.4
	外观、款式	25.4

用户在选购白色家电和电视机时最看重的因素是"品牌信誉好"，提及率分别为 51.4%、55.3%、51.5% 和 49.9%；而用户在选购手机时最看重的因素是"性价比高"，提及率为 38.7%。

三、冰箱用户满意度测评

（一）基本统计结果

冰箱的噪音、节电性能、内部空间设计和保鲜性能是用户最不满意的方面。

1.冰箱产品质量应注重噪音控制、节电效果和内部空间设计及保鲜性能

用户对冰箱的冷冻能力、冷藏效果和外观造型、颜色搭配比较认可，对冰箱智能系统的使用方便性和总体表现也比较满意，但对噪音、节电性能、冰箱内部空间设计和保鲜性能的满意度较低。

2.售后服务中的薄弱点集中在收费、上门及时性和维修人员服务态度方面

服务质量中，用户对冰箱送货及时性、厂家总体热线服务比较满意，但对售后服务的评价较低。冰箱的故障率为 10.6%，故障解决率为 84.2%。在解决故障过程中，用户对维修收费合理性、上门维修及时性和维修人员服务态度的满意度较低。

3.噪音大成用户最不满意因素

用户提出最不满意的方面是噪音大，另外对冰箱内部空间设计、耗电量、保鲜性能、价格等不满意的提及率也较高。用户对冰箱的需求是节能、空间设计好、外观漂亮、噪音小、更加智能、保鲜性能好、价格更便宜等。

4. 品牌信誉成用户选购首要考虑因素

用户选购冰箱最看重的因素是"品牌信誉好",提及率超过 50%,另外看重的因素依次是:"性能好""性价比高""能耗等级""外观、款式""售后服务好""静音功能",提及率均超过 20%。

5. 冰箱购买渠道主要为大型家电卖场,网购用户集中在一线大城市

用户购买冰箱的渠道主要是家电大卖场,其次是品牌专卖店和百货商场,然后是网购。目前受制于物流配送的局限,家电网购的用户主要集中在大中城市,北京、上海网购冰箱的比例超过 15%,高于其他省市。按照购买渠道对比,从品牌专卖店购买的用户满意度最高,其次是家电大卖场,然后是百货商场和网购。

6. 对开门冰箱、大容积冰箱和风直冷混合式冰箱满意度较高

按照冰箱类型对比分析,对开门冰箱的满意度水平最高,其次是多开门冰箱,然后是三开门和双开门冰箱,最后是单开门冰箱。按照冰箱容积对比,容积越大,用户的满意度越高。按照冰箱制冷方式对比,风直冷混合式冰箱的满意度明显高于风冷式和直冷式冰箱。按照冰箱价格对比,"4001—6000 元"和"6001—8000 元"价位的冰箱满意度最高,其次是"2001—3000 元"价位,其他价位满意度相对低一些。

(二) 模型变量分析

行业整体满意度为 82.8 分、用户忠诚度为 76.5 分。影响满意度的 3 项结构变量中,感知质量得分最高,为 83.7 分;其次是品牌形象,为 83.5 分;然后是感知价值,为 82.0 分,它们对满意度的影响系数分别为 0.466、0.646 和 0.319,品牌形象的影响最大(见图 7-2)。

以下是品牌满意度和结构变量指数对比:

行业整体满意度 82.8 分。满意度排名前五的品牌:西门子、海尔、博世、美的和 LG(见图 7-3)。

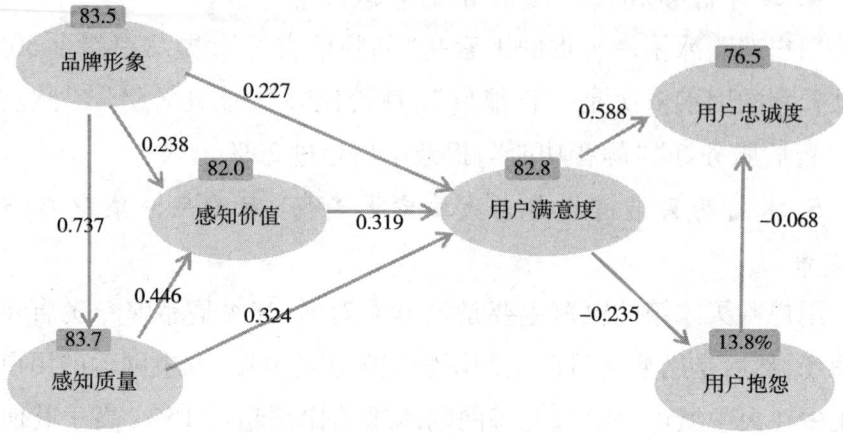

图 7-2　冰箱满意度指数模型

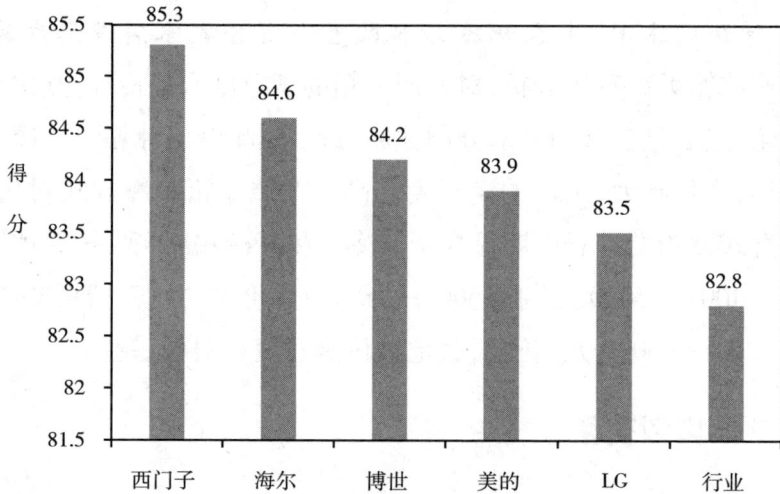

图 7-3　冰箱品牌满意度得分（行业前五）

行业忠诚度指数 76.5 分。忠诚度排名靠前的品牌：西门子、博世、LG、海尔和美的（见图 7-4）。

行业品牌形象指数 83.5 分。品牌形象排名前五的是西门子、海尔、博世、LG 和美菱（见图 7-5）。

行业感知质量指数 83.7 分。感知质量排名前五的品牌：西门子、

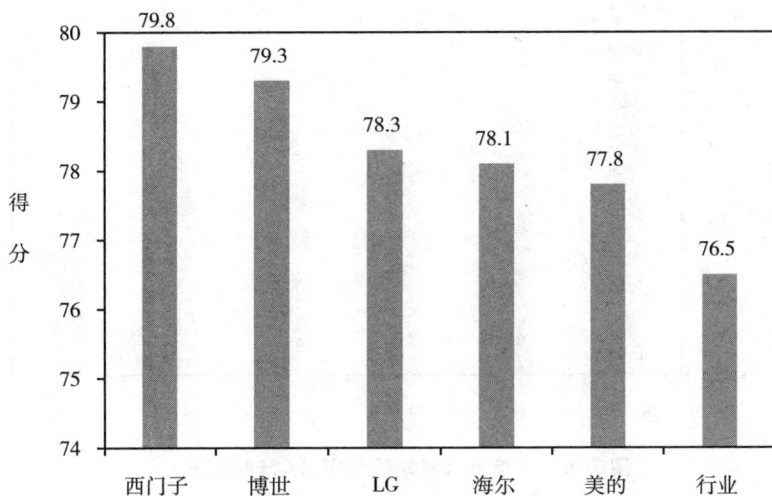

图7-4　冰箱品牌忠诚度得分（行业前五）

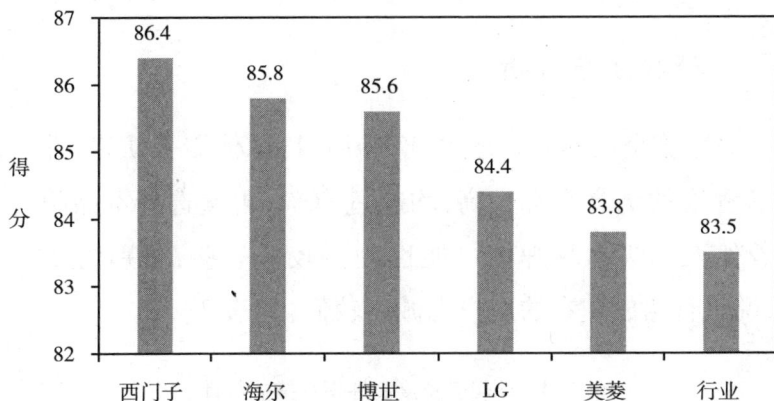

图7-5　冰箱品牌品牌形象得分（行业前五）

LG、海尔、美的和博世（见图7-6）。

　　冰箱作为耐用消费品，消费者的满意度均高于忠诚度，其中品牌满意度和忠诚度差距最小为4.9分，提升满意度对忠诚度作用较明显；而品牌满意度和忠诚度的差距最大为8.1分，提升满意度对忠诚度的作用略小一些。

　　各个品牌的满意度与忠诚度的落差间接反映了不同品牌满意度提

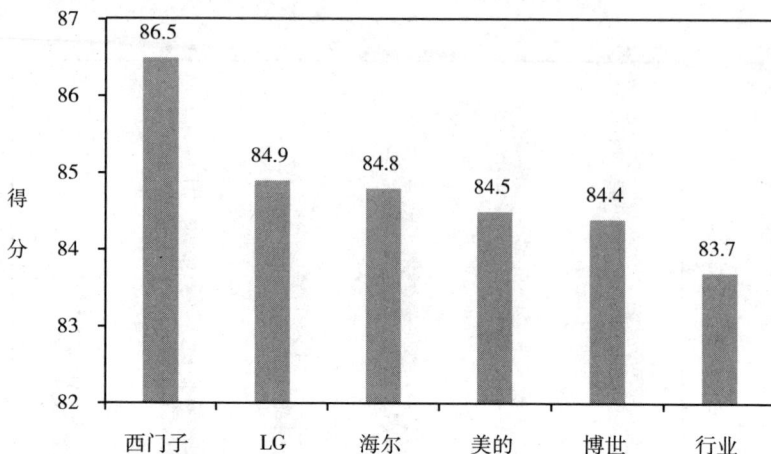

图7-6　冰箱品牌感知质量得分（行业前五）

升的效果是不同的：有的品牌满意度提升能对市场份额的提升有明显的助推作用，有的品牌满意度提升对市场份额的提升助推作用不明显。

（三）产品质量分析

用户对冰箱企业的品牌形象、产品质量、总体服务质量、性价比和总体满意程度的满意率都较高，均超过90%，再次选择本品牌的可能性和推荐他人购买本品牌的可能性相对较低一些，分别为81.2%和78.1%，说明有两成左右的用户忠诚度较低（见表7-3）。

表7-3　冰箱满意度测评指标描述统计

观测变量	不太满意	满意	非常满意	满意率	均值	标准差
品牌形象	9.2%	36.7%	54.0%	90.8%	8.51	1.459
产品质量	8.7%	35.0%	56.4%	91.3%	8.54	1.483
总体服务质量	8.4%	35.7%	55.9%	91.6%	8.53	1.501
性价比	10.0%	38.2%	51.7%	90.0%	8.38	1.503
总体满意程度	9.2%	36.6%	54.1%	90.8%	8.46	1.431
再选可能性	18.8%	35.3%	45.9%	81.2%	7.98	1.944
推荐可能性	21.9%	36.2%	42.0%	78.1%	7.78	2.133

　　产品质量中,用户对冰箱的冷冻能力,冷藏效果,保鲜效果,温控调节,外观造型、颜色搭配,智能系统的方便性和总体表现的满意率较高,均超过90%,而对冰箱的内部空间设计、噪音和节电性能的满意率相对略低一些,这三个方面得分也较低。服务质量中,冰箱送货及时性和总体热线服务表现较好,满意率超过90%,满意度得分也较高,而售后服务得分较低,尤其是上门维修及时性和维修收费合理性(见表7-4)。

表7-4　冰箱质量测评描述统计

观测变量	不太满意	满意	非常满意	满意率	均值	标准差
冷冻能力	7.1%	30.1%	62.8%	92.9%	8.74	1.448
冷藏效果	7.3%	30.8%	61.9%	92.7%	8.70	1.451
保鲜效果	9.3%	33.5%	57.2%	90.7%	8.51	1.510
温控调节	8.8%	33.6%	57.6%	91.2%	8.54	1.514
外观造型、颜色搭配	8.3%	31.3%	60.4%	91.7%	8.67	1.407
内部空间设计	10.2%	41.6%	48.2%	89.8%	8.38	1.466
噪　音	12.5%	38.5%	49.0%	87.5%	8.28	1.705
节电性能	11.0%	39.7%	49.3%	89.0%	8.33	1.542
智能系统的方便性	9.0%	33.4%	57.6%	91.0%	8.57	1.418
智能系统的总体表现	8.3%	34.4%	57.3%	91.7%	8.58	1.405
送货及时性	9.9%	29.8%	60.3%	90.1%	8.62	1.578
上门维修及时性	24.5%	40.1%	35.4%	75.5%	7.51	2.076
维修人员服务态度	22.3%	36.0%	41.7%	77.7%	7.78	1.967
维修收费合理性	27.2%	39.5%	33.3%	72.8%	7.38	2.175
总体热线服务评价	8.5%	34.8%	56.7%	91.5%	8.55	1.471

四、空调用户满意度测评

(一) 基本统计结果

　　空调的噪音、节电性能、除湿能力和制热的速度是用户满意度较低的方面。

1. 制冷速度和效果获用户认可，除湿能力、噪音和节电性能有待提高

空调产品质量中，用户对空调制冷的速度、制冷/制热效果、使用简便程度的满意度较高，对空调冷/暖风舒适度和智能管理/控制功能比较满意，而对空调的除湿能力、噪音和节电性能的满意度较低。

2. 售前售中服务受认可，售后服务及时性和收费合理性有待提高

服务质量中，用户对空调送货及时性、厂家总体热线服务和安装收费合理性比较满意，但对售后服务的评价较低，空调的故障率为11.3%、故障解决率为87.6%。在解决故障过程中，用户对上门维修及时性和维修收费合理性的满意度较低。

3. 降低噪音和优化能耗是空调用户的主要诉求

用户提出最不满意的方面是噪音大，另外对空调耗电量大、制冷速度和效果、价格、外观、制热速度慢、安装服务等不满意的提及率也较高。用户对空调的主要需求是：制冷制热速度快/效果好、节能、噪音小、价格便宜、更加智能化、外观更时尚等。

4. 树立良好的品牌信誉是吸引用户的关键

用户选购空调最看重的因素是"品牌信誉好"，另外看重的因素依次是："空调性能好""价格便宜""省电""噪音小""售后服务好""亲戚朋友的推荐"，提及率均超过20%。

5. 网购空调的用户比例逐年增高，但仍未撼动家电大卖场销售主渠道的地位

用户购买空调的渠道主要是家电大卖场，其次是品牌专卖店，然后是网购和百货商场；目前信息化发展迅速的时代，家用电器网购的比例逐渐升高。按照购买渠道对比，从品牌专卖店购买的用户满意度最高，其次是网购，然后是家电大卖场和百货商场。网购用户对空调性价比的评价最高,百货商场用户对空调性价比的评价最低。

6.变频、壁挂式、高匹数、冷暖电辅型和较高价位空调的满意度较高

按照空调变频/定频分类,变频空调满意度高于定频空调。按照空调类型对比分析,壁挂式空调满意度高于立柜式空调。按照空调匹数对比,3匹以上的空调满意度最高,其次是1.5匹—2.5匹的空调,最后是1匹空调。按照空调冷暖类型对比,冷暖电辅型空调的满意度最高,其次是冷暖型,然后是单冷型空调。按照空调价格对比,"3000元以上"价位的空调满意度高于"3000元以下"价位的空调。

(二) 模型变量分析

行业整体满意度指数82.4分,忠诚度为76.9分。影响满意度的3项结构变量中,感知质量得分最高,为82.9分;其次是品牌形象,为82.7分;然后是感知价值,为80.2分,它们对满意度的影响系数分别为0.498、0.646和0.309,品牌形象的影响最大(见图7-7)。

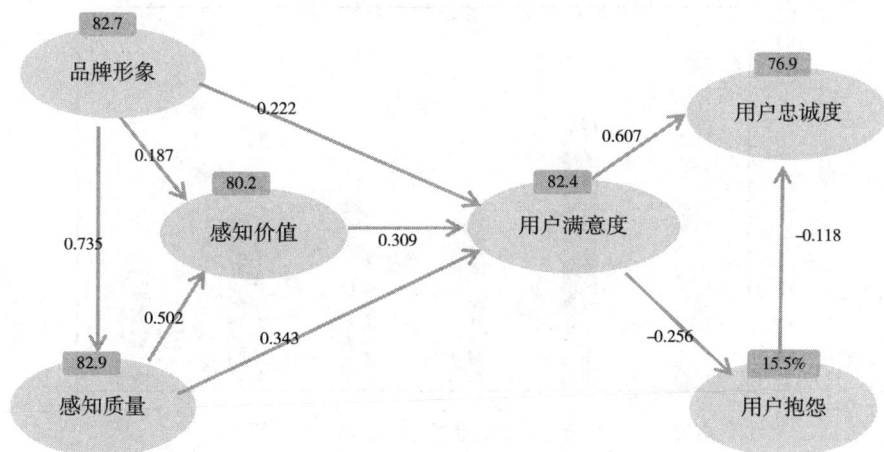

图7-7　空调满意度指数模型

以下是品牌满意度和结构变量指数对比:

行业整体满意度指数 82.4 分。满意度排名前五的品牌：三菱电机、海尔、格力、大金和海信（见图 7-8）。

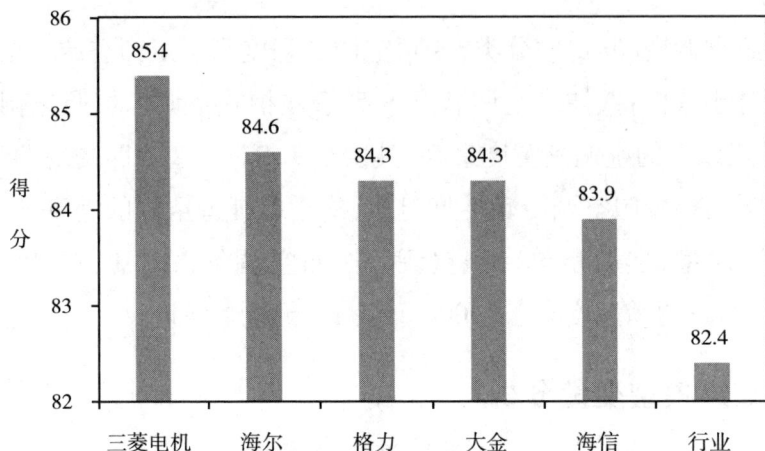

图 7-8　空调品牌的满意度指数（行业前五）

行业忠诚度指数 76.9 分。忠诚度排名前五的品牌：格力、大金、三菱电机、海尔和松下（见图 7-9）。

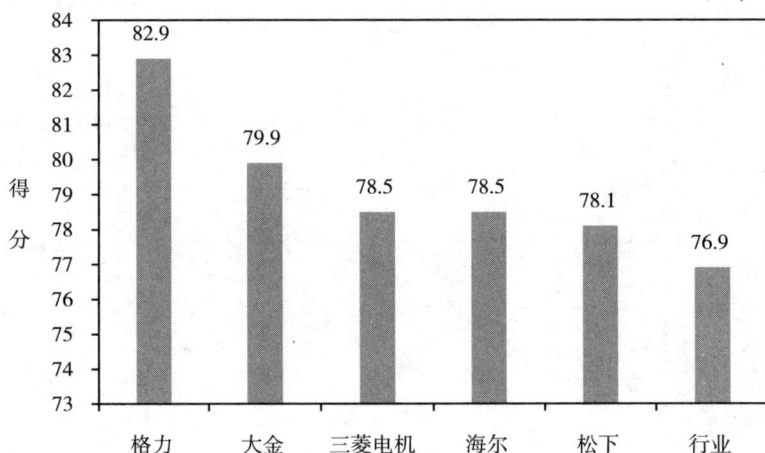

图 7-9　空调品牌的忠诚度指数（行业前五）

行业整体品牌形象指数 82.7 分。品牌形象排名前三的品牌：格力、大金、海信(见图7-10)。

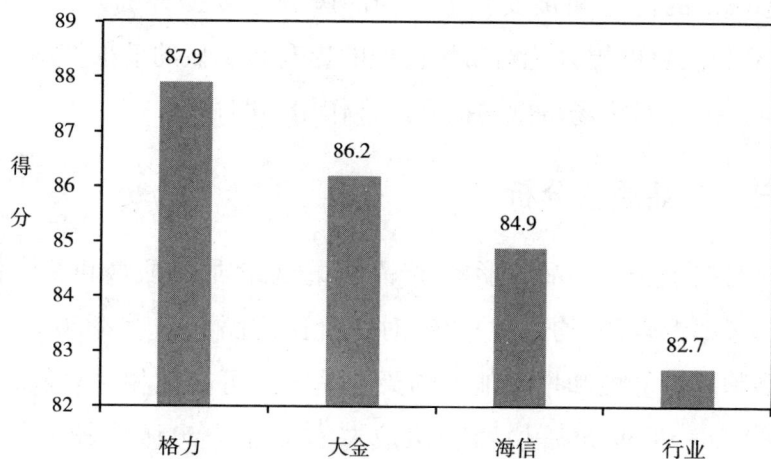

图 7-10　空调品牌的品牌形象指数(行业前三)

　　行业感知质量指数 82.9 分。感知质量排名前四的品牌:格力、海信、大金、松下(见图 7-11)。

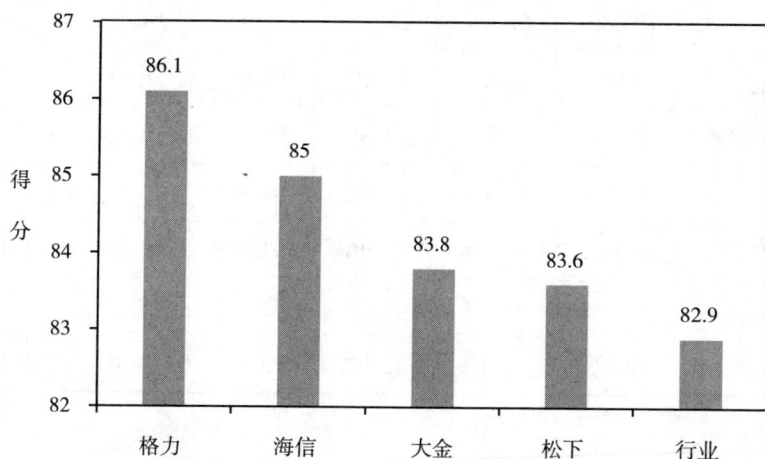

图 7-11　空调品牌感知质量指数(行业前四)

　　空调用户的满意度均高于忠诚度,其中满意度和忠诚度差距最小为 1.6 分,提升满意度对忠诚度作用较明显,而满意度和忠诚度差距最大的为8.9分,提升满意度对忠诚度的作用略小一些。各个品牌的满意度与忠诚度的落差间接反映了不同品牌满意度提升的效果是不同的:有的品牌满意度提升能对市场份额的提升有明显的助推作用,有的品牌满意度提升对市场份额的提升助推作用不明显。

（三）产品质量分析

用户对空调企业的品牌形象、产品质量、总体服务质量和总体满意程度的满意率都较高,均超过90%,对性价比的满意率为89.0%,再次选择本品牌的可能性和推荐他人购买本品牌的可能性相对较低一些,分别为82.9%和79.5%,说明有两成左右的用户忠诚度较低(见表7-5)。

表7-5 空调满意度测评指标描述统计

观测变量	不太满意	满意	非常满意	满意率	均值	标准差
品牌形象	9.2%	37.8%	52.9%	90.8%	8.45	1.521
产品质量	8.0%	37.0%	55.1%	92.0%	8.51	1.436
总体服务质量	9.4%	37.0%	53.6%	90.6%	8.42	1.549
性价比	11.0%	43.1%	45.9%	89.0%	8.22	1.527
总体满意程度	8.5%	39.5%	51.9%	91.5%	8.42	1.406
再选可能性	17.1%	37.8%	45.1%	82.9%	8.02	1.934
推荐可能性	20.5%	36.5%	43.0%	79.5%	7.81	2.181

产品质量中,用户对空调的制冷/制热效果、制冷的速度、冷/暖风舒适度、使用简便程度的满意率较高,均超过90%,而对空调除湿能力、噪音、节电性能、制热的速度的满意率相对略低一些,这4个方面得分也较低(见表7-6)。

表 7-6 空调质量测评描述统计

观测变量	不太满意	满意	非常满意	满意率	均值	标准差
制冷/制热效果	7.7%	38.3%	54.0%	92.3%	8.50	1.425
制冷的速度	7.5%	38.9%	53.6%	92.5%	8.51	1.445
制热的速度	10.3%	40.1%	49.6%	89.7%	8.34	1.562
冷/暖风舒适度	8.6%	39.7%	51.7%	91.4%	8.46	1.424
除湿能力	12.4%	40.4%	47.2%	87.6%	8.25	1.538
噪音	14.2%	37.1%	48.7%	85.8%	8.17	1.738
外观造型	10.4%	39.3%	50.3%	89.6%	8.34	1.501
节电性能	15.0%	41.7%	43.4%	85.0%	8.07	1.620
使用简便程度	8.5%	35.9%	55.6%	91.5%	8.50	1.455
智能管理/控制功能	10.7%	38.2%	51.0%	89.3%	8.38	1.531
送货安装及时性	9.6%	34.4%	56.0%	90.4%	8.53	1.598
安装收费合理性	12.3%	36.8%	50.9%	87.7%	8.31	1.728
上门维修及时性	26.6%	36.9%	36.5%	73.4%	7.45	2.129
维修人员服务态度	19.8%	34.9%	45.3%	80.2%	7.95	1.865
维修收费合理性	26.8%	36.8%	36.4%	73.2%	7.60	1.964
总体热线服务评价	8.2%	37.6%	54.3%	91.8%	8.49	1.399

　　服务质量中,空调送货安装及时性和总体热线服务表现较好,满意率超过 90%,满意度得分也较高,而售后服务得分较低,尤其是上门维修及时性和维修收费合理性。

五、洗衣机用户满意度测评

(一)基本统计结果

　　洗衣机的噪音、节电性能、节水性和洗衣机洗涤能力(洗净度、漂洗能力)是用户满意度较低的方面。

1.降噪和降低能耗是洗衣机产品质量的改进重点

洗衣机产品质量中,用户对洗衣机使用简单方便性、外观设计、脱水性能的满意度较高,对智能管理/控制性能比较认可,对噪音、节水性、节电性能和洗衣机洗涤能力(洗净度、漂洗能力)的满意度较低。

2.售后维修服务中的服务态度、上门及时性和收费合理性有待改进

服务质量中,用户对洗衣机送货及时性和厂家总体热线服务比较满意。洗衣机的故障率为15.6%,故障解决率为85.2%。在解决故障过程中,用户维修人员服务态度、上门维修及时性和维修收费合理性的满意度较低。

3.洗衣机用户最为关注产品的噪音和节能效果

用户提出最不满意的方面是噪音大,另外对洗衣机费水费电、脱水性能、洗涤能力、外观和价格等不满意的提及率也较高。用户对洗衣机的主要需求是:更加节能、噪音小、更加智能、洗得更干净、价格更便宜等。

4.洗衣机用户在选购产品时更看重品牌信誉

用户选购洗衣机最看重的因素是"品牌信誉好",另外看重的因素依次是:"性价比高""洗衣机性能好""省水省电""售后服务好""噪音小",提及率均超过20%。

5.家电大卖场和品牌专卖店成为洗衣机销售主渠道

用户购买洗衣机的渠道主要是家电大卖场,其次是百货商场和品牌专卖店,然后是网购。从品牌专卖店和网络购买的用户满意度最高,其次是家电大卖场用户,然后是百货商场用户。用户对百货商场的各方面评价都较低导致其满意度也较低。

6.洗烘一体、大容量和较高价位的洗衣机满意度较高

按照洗衣机类型对比分析,洗烘一体的洗衣机满意度最高,滚筒式次之,波轮式洗衣机满意度最低;按照洗衣机洗涤容量对比,容量越大,满意度越高;按照洗衣机价格对比,"4000元以上"价位的洗衣机满意度高于"4000元以下"价位的,在"4000元以下"价位中,"1001—3000元"价位的满意度相对偏低。

(二) 模型变量分析

行业整体满意度指数81.3分,忠诚度为75.0分。影响满意度的3项结构变量中,感知质量得分最高,为82.4分,其次是品牌形象,为81.6分,然后是感知价值,为80.5分,它们对满意度的影响系数分别为0.532、0.659和0.384,品牌形象的影响最大(见图7-12)。

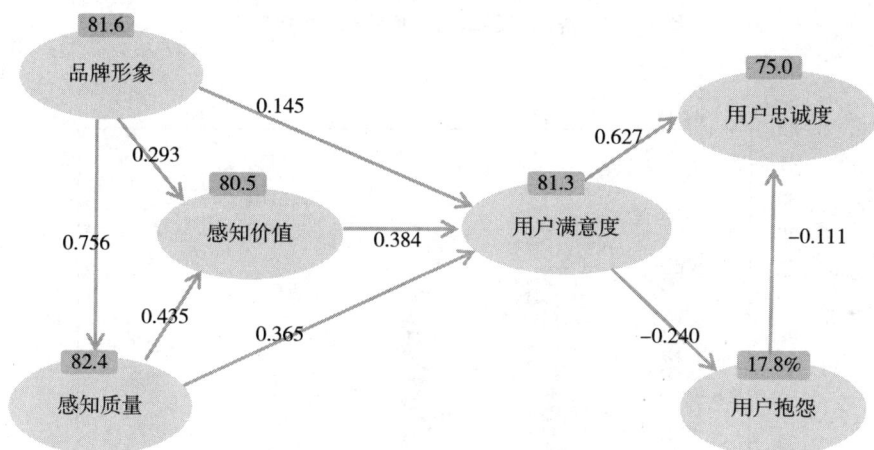

图7-12　洗衣机满意度模型

以下是品牌满意度和结构变量指数的对比:

行业整体满意度指数81.3分。满意度排名前四的品牌:西门子、海尔、三星和LG(见图7-13)。

行业忠诚度指数75.0分。忠诚度排名前四的品牌:西门子、美的、海尔和LG(见图7-14)。

行业整体品牌形象指数81.6分。品牌形象排名前三的品牌:西门子、海尔、三星(见图7-15)。

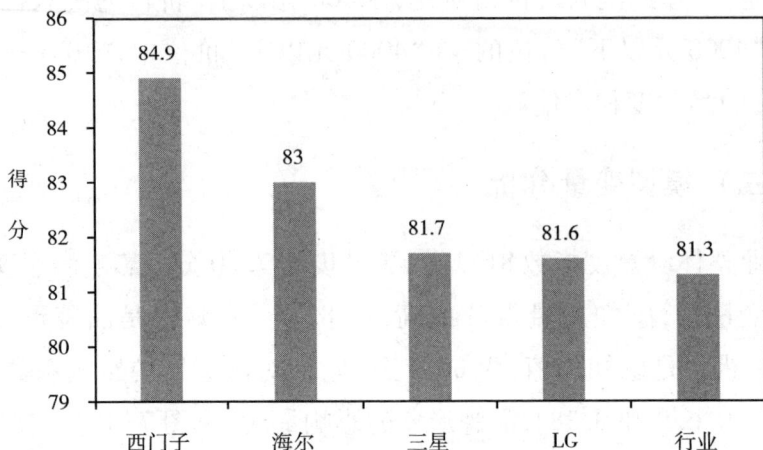

图 7-13　洗衣机品牌满意度指数（行业前四）

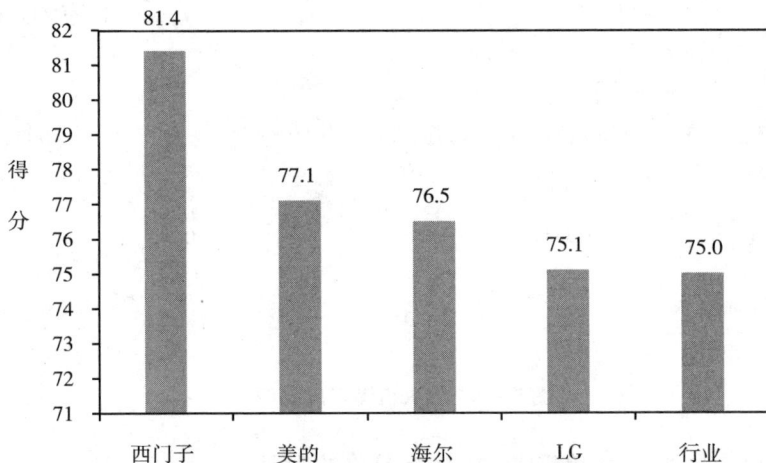

图 7-14　洗衣机品牌忠诚度指数（行业前四）

　　行业感知质量指数 82.4 分。感知质量排名前五的品牌：西门子、三星、海尔、LG 和松下（见图 7-16）。

　　满意度和忠诚度的差距最小的为 3.5 分，提升满意度对忠诚度的助推作用较明显，满意度和忠诚度差距最大的为 9.7 分，提升这些品牌的满意度对忠诚度的效果不够明显。

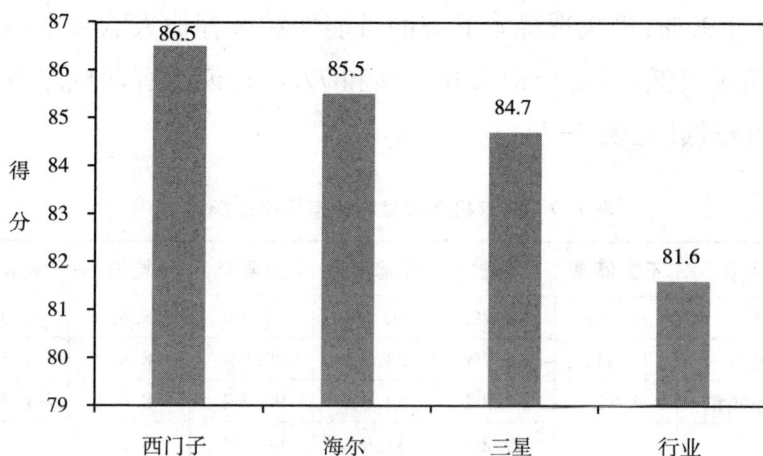

图 7-15　洗衣机品牌品牌形象指数（行业前三）

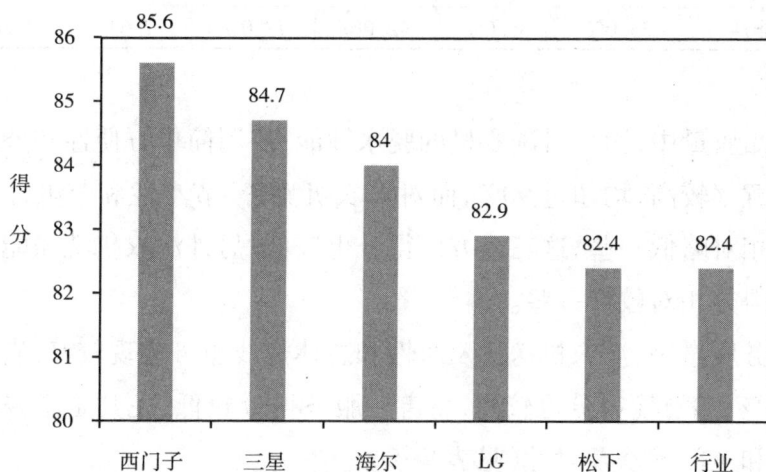

图 7-16　洗衣机品牌感知质量指数（行业前五）

各个品牌的满意度与忠诚度的落差间接反映了不同品牌满意度提升的效果是不同的：有的品牌满意度提升能对市场份额的提升有明显助推作用，有的品牌满意度提升对市场份额的提升助推作用不明显。

（三）产品质量分析

用户对洗衣机企业的总体服务质量和总体满意程度的满意率较

高,均超过90%,再次选择本品牌的可能性和推荐他人购买本品牌的可能性相对较低一些,分别为80.3%和77.0%,说明有两成左右的用户忠诚度较低(见表7-7)。

表7-7　洗衣机满意度测评指标描述统计

观测变量	不太满意	满意	非常满意	满意率	均值	标准差
品牌形象	10.7%	38.7%	50.6%	89.3%	8.35	1.563
产品质量	10.1%	35.7%	54.2%	89.9%	8.42	1.515
总体服务质量	9.5%	35.9%	54.6%	90.5%	8.41	1.560
性价比	11.9%	40.2%	47.9%	88.1%	8.25	1.531
总体满意程度	9.8%	40.8%	49.4%	90.2%	8.32	1.441
再选可能性	19.7%	36.2%	44.1%	80.3%	7.86	2.010
推荐可能性	23.0%	35.0%	42.0%	77.0%	7.63	2.263

产品质量中,用户对洗衣机的脱水性能、使用简单方便性和外观设计的满意率较高,均超过90%,而对洗衣机噪音、节水性和节电性能的满意率相对略低一些,这三个方面得分也较低,另外洗衣机洗涤能力的满意度得分相对较低一些。

服务质量中,洗衣机送货及时性和总体热线服务表现较好,满意率超过89%,满意度得分也较高,而售后服务得分较低,尤其是维修收费合理性和上门维修及时性(见表7-8)。

表7-8　洗衣机质量测评描述统计

观测变量	不太满意	满意	非常满意	满意率	均值	标准差
洗涤能力	11.5%	38.6%	49.9%	88.5%	8.29	1.518
脱水性能	9.8%	35.1%	55.1%	90.2%	8.43	1.475
使用简单方便性	8.4%	32.9%	58.6%	91.6%	8.54	1.476
外观设计	9.5%	37.1%	53.5%	90.5%	8.44	1.441
噪　音	17.5%	43.0%	39.5%	82.5%	7.85	1.811
节电性能	13.4%	42.6%	44.0%	86.6%	8.12	1.549

续表

观测变量	不太满意	满意	非常满意	满意率	均值	标准差
节水性	16.2%	40.6%	43.2%	83.8%	8.01	1.734
智能管理/控制功能	11.8%	38.5%	49.7%	88.2%	8.32	1.598
送货及时性	10.9%	32.5%	56.6%	89.1%	8.49	1.651
上门维修及时性	26.2%	35.5%	38.3%	73.8%	7.49	2.276
维修人员服务态度	22.8%	38.8%	38.5%	77.2%	7.71	2.163
维修收费合理性	29.5%	33.9%	36.6%	70.5%	7.29	2.356
总体热线服务评价	10.7%	35.2%	54.1%	89.3%	8.39	1.695

六、电视用户满意度测评

（一）基本统计结果

电视的反应速度（开机、更换频道）、操作系统反应速度和智能系统的总体表现是用户满意度较低的方面。

1. 电视的反应速度、操作系统的反应速度和智能系统的总体表现不尽如人意

电视产品质量中，用户对图像清晰度、声音效果和画面色彩的满意度较高，对可视（正常观看）角度和外观设计比较认可，而对电视的反应速度（开机、更换频道）、操作系统的反应速度和智能系统的总体表现的满意度较低。

2. 售后服务的维修及时性和收费合理性需改进，故障解决率仅高于手机

服务质量中，用户对电视厂家总体热线服务和电视送货安装速度比较满意。电视的故障率为12.9%，故障解决率为78.4%。在解决故障过程中，用户对上门维修及时性、维修收费合理性和维修人员服务态度的满意度较低。

3.用户已不再挑剔电视的画质，而对操作方便及反应速度有更高的期望

用户提出最不满意的方面是电视的反应速度（开机、更换频道）慢，另外对电视操作方便性、价格、外观和智能系统等不满意的提及率较高。用户对电视的需求主要是：操作方便、反应速度快、更加智能、性价比更高等。

4.品牌信誉是电视用户选购时首要考虑因素

用户选购电视最看重的因素是"品牌信誉好"，另外看重的因素依次是："电视性价比高""电视性能好"和"外观款式"，提及率均超过20%。

5.家电大卖场和品牌专卖店为主要销售渠道，网购电视产品的性价比获好评

用户购买电视的渠道主要是家电大卖场，其次是品牌专卖店，然后是网购和百货商场。按照购买渠道对比，从品牌专卖店购买的用户满意度最高，其次是网购和家电大卖场，百货商场的满意度最低。网购用户对电视性价比的评价最高，百货商场用户对电视性价比的评价最低。

6.液晶电视、47英寸以上大屏幕电视的满意度较高

按照电视类型对比分析，液晶电视满意度明显高于等离子电视；按照电视屏幕尺寸对比，47英寸以上的电视满意度高于47英寸以下的电视，其中60英寸的电视得分最高；按照电视价格对比，"2000元以下"价位的电视满意度最高，其次是"6001元—10000元"价位，然后是"2001—6000元"和"1万元以上"价位的电视。

（二）模型变量分析

行业整体满意度指数79.4分，忠诚度为72.1分。影响满意度的3项结构变量中，感知质量得分最高，为80.9分；其次是品牌形象，为

80.2 分;然后是感知价值,为 78.7 分;它们对满意度的影响系数分别为 0.535、0.666 和 0.386,品牌形象的影响最大(见图 7-17)。

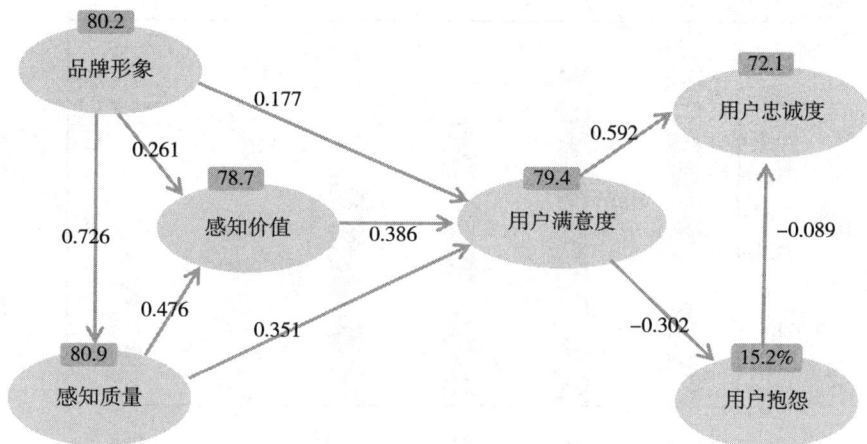

图 7-17　电视满意度指数模型

以下是品牌满意度和结构变量指数的对比:

行业整体满意度指数 79.4 分。满意度排名前四的品牌:乐视 TV、海信、海尔和康佳(见图 7-18)。

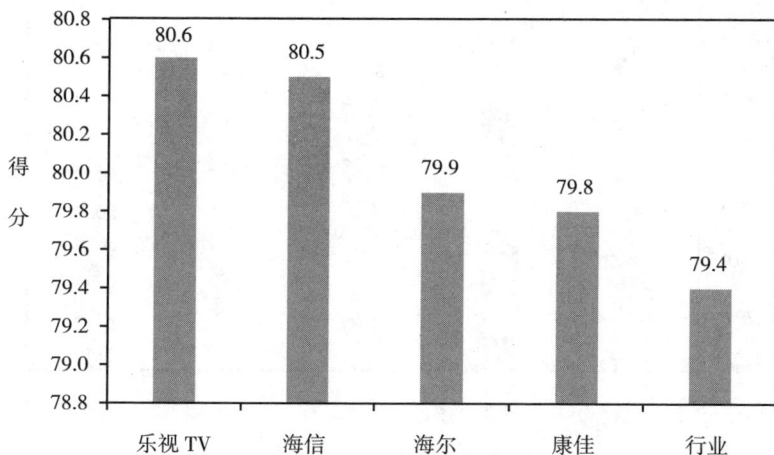

图 7-18　电视品牌满意度指数(行业前四)

行业忠诚度指数72.1分。忠诚度排名前五的品牌:夏普、海信、三星、乐视 TV 和索尼(见图 7-19)。

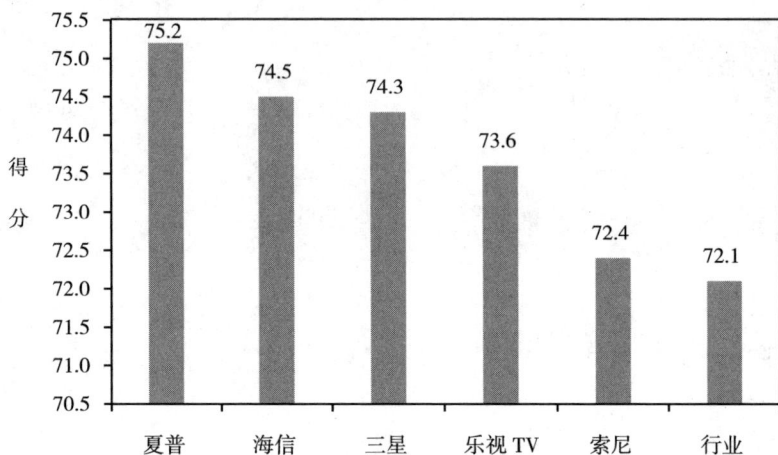

图7-19 电视品牌忠诚度指数(行业前五)

行业整体品牌形象指数 80.2 分。品牌形象排名前四的品牌:海尔、夏普、海信和三星(见图 7-20)。

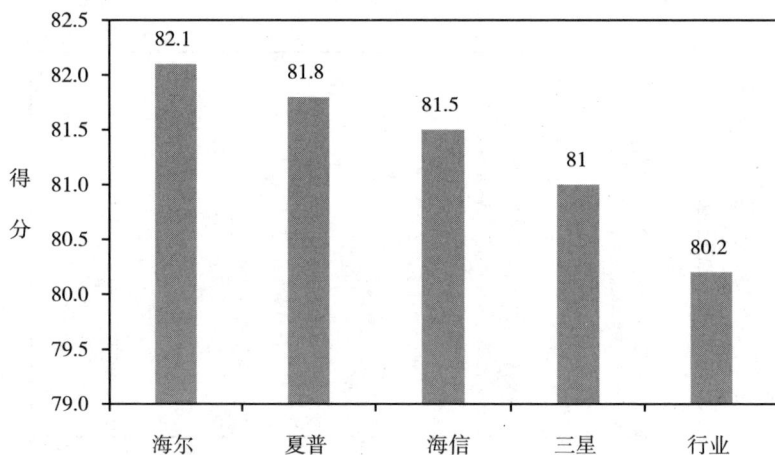

图7-20 电视品牌品牌形象指数(行业前四)

行业感知质量指数 80.9 分。感知质量排名前四的品牌:海尔、夏普、海信和三星(见图 7-21)。

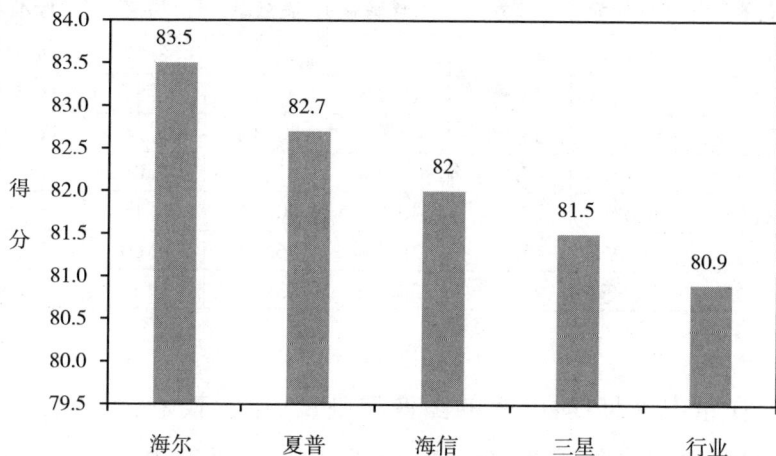

图 7-21　电视品牌感知质量指数(行业前四)

品牌的满意度和忠诚度差距最小为 4.1 分,满意度提升对忠诚度提升有明显作用,满意度和忠诚度差距最大为 9.4 分,提升满意度对忠诚度提升的效果不够明显。

各个品牌的满意度与忠诚度的落差间接反映了不同品牌满意度提升的效果是不同的:有的品牌满意度提升能对市场份额的提升有明显的助推作用,有的品牌满意度提升对市场份额的提升助推作用不明显。

(三)产品质量分析

用户对电视企业的品牌形象、产品质量和总体满意程度的满意率较高,均超过 90%,再次选择本品牌的可能性和推荐他人购买本品牌的可能性相对较低一些,分别为 76.9% 和 73.4%,说明超过两成的用户忠诚度较低(见表 7-9)。

表7-9 电视满意度测评指标描述统计

观测变量	不太满意	满意	非常满意	满意率	均值	标准差
品牌形象	10.0%	47.5%	42.5%	90.0%	8.22	1.544
产品质量	9.0%	43.8%	47.2%	91.0%	8.32	1.500
总体服务质量	11.2%	43.9%	44.9%	88.8%	8.24	1.572
性价比	12.4%	47.3%	40.3%	87.6%	8.08	1.539
总体满意程度	9.6%	49.7%	40.7%	90.4%	8.15	1.464
再选可能性	23.1%	41.9%	35.1%	76.9%	7.60	2.040
推荐可能性	26.6%	41.1%	32.3%	73.4%	7.37	2.236

产品质量中,用户对电视的图像清晰度、声音效果、可视(正常观看)角度和外观设计的满意率较高,均超过90%,而对电视的反应速度(开机、更换频道)、操作系统的反应速度、智能系统的总体表现和3D电视整体视觉效果的满意率较低。

服务质量中,电视总体热线服务表现较好,满意率超过90%,送货安装速度的满意率也较高,而售后服务满意率较低,尤其是上门维修及时性和维修收费合理性(见表7-10)。

表7-10 电视质量测评描述统计

观测变量	不太满意	满意	非常满意	满意率	均值	标准差
画面色彩	10.1%	43.3%	46.6%	89.9%	8.29	1.519
图像清晰度	8.7%	42.7%	48.6%	91.3%	8.35	1.481
声音效果	9.8%	43.5%	46.7%	90.2%	8.30	1.493
可视(正常观看)角度	9.6%	45.7%	44.7%	90.4%	8.27	1.458
反应速度	18.1%	44.0%	37.9%	81.9%	7.87	1.750
外观设计	9.7%	44.8%	45.4%	90.3%	8.25	1.462
使用简单方便性	11.7%	44.0%	44.3%	88.3%	8.19	1.548
3D电视整体视觉效果	16.2%	35.5%	48.3%	83.8%	8.14	1.766
操作系统的反应速度	18.5%	38.4%	43.1%	81.5%	7.93	1.803
智能系统的总体表现	14.7%	41.3%	43.9%	85.3%	8.06	1.660
送货安装速度	12.3%	40.3%	47.4%	87.7%	8.24	1.717

观测变量	不太满意	满意	非常满意	满意率	均值	标准差
上门维修及时性	31.1%	34.2%	34.6%	68.9%	7.10	2.595
维修人员服务态度	22.0%	36.2%	41.7%	78.0%	7.62	2.391
维修收费合理性	27.0%	35.0%	38.1%	73.0%	7.29	2.479
总体热线服务评价	9.9%	38.8%	51.3%	90.1%	8.37	1.573

七、手机用户满意度测评

（一）基本统计结果

手机的待机时间、系统操作的流畅性和通信信号稳定性是用户满意度较低的方面。

1.待机时长和系统操作的流畅性成为产品质量薄弱环节

手机产品质量中,用户对屏幕显示色彩真实性/清晰度、外观设计和系统设计方便操作性比较满意,对声音效果、拍照/摄像功能和总体性能表现评价一般,对待机时间、系统操作的流畅性和通信信号稳定性满意度较低。

2.手机售后服务(及时性和态度)和故障解决率均明显低于其他家电产品

服务质量中,用户对手机售后服务评价较低,手机厂商总体热线服务表现一般,其余售后服务指标得分均较低。手机的故障率为28.0%,故障解决率为70.2%,故障解决率明显低于其他家电产品。在解决故障过程中,用户对售后维修便捷性最不满意,对维修收费合理性和维修的及时性的满意度也较低。

3.延长待机时间和优化操作系统是改进重点,性价比成选择首要考虑因素

用户提出最不满意的方面是手机的待机时间短,另外对手机反应速度、操作系统、内存、死机、价格等不满意的提及率也较高。用户对手机的主要需求是：待机时间长、内存大、操作系统流畅、价格低、外观漂亮、拍照效果好、信号稳定、手机反应速度快等。

用户选购手机最看重的因素是"性价比高"，提及率为 38.7%，其次是"手机性能好"，然后是"品牌信誉好""价格便宜"和"外观款式"，其提及率均超过 20%。

4. 手机的主要销售渠道为品牌专卖店和网购，且网购用户的满意度最高

用户购买手机的渠道主要是品牌专卖店和网购，其次是家电大卖场，然后是百货商场，手机不同于其他家电，网购比例较高，达到 27.2%。按照购买渠道对比，网购用户满意度最高，其次是品牌专卖店，然后是百货商场和家电大卖场。

5. 大屏幕手机和较高价位手机的用户满意度较高

按照手机屏幕尺寸对比分析，5 英寸及以上尺寸的手机满意度高于 5 英寸以下手机；按照手机价格对比，"3000 元以上"价位的手机满意度高于"3000 元以下"价位手机。

6. 高价位手机的受众主要为女性用户、高学历用户、高收入用户等

按照屏幕尺寸分类，用户比较钟爱 5.0—5.5 英寸的屏幕，其次是 4.1—4.9 英寸；按照手机价格分类，用户最喜欢购买 1001—3000 元价位的手机，其次是 1000 元以下价位，然后是 3000 元以上价位的手机。按照用户特征对比分析，女性用户比男性用户更舍得买高价位的手机；25—40 岁的用户更愿意购买高价位的手机；学历越高，用户越喜欢购买高价位的手机；家庭收入越高，用户越喜欢购买高价位的手机。

（二）模型变量分析

行业整体满意度指数 76.4 分，忠诚度为 66.0 分，得分不高。影响满意度的 3 项结构变量中,品牌形象得分最高,为 77.9 分;其次是感知质量,为 76.9 分;然后是感知价值,76.3 分,它们对满意度的影响系数分别为 0.713、0.547 和 0.302,品牌形象的影响最大(见图 7-22)。

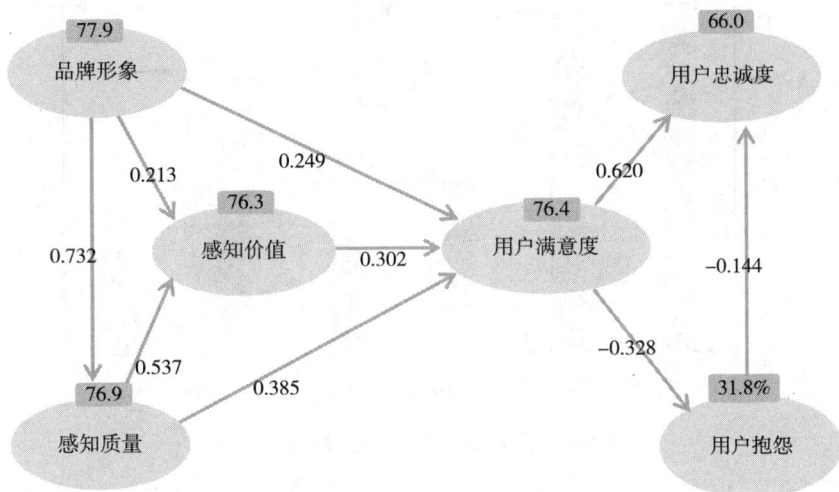

图 7-22 手机满意度指数模型

以下是品牌满意度和结构变量指数的对比:

行业整体满意度指数 76.4 分。满意度排名前四的品牌:华为、苹果、魅族和 VIVO(见图 7-23)。

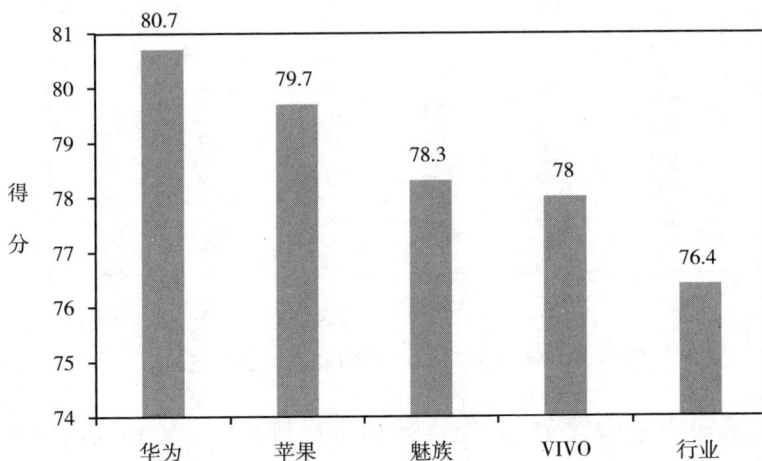

图 7-23 手机品牌满意度指数(行业前四)

行业忠诚度指数66.0分。忠诚度排名前五的品牌：苹果、华为、VIVO、魅族和三星（见图7-24）。

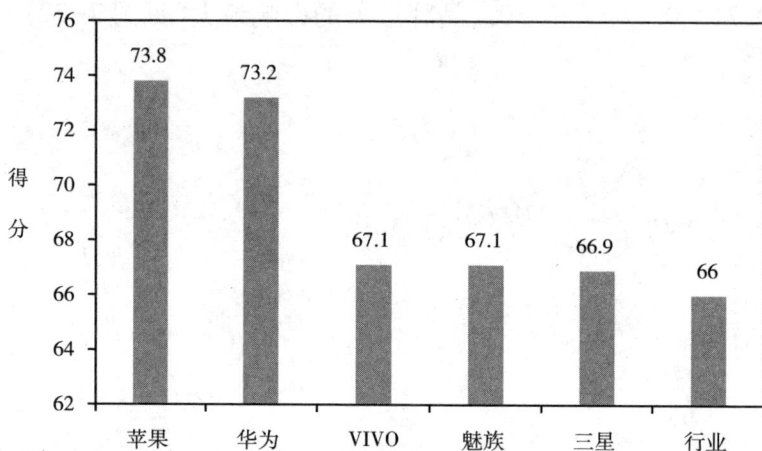

图7-24 手机品牌忠诚度指数（行业前五）

行业整体品牌形象指数77.9分。品牌形象排名前五的品牌：苹果、华为、VIVO、三星和魅族（见图7-25）。

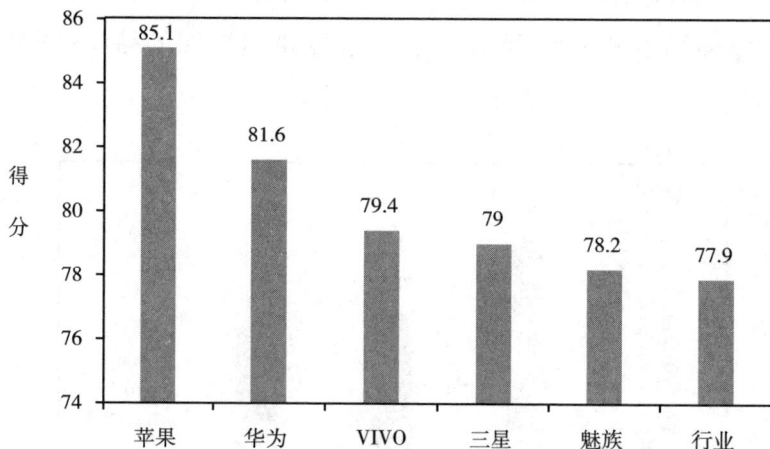

图7-25 手机品牌品牌形象指数（行业前五）

行业感知质量指数76.9分。感知质量排名靠前的品牌：苹果、华为、魅族、VIVO和三星（见图7-26）。

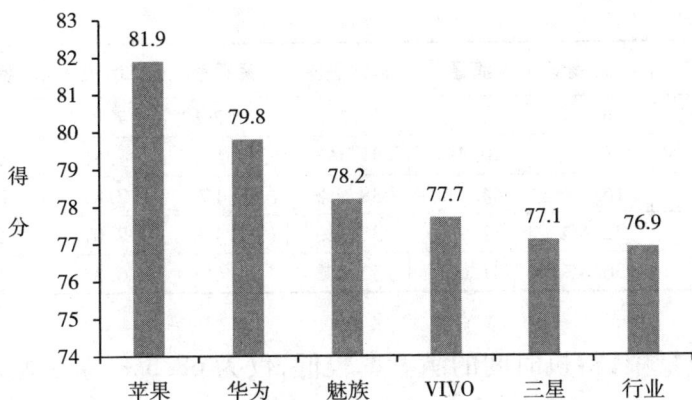

图 7-26　手机品牌感知质量指数（行业前五）

随着智能技术的发展,手机更新换代的频率越来越快,满意度也直接影响着各品牌的忠诚度,满意度和忠诚度差距最小为 5.9 分,满意度提升对忠诚度提升有明显作用,满意度和忠诚度差距最大为 14.8 分,提升满意度对忠诚度提升的效果不够明显。

各个品牌的满意度与忠诚度的落差间接反映了不同品牌满意度提升的效果是不同的:有的品牌满意度提升能对市场份额的提升有明显的助推作用,有的品牌满意度提升对市场份额的提升助推作用不明显。

（三）产品质量分析

手机用户对手机企业的品牌形象、产品质量、总体服务质量、性价比和总体满意程度的满意率超过 80%,再次选择本品牌的可能性和推荐他人购买本品牌的可能性相对较低一些,分别为 67.4% 和 63.6%,说明有超过 3 成的用户忠诚度较低(见表 7-11)。

表 7-11　满意度测评指标描述统计

观测变量	不太满意	满意	非常满意	满意率	均值	标准差
品牌形象	15.8%	40.7%	43.5%	84.2%	8.01	1.722
产品质量	16.5%	41.6%	41.9%	83.5%	7.91	1.780

续表

观测变量	不太满意	满意	非常满意	满意率	均值	标准差
总体服务质量	16.8%	41.1%	42.1%	83.2%	7.92	1.805
性价比	18.5%	40.4%	41.1%	81.5%	7.86	1.811
总体满意程度	16.9%	44.2%	38.9%	83.1%	7.87	1.709
再选可能性	32.6%	31.9%	35.5%	67.4%	7.07	2.542
推荐可能性	36.4%	31.6%	32.1%	63.6%	6.82	2.700

产品质量中,待机时间的满意率较低,仅为68.3%,系统操作的流畅性满意率不足80%,其他指标的满意率均超过80%,目前手机待机时间普遍较短是用户最大的痛处,而用户对操作系统流畅性的追求也越来越严苛。

服务质量中,手机厂商总体服务热线满意率为80.5%,售后维修方面的满意率均较低,其中维修便捷性和收费合理性满意率低于60%,用户对售后渠道、收费的透明性等方面表示不满(见表7-12)。

表7-12　手机质量测评描述统计

观测变量	不太满意	满意	非常满意	满意率	均值	标准差
外观设计	15.9%	39.9%	44.2%	84.1%	8.00	1.762
通信信号稳定性	19.6%	41.2%	39.2%	80.4%	7.76	1.904
显示色彩真实性/清晰度	12.8%	40.3%	46.9%	87.2%	8.17	1.646
系统设计方便操作性	15.5%	39.6%	44.9%	84.5%	8.00	1.800
系统操作的流畅性	20.6%	38.6%	40.8%	79.4%	7.75	1.948
拍照/摄像功能	18.2%	37.1%	44.7%	81.8%	7.95	1.842
声音效果	16.2%	40.4%	43.4%	83.8%	7.97	1.765
总体性能表现	16.0%	43.0%	41.0%	84.0%	7.92	1.670
待机时间	31.7%	39.1%	29.2%	68.3%	7.24	2.092
售后维修便捷性	44.2%	34.1%	21.7%	55.8%	6.42	2.610
维修人员的服务态度	34.4%	37.9%	27.7%	65.6%	7.01	2.411
维修的及时性	36.6%	39.6%	23.8%	63.4%	6.72	2.558
维修收费合理性	41.8%	32.0%	26.2%	58.2%	6.62	2.605
总体热线服务评价	19.5%	40.3%	4%	80.5%	7.78	2.011

第八章 食品行业用户满意度

一、调研基本情况

（一）调研对象、方法和地区

为监测食品行业质量和消费者信心，促进行业改进质量。对液态奶、食用油、茶饮料、啤酒四大食品行业的用户满意度进行测评。调查共选取了 29 个城市，通过电话号段随机抽取、网络调查两种方式进行访问。

2015 年 4 月 16 日至 6 月 15 日，在北京、天津、上海、重庆、河北、山西、内蒙古、辽宁、吉林、黑龙江、江苏、浙江、安徽、福建、江西、山东、河南、湖北、湖南、广东、广西、海南、四川、贵州、云南、陕西、甘肃、青海、宁夏等省市，依据国家标准《顾客满意测评模型和方法指南》全面展开质量测评。由中国质量协会、全国用户委员会、卓越用户满意度测评中心组织实施。测评模型涉及品牌形象、感知质量、感知价值、满意度、忠诚度、消费信心等维度。其中，感知质量是整个模型中的重点测评内容，涉及液态奶、食用油、茶饮料和啤酒产品的诸多细节问题。

（二）测评样本

测评样本的分布情况见表 8-1。

表 8-1　测评样本分布情况　　　　　　　(单位:%)

地区＼行业	液态奶	食用油	茶饮料	啤酒
北　京	3.9	14.6	8.4	7.6
上　海	5.9	10.3	6.4	8.5
天　津	5.6	7.3	12.2	6.8
重　庆	4.6	10.2	5.3	6.0
华北(河北、山西、内蒙古)	4.9	4.0	7.1	4.5
东北(辽宁、吉林、黑龙江)	9.8	8.7	9.7	6.7
华东(江苏、浙江、安徽、福建、江西、山东)	27.0	15.3	18.9	19.6
中南(河南、湖北、湖南、广东、广西、海南)	21.5	20.7	13.1	25.8
西南(四川、贵州、云南)	11.7	5.4	8.0	6.8
西北(陕西、甘肃、青海、宁夏)	5.1	3.4	10.9	7.7
性别＼行业	液态奶	食用油	茶饮料	啤酒
男　性	58.2	61.1	59.7	67.6
女　性	41.8	38.9	40.3	32.4

二、满意度指数综合评价

从食品行业用户满意度整体测评情况来看,近几年消费者对液态奶、茶饮料和啤酒的满意度呈现上升的态势。大部分品牌液态奶的品牌形象或感知质量是受消费者认可的,而忠诚度和消费信心相对略低。2015 年各类食品满意度指数分别为 77、76、73 和 76 分(满分 100 分)(见表 8-2)。

表 8-2　各子行业观测指标得分汇总表

行　业	品牌形象	感知质量	感知价值	满意度	消费信心	忠诚度
液态奶	79	79	78	77	74	74
食用油	78	78	76	76	72	72
茶饮料	77	74	72	73	70	70
啤　酒	78	78	76	76	76	75

三、液态奶用户满意度测评

（一）模型变量分析

行业整体满意度指数 77 分。满意度排名前五的品牌：重庆天友、得益、龙丹、福州长富和保定天香（见图 8-1）。

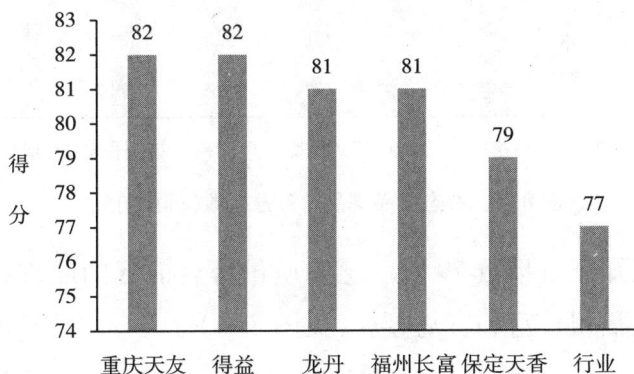

图 8-1　液态奶品牌满意度指数（行业前五）

行业忠诚度指数 74 分。忠诚度排名前五的品牌：重庆天友、得益、云南蝶泉、福州长富和昆明雪兰（见图 8-2）。

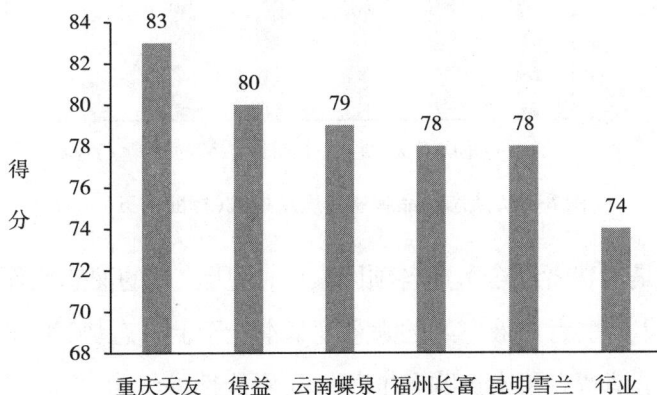

图 8-2　液态奶品牌忠诚度指数（行业前五）

行业整体品牌形象指数 79 分。品牌形象排名前五的品牌：龙丹、三元、得益、伊利和福州长富（见图 8-3）。

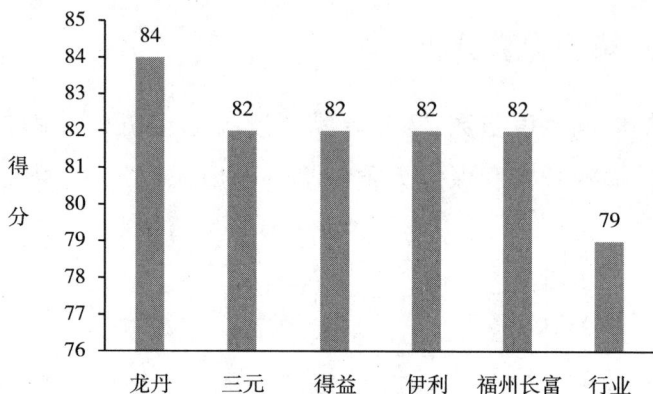

图 8-3　液态奶品牌品牌形象指数（行业前五）

行业感知质量指数 79 分。感知质量排名前五的品牌：得益、重庆天友、龙丹、福州长富和青岛琴牌（见图 8-4）。

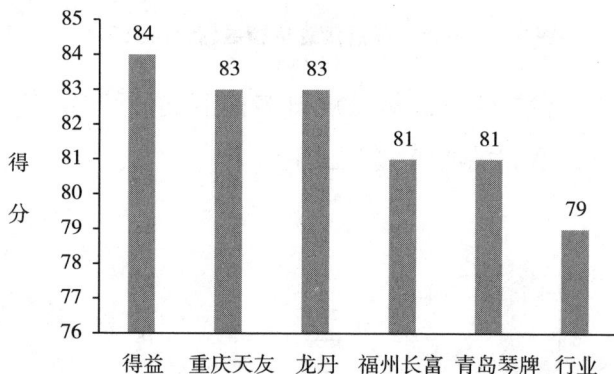

图 8-4　液态奶品牌感知质量指数（行业前五）

满意度是消费者综合考虑各项因素后，对所饮用的液态奶作出的综合评价。近几年消费者对液态奶的满意度基本处于上升态势，2015 年达到 77 分。忠诚度是消费者再次选购和推荐他人可能性的综合评价，是企业实现高市场占有率和高利润的关注重点。该变量近两年开始测量，2015 年为 74

分,相比 2014 年提升 3 分。品牌形象是消费者对液态奶品牌知名度和美誉度的评价,自 2013 年起,消费者对液态奶行业品牌形象的评价稳步攀升。感知质量涵盖液态奶的口味、均匀度、浓度、新鲜度、包装等方面,2013 年液态奶感知质量出现小幅下滑,近两年开始持续回升(见图 8-5)。

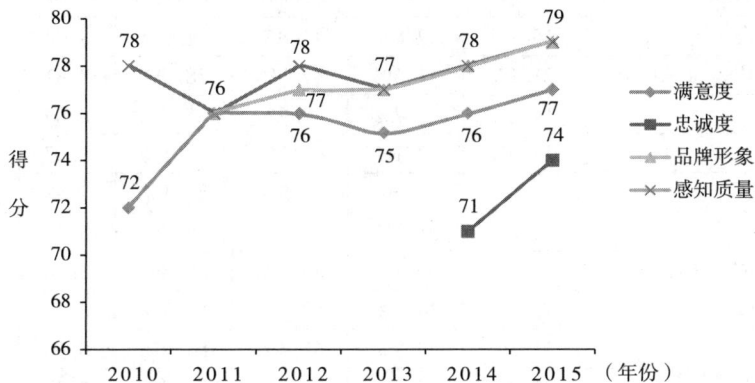

图 8-5　液态奶观测指标历年趋势图

注:忠诚度从 2014 年开始观测。

无论是液态奶行业还是各品牌,品牌形象和满意度对忠诚度的影响都是较大的,两者间的差异并不显著,而感知质量次之。

各品牌液态奶在价格上越来越趋于同质化,因而价格对于忠诚度的影响是最小的,仅有 8% 的消费者会因为"单价低于同类产品"的原因而选择购买,说明价格并不是竞争的主导因素(见图 8-6)。

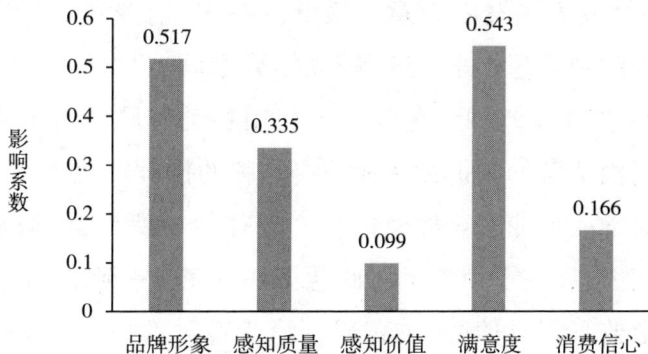

图 8-6　各维度对忠诚度影响

（二）测评指标描述统计

表8-3　液态奶测评指标描述统计

观测变量	不太满意	满意	非常满意	满意率	均值	标准差
品牌形象	15.1%	42.8%	42.0%	84.9%	8.08	1.593
产品与广告宣传一致性	21.1%	41.6%	37.3%	78.9%	7.81	1.705
口　味	14.3%	41.7%	43.9%	85.7%	8.09	1.531
均匀度	14.9%	42.1%	43.0%	85.1%	8.07	1.563
浓　度	18.9%	45.2%	35.9%	81.1%	7.81	1.631
新鲜度	14.2%	35.9%	49.9%	85.8%	8.25	1.664
包装的安全卫生	13.5%	39.7%	46.8%	86.5%	8.20	1.566
标识清晰	12.3%	34.8%	52.9%	87.7%	8.37	1.553
性价比	15.8%	42.7%	41.4%	84.2%	8.00	1.564
监管的信心	27.2%	36.8%	35.9%	72.8%	7.47	2.111
安全放心程度	20.6%	38.7%	40.7%	79.4%	7.80	1.864
整体满意度	13.3%	43.9%	42.9%	86.7%	8.09	1.484
与理想中质量差距	17.3%	44.6%	38.1%	82.7%	7.86	1.661
再次选择的可能性	15.3%	37.4%	47.3%	84.7%	8.13	1.752
向他人推荐的可能性	30.8%	37.7%	31.5%	69.2%	7.20	2.307

从消费者对液态奶的口味、均匀度、浓度、新鲜度、包装等方面的质量评价来看，"食品成分及产地保质期等标识清晰"是消费者评价最高的，而"浓度"则成为消费者满意度最低的一项，消费者认为当前液态奶的浓度尚未达到理想水平，还有较大提升空间。另外，消费者"向他人推荐的可能性"相对较低，企业应多利用移动互联网等信息分享渠道提高液态奶消费者的倾诉欲和液态奶品牌的推荐转化率。

消费者对食品行业安全监管的信心较往年有所提升，但是该项指标的标准差较大，反映了消费者对此意见并不完全一致：有的消费者对食品行业安全监管很有信心，也有部分消费者对食品行业安全监管信心不足。

因他人推荐和品牌形象而选择液态奶品牌的被访者,多数会因其他品牌的质量改进而改变其选择的品牌(见图8-7)。

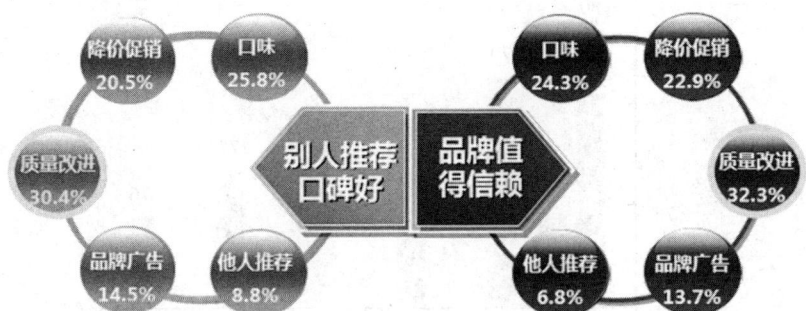

图 8-7　改变液态奶品牌选择的因素(1)

因口味选购液态奶的被访者中,多数会因其他品牌液态奶的口味而改变选择。因价格因素选择液态奶的被访者同样会因为其他品牌的价格变化(降价促销)而变化(见图8-8)。

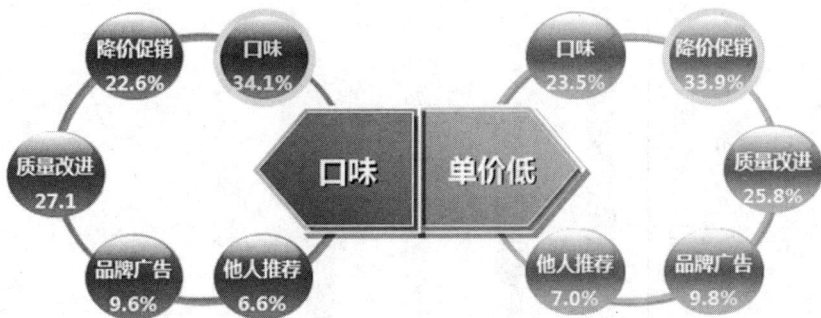

图 8-8　改变液态奶品牌选择的因素(2)

四、食用油用户满意度测评

(一) 模型变量分析

行业整体满意度指数 76 分。满意度排名靠前的品牌:胡姬花、鲁花、海狮、九三(见图8-9)。

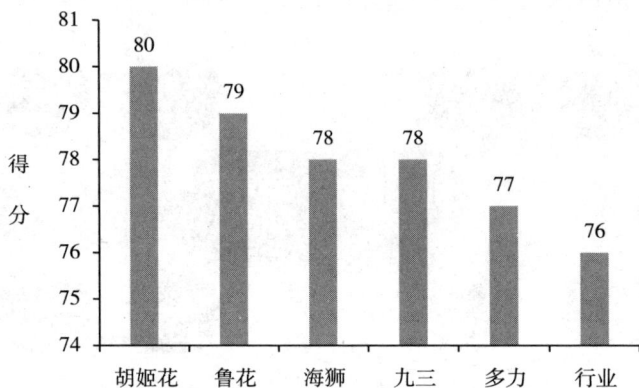

图8-9 食用油品牌满意度指数(行业前五)

行业忠诚度指数72分。忠诚度排名靠前的品牌:海狮、九三、鲁花(见图8-10)。

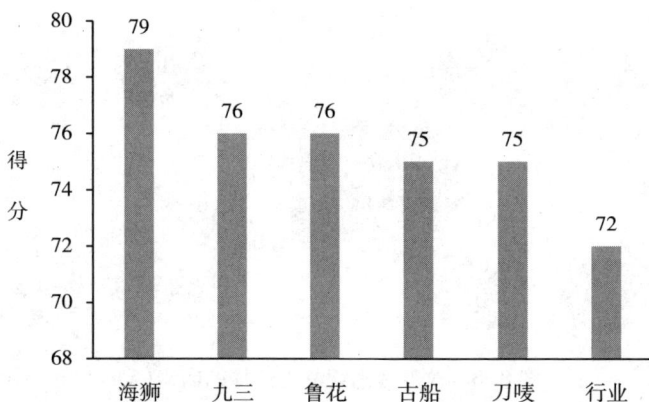

图8-10 食用油品牌忠诚度指数(行业前五)

行业整体品牌形象指数78分。品牌形象排名靠前的品牌:鲁花、胡姬花、九三(见图8-11)。

行业感知质量指数78分。感知质量排名靠前的品牌:胡姬花、鲁花、海狮(见图8-12)。

满意度是消费者综合考虑各项因素后,对所使用的食用油作出的

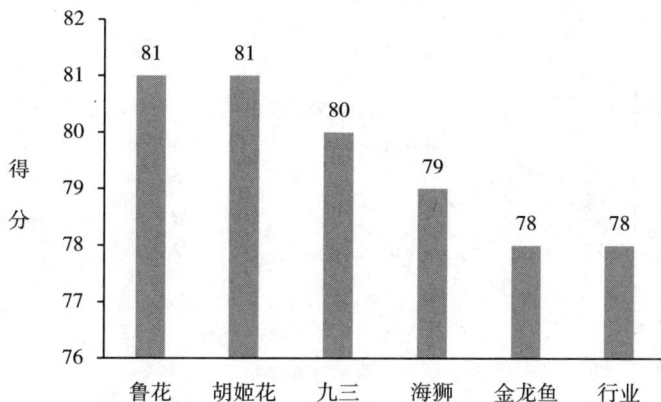

图8-11　食用油品牌品牌形象指数（行业前五）

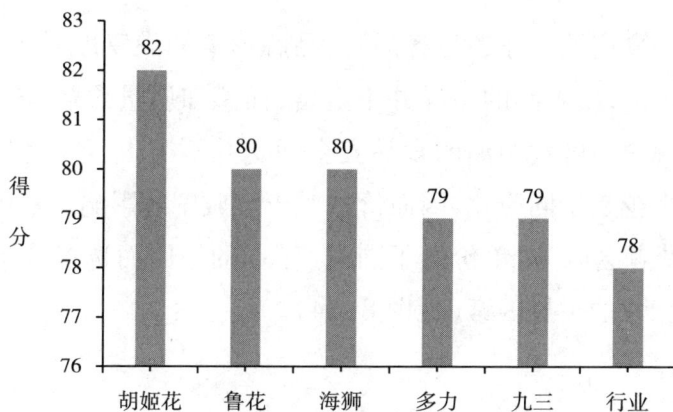

图8-12　食用油品牌感知质量指数（行业前五）

综合评价。近五年消费者对食用油的满意度维持在75—76分水平小幅波动。忠诚度是消费者再次选购和推荐他人可能性的综合，是企业实现高市场占有率和高利润的关注重点；2013—2015年食用油行业忠诚度较为平稳。品牌形象是消费者对食用油品牌知名度和美誉度的评价，其得分相比其他变量较高，除2011年外，消费者对食用油行业品牌形象的评价相对稳定。感知质量涵盖食用油的色泽、纯度、香味、烹饪时的油烟、包装等方面；消费者对食用油感知质量的评价连续多年基本持平(见图 8-13)。

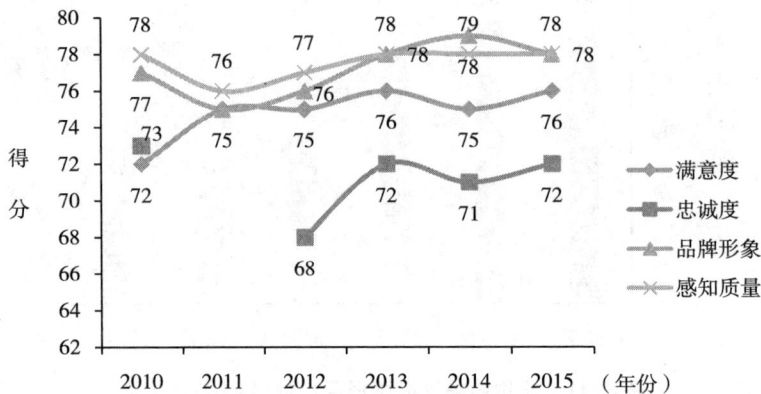

图 8-13　食用油观测指标历年趋势图

　　无论是食用油行业还是各品牌,品牌形象和满意度对忠诚度的影响都是较大的,两者间的差异并不显著,而感知质量次之;消费信心的影响系数说明品牌食用油的食品安全问题并不突出;各品牌食用油在价格上越来越趋于同质化,因而价格对于忠诚度的影响是最小的,仅有12%的消费者会因为"单价低于同类产品"的原因而选择购买,说明价格并不是竞争的主导因素(见图 8-14)。

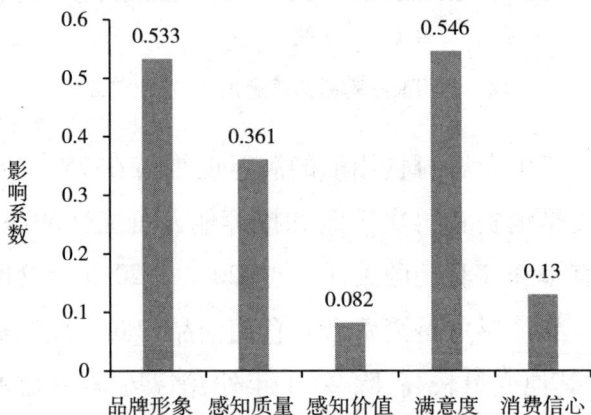

图 8-14　各维度对食用油忠诚度影响

（二）测评指标描述统计

表8-4 食用油测评指标描述统计

观测变量	不太满意	满意	非常满意	满意率	均值	标准差
品牌形象	15.1%	44.7%	40.3%	84.9%	8.04	1.584
产品与广告宣传一致性	22.1%	44.4%	33.5%	77.9%	7.67	1.758
色泽	15.7%	41.7%	42.7%	84.3%	8.03	1.614
纯度	15.9%	39.2%	44.8%	84.1%	8.06	1.620
气味、香味	16.8%	44.4%	38.9%	83.2%	7.95	1.594
烹饪时的油烟量	24.8%	46.9%	28.4%	75.2%	7.50	1.685
成品口味	15.6%	45.7%	38.7%	84.4%	7.99	1.519
包装安全卫生情况	15.5%	39.1%	45.4%	84.5%	8.11	1.623
标识清晰	13.7%	32.3%	54.0%	86.3%	8.35	1.611
性价比	18.5%	44.8%	36.7%	81.5%	7.84	1.632
监管的信心	30.0%	36.3%	33.7%	70.0%	7.32	2.200
安全放心程度	25.1%	39.2%	35.7%	74.9%	7.59	1.997
整体满意度	16.5%	44.3%	39.2%	83.5%	7.96	1.536
与理想中质量差距	18.9%	45.7%	35.5%	81.1%	7.79	1.672
再次选择的可能性	18.6%	39.2%	42.2%	81.4%	7.93	1.756
向他人推荐的可能性	35.5%	36.6%	27.9%	64.5%	7.05	2.279

从消费者对食用油的口味、色泽、香味、包装等方面的质量评价来看，"生产日期、保质期等标识清晰"是被访者评价最高的项目，而"烹饪时的油烟量"则成为被访者满意度最低的一项。消费者对"监管的信心"评价较低，满意率仅为70.0%，在被问及此类问题时，部分消费者会感到信心不足。

因他人推荐和品牌信誉而选择食用油品牌的消费者，多数会因其他品牌的质量改进而改变其选择的品牌（见图8-15）。

因烹调口味选择某品牌食用油的消费者，更易被其他品牌食用油

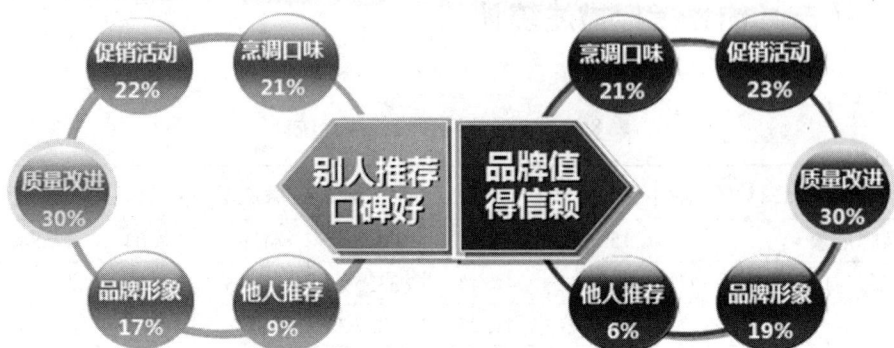

图 8-15　改变食用油品牌选择的因素（1）

的口味吸引,从而选择改变最初选择。因价格因素选择食用油的消费者同样会因为其他品牌的价格变化(促销活动)而变化(见图 8-16)。

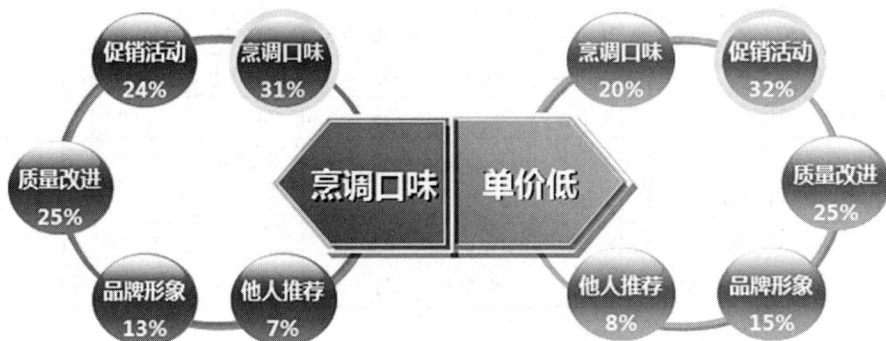

图 8-16　改变食用油品牌选择的因素（2）

五、茶饮料用户满意度测评

（一）模型变量分析

行业整体满意度指数 72 分。满意度排名靠前的品牌:王老吉、立顿、原叶、娃哈哈、三得利(见图 8-17)。

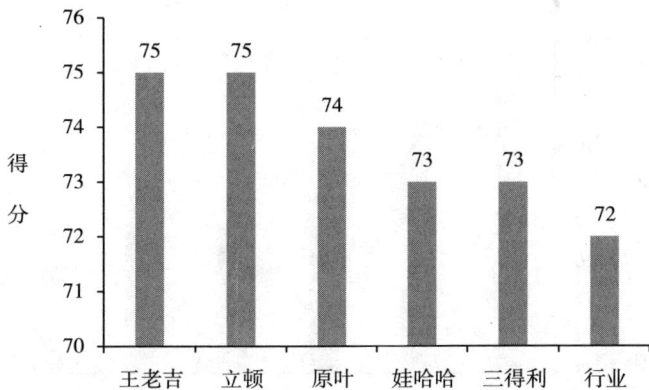

图 8-17　茶饮料品牌满意度指数（行业前五）

行业忠诚度指数 67 分。忠诚度排名靠前的品牌：王老吉、立顿、康师傅、统一、和其正（见图 8-18）。

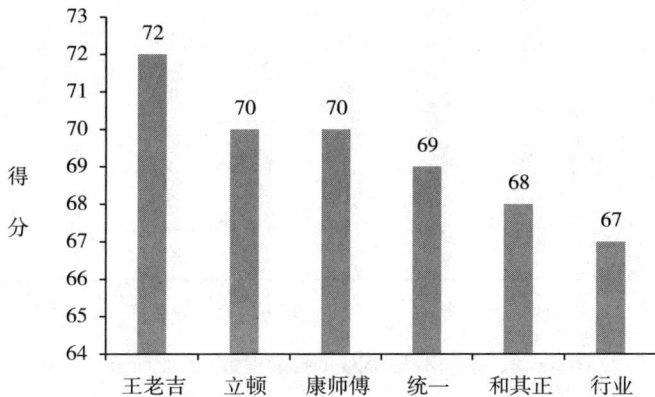

图 8-18　茶饮料品牌忠诚度指数（行业前五）

行业整体品牌形象指数 76 分。品牌形象排名靠前的品牌：原叶、东方树叶（见图 8-19）。

行业感知质量指数 73 分。感知质量排名靠前的品牌：王老吉、原叶（见图 8-20）。

满意度是消费者综合考虑各项因素后，对所饮用的茶饮料作出的综合评价。近两年消费者对茶饮料的满意度回升明显，正在接近 2010

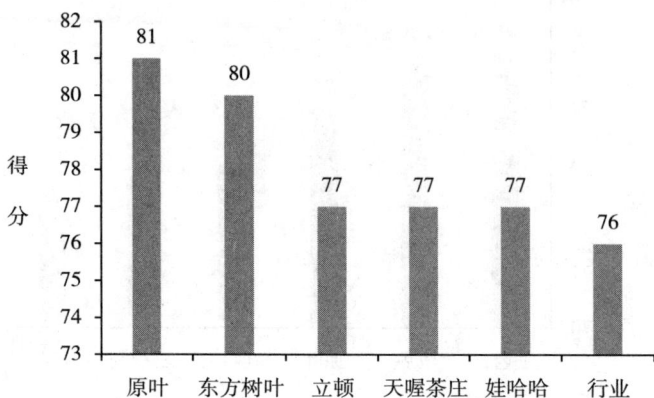

图8-19 茶饮料品牌品牌形象指数（行业前五）

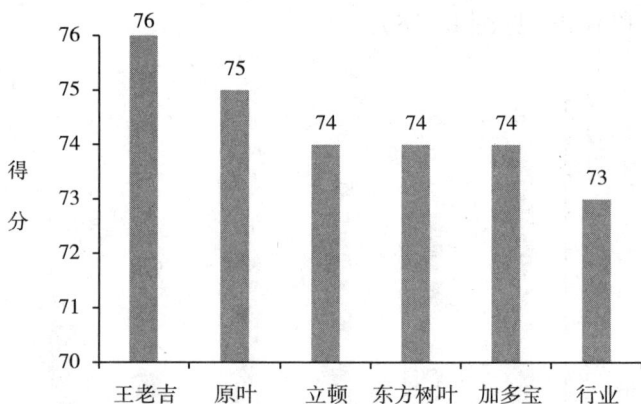

图8-20 茶饮料品牌感知质量指数（行业前五）

年的峰值水平。忠诚度是消费者再次选购和推荐他人可能性的综合体现,是企业实现高市场占有率和高利润的关注重点;2015年茶饮料行业忠诚度继续回升,达到67分。品牌形象是消费者对茶饮料品牌知名度和美誉度的评价,其得分相比其他变量较高,除2013年外,消费者对茶饮料行业品牌形象的评价相对稳定。感知质量涵盖茶饮料的口味、口感、色泽、包装等方面;2013年茶饮料感知质量出现大幅下滑,近两年消费者对茶饮料感知质量的评价开始回升(见图8-21)。

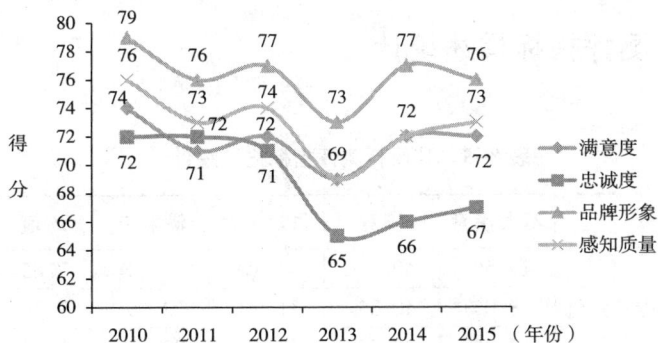

图8-21　茶饮料观测指标历年趋势图

无论是茶饮料行业还是各品牌,满意度对忠诚度的影响都是最大的,而品牌形象和感知质量次之,品牌形象和感知质量对忠诚度的影响差异并不显著。

消费信心的影响系数说明茶饮料的食品安全问题有所降温,也说明目前茶饮料在食品安全方面的表现符合消费者的安全预期。

各品牌茶饮料在价格上越来越趋于同质化,因而价格对忠诚度的影响是最小的。只有2%的消费者会因为"单价低于同类产品"的原因而选择购买,说明价格不是竞争的主导因素。虽然茶饮料在商超的单位均价(每500ml的价格)同比增速近年来一直在下滑,但价格方面的动作并不能有效地刺激消费需求(见图8-22)。

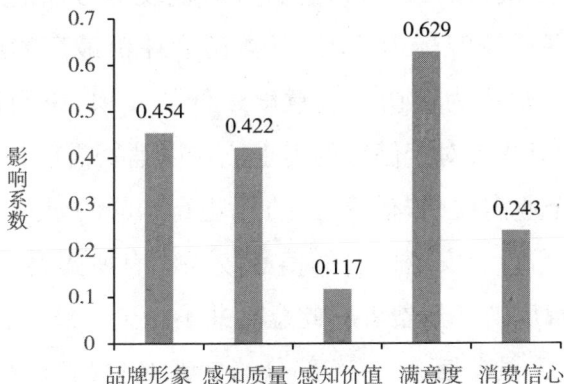

图8-22　各维度对忠诚度影响

（二）测评指标描述统计

表 8-5　茶饮料测评指标描述统计

观测变量	不太满意	满意	非常满意	满意率	均值	标准差
品牌形象	19.5%	40.2%	40.3%	80.5%	7.85	1.787
产品与广告宣传一致性	28.0%	40.3%	31.6%	72.0%	7.36	1.923
标识清晰	17.2%	33.5%	49.3%	82.8%	8.14	1.804
包装色彩	26.1%	39.3%	34.6%	73.9%	7.54	1.877
色泽的自然程度	24.4%	41.0%	34.6%	75.6%	7.59	1.807
茶香味的独特性	26.3%	40.3%	33.4%	73.7%	7.43	1.891
口　感	19.5%	39.4%	41.2%	80.5%	7.80	1.786
纯　度	27.2%	41.9%	30.9%	72.8%	7.33	1.879
饮料成分的健康性	35.1%	37.6%	27.2%	64.9%	6.86	2.084
包装安全卫生情况	22.8%	38.7%	38.6%	77.2%	7.63	1.832
饮用安全放心程度	24.4%	38.2%	37.3%	75.6%	7.52	1.904
性价比	27.1%	43.0%	30.0%	72.9%	7.47	1.846
监管的信心和信任程度	36.6%	35.0%	28.4%	63.4%	6.74	2.277
整体满意度	19.7%	46.0%	34.2%	80.3%	7.60	1.663
再次选择的可能性	22.4%	40.0%	37.6%	77.6%	7.54	1.897
向他人推荐的可能性	38.6%	33.2%	28.2%	61.4%	6.44	2.480

从消费者对茶饮料的口味、口感、色泽、包装等方面的质量评价来看，"生产日期、保质期等标识清晰"是被访者评价最高的项目，而"饮料成分的健康性"则成为被访者满意度最低的一项，说明目前茶饮料已不能充分满足消费者对于健康的需求。在以消费需求为导向的前提下，茶饮料生产企业需要在"健康性"方面进行产品的研发与改进。

消费者对食品行业安全监管的信心较往年有所提升，但是该项指标的标准差较大，反映了消费者对此意见并不完全一致：有的消费者对食品行业安全监管很有信心，也有部分消费者对食品行业安全监管信心不足。

六、啤酒用户满意度测评

(一) 模型变量分析

行业整体满意度指数 76 分。满意度排名靠前的品牌：青岛、嘉士伯和百威(见图 8-23)。

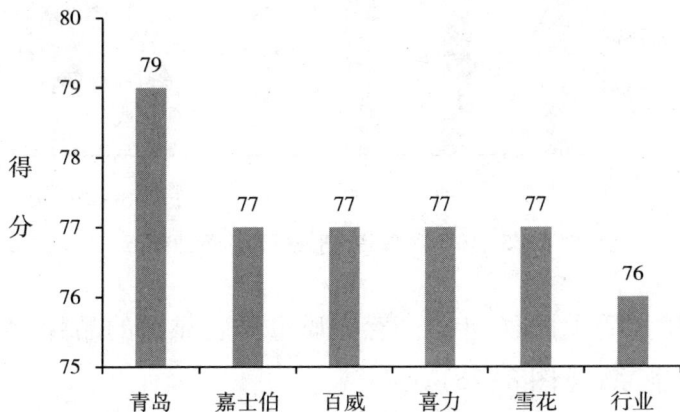

图 8-23 啤酒品牌满意度指数(行业前五)

行业忠诚度指数 75 分。忠诚度排名靠前的品牌：青岛、金龙泉和雪花(图 8-24)。

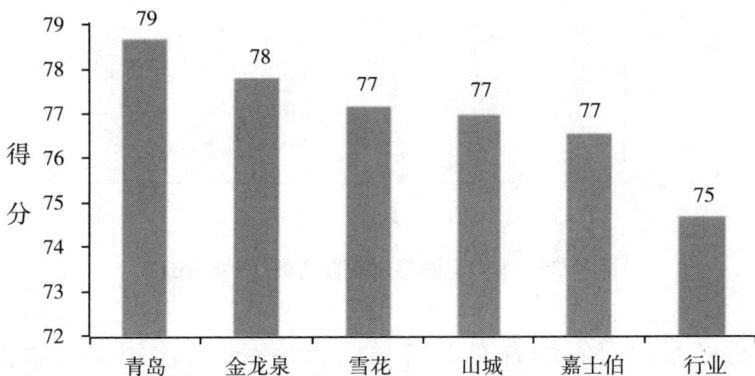

图 8-24 啤酒品牌忠诚度指数(行业前五)

行业整体品牌形象指数 78 分。品牌形象排名靠前的品牌：嘉士伯、青岛和百威（见图 8-25）。

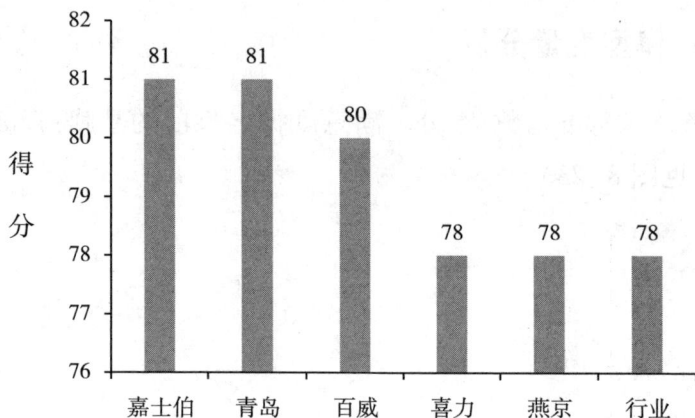

图 8-25　啤酒品牌品牌形象指数（行业前五）

行业感知质量指数 78 分。感知质量排名靠前的品牌：青岛、嘉士伯、百威和燕京（见图 8-26）。

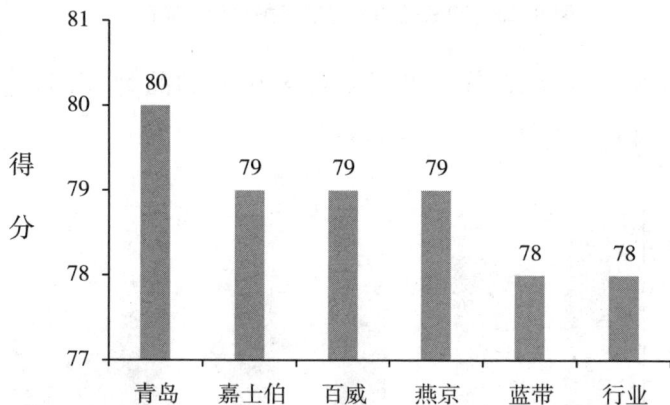

图 8-26　啤酒品牌感知质量指数（行业前五）

满意度是消费者综合考虑各项因素后，对所饮用的啤酒作出的综合评价。近两年消费者对啤酒的满意度回升明显，已经恢复 2009

年的峰值水平。忠诚度是消费者再次选购和推荐他人可能性的综合,是企业实现高市场占有率和高利润的关注重点;2015年啤酒行业忠诚度大幅上涨,达到75分。品牌形象是消费者对啤酒品牌知名度和美誉度的评价,其得分相比其他变量较高,除2012—2013年外,消费者对啤酒行业品牌形象的评价相对稳定。感知质量涵盖啤酒的口味、口感、色泽、泡沫、包装等方面,2012—2013年啤酒感知质量出现大幅下滑,2014—2015年消费者对啤酒感知质量的评价开始回升(见图8-27)。

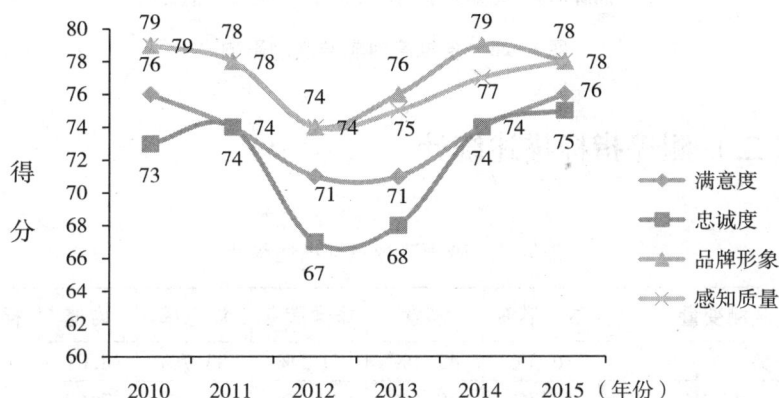

图8-27 啤酒观测指标历年趋势图

无论是啤酒行业还是各品牌,满意度对忠诚度的影响都是最大的,而品牌形象和感知质量次之,后两者间的差异并不显著;消费信心的影响系数说明啤酒的食品安全问题并不突出;各品牌啤酒在价格上越来越趋于同质化,因而价格对忠诚度的影响是最小的,只有7%的消费者会因为"单价低于同类产品"的原因而选择购买,说明价格不是竞争的主导因素。与其他国家相比,国产啤酒的利润率已经很低,啤酒厂商都不愿主动挑起"害人害己"的价格战,因此,价格的变动已不能有效地刺激消费需求(见图8-28)。

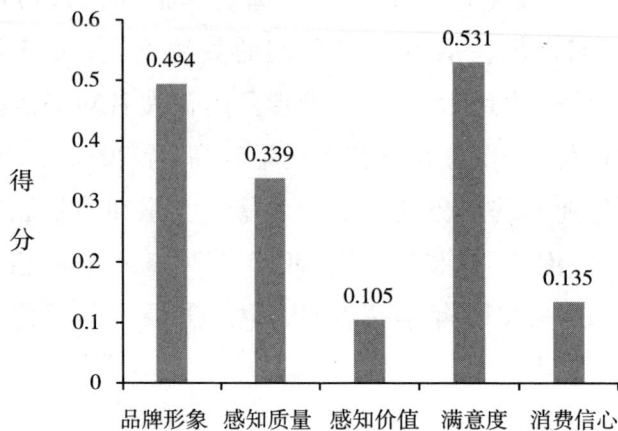

图 8-28 各维度对忠诚度的影响

（二）测评指标描述统计

表 8-6 啤酒测评指标描述统计

观测变量	不太满意	满意	非常满意	满意率	均值	标准差
品牌形象	16.3%	42.2%	41.5%	83.7%	8.01	1.670
产品与广告宣传一致性	23.7%	39.4%	37.0%	76.3%	7.69	1.866
酒体色泽	16.3%	40.8%	42.9%	83.7%	8.03	1.650
泡沫	18.9%	42.5%	38.5%	81.1%	7.85	1.690
麦芽香味	22.1%	40.4%	37.6%	77.9%	7.75	1.784
口　味	16.4%	38.3%	45.2%	83.6%	8.06	1.640
口　感	15.8%	40.4%	43.8%	84.2%	8.06	1.606
包装安全性	17.4%	37.4%	45.2%	82.6%	8.05	1.686
标识清晰	15.5%	34.1%	50.4%	84.5%	8.21	1.721
性价比	19.4%	42.8%	37.8%	80.6%	7.84	1.703
饮用安全放心程度	15.1%	37.1%	47.8%	84.9%	8.15	1.684
监管的信心和信任程度	29.0%	33.3%	37.7%	71.0%	7.43	2.213
整体满意度	13.7%	42.2%	44.1%	86.3%	8.11	1.497
与理想质量差距	20.3%	39.7%	40.0%	79.7%	7.81	1.777
再次选择的可能性	17.3%	35.5%	47.2%	82.7%	8.07	1.749
向他人推荐的可能性	29.7%	36.5%	33.8%	70.3%	7.37	2.185

从消费者对啤酒的口味、口感、色泽、麦芽香味、包装等方面的质量评价来看，"生产日期、保质期等标识清晰"是消费者评价最高的项目，而"麦芽香味"则成为消费者满意度最低的一项。根据麦芽汁浓度可将啤酒分为三类：低浓度型（6%—8%）、中浓度型（10%—12%）、高浓度（14%—20%），国内很多品牌为适应市场和降低成本，大多出品麦芽度低于10%的啤酒，称为"清爽型"，虽然清爽型啤酒的市场销量稳步提升，但整体来看，消费者对国内品牌啤酒的"麦芽香味"评价不高。

消费者对食品行业安全监管的信心较往年有大幅提升，但是该项指标的标准差较大，反映了消费者对此意见并不完全一致：有的消费者对食品行业安全监管很有信心，也有部分消费者对食品行业安全监管信心不足。

口味是吸引消费者的制胜因素；能够回答出具体因素的被访者中，无论其选择某品牌啤酒的初衷是什么，都会比较容易因其他品牌啤酒的口味而改变选择；相比之下，广告宣传和他人推荐对消费者的品牌改变影响较弱（见表8-7）。

表8-7　啤酒改变品牌选择的因素　　　　　　　（单位：%）

选择该品牌啤酒主要原因	其他品牌会促使消费者改变品牌的因素					
	口味	品牌知名度	广告宣传	促销活动	他人推荐	其他
口　味	41.6	17.4	7.4	16.1	10.1	2.8
知名度高、口碑好	37.0	25.5	8.0	19.9	7.3	2.3
单价低、促销活动	34.8	18.5	7.7	27.9	9.0	2.1
随处可见、覆盖率高	42.0	18.8	7.2	16.5	12.3	3.2
广告、形象代言人吸引	35.9	10.3	10.3	20.5	23.1	0.0

专题篇

　　本篇收录了质量专家在智能管控、质量保证、可靠性工程，以及未来质量挑战等四个专题的前瞻性研究，旨在展示现阶段质量管理成果，提出质量管理创新的思路，对后续学习、研究和应用予以启发引导。

第九章　产品制造质量智能管控技术展望

目前,全球产业竞争格局正在发生重大调整,我国制造业面临发达国家极其严峻的挑战。我国制造业与先进国家相比还有较大差距,我国制造业大而不强、产品档次不高、缺乏世界知名品牌。更为重要的是,产品质量堪忧直接影响着国内外消费者对中国产品的信任和信心,严重影响着中国产品和中国制造在国际市场的声誉和竞争力,直接威胁着中国经济和对外贸易持续稳定发展。

究其原因,在管理层面,质量管理标准规范体系不健全、市场监管不到位、企业质量文化建设滞后、生产者社会责任缺失、消费者普适质量教育不足、全社会质量意识淡薄等;在技术层面,产品制造过程中质量控制技术落后、智能装备缺失,使得影响产品质量的数据信息不能及时获取和分析,导致质量问题分析常常只见树木不见森林,造成企业质量管控能力严重不足,极大地影响了产品质量水平的持续提升。因此,对中国制造而言,中国企业要全面参与国际市场竞争,质量管控能力建设已成为我国制造业综合能力提升的关键要素之一。

随着德国"工业4.0"以及"中国制造2025"战略的提出,智能制造被制造业广泛认同。与此同时,以智能装备技术、数字化检测与传感技术、物联网技术、工业互联技术、大数据分析技术以及工业软件技术为代表的智能加工单元、智能感知单元和智能决策单元构建的企业智能化产品制造体系正在逐步取代传统的生产现场资源配置模式,新的制造智能环境正在形成。在新的制造环境下,基于工业互联网和传感器构建智能感知网络获取影响产品质量的底层制造过程、制造设备等的过程数据、工况数据已成为可能。通过分析这些数据信息间蕴含的产品及制造过程质量状态及变化特征,掌握产品—制造过程—制造系统质量波动的规律,通过故障模式的精确识别、质量问题的主动预防,实现对产品制造质量的精准控制。同时,将智能感知系统和智能装备与制造执行系统(Manufacturing Execution System,MES)、企业资源计划(Enterprise Resource Planning,ERP)、计算机辅助过程计划(Computer Aided Process Planning,CAPP)和产品数据管理(Product Data Management,PDM)等工业软件系统集成,构成完整的产品制造过程质量管控体系,就可以实现制造过程全方位、立体化的质量管控,从而提升产品制造过程质量的集成管控能力。

一、制造智能环境下产品制造质量管控技术特征

制造智能环境下的产品制造质量管控是一种数字化的闭环质量控制模式,它通过制造过程产品数据、过程数据、工况数据的自动实时采集、分析与反馈控制,以及对制造过程各工序节点质量信息资源(产品、过程、设备、人员等状态信息)的共享和质量控制的协同,感知产品、过程和工况的状态,揭示工序间误差信息的流动和演变规律,建立一种以感知网络化、控制系统化、决策智能化、管控精准化为特征,集主动预防、过程控制和问题反馈相结合的制造过程质量控制新方法,使得产品制造过程保持真正意义上的稳态,从而确保产品制造质量的稳定性和一致性。

(一) 质量感知网络化

制造过程中影响产品质量的因素众多,同时,这些因素间又相互影

响。以机械产品制造为例，表征产品质量的特性包括几何尺寸、粗糙度和物理特性等，而影响产品质量的因素则来自加工设备（机床、刀具、夹具等）、制造工艺（切削加工参数、工艺路线等）、测量设备、环境因素等。在制造过程中，为了获取这些数据信息，需要部署多个测量点，并在各检测点配置相应的检测仪器或传感器，各监测点的检测仪器进一步形成面向工序流的检测网络。随着传感器技术、无线传输技术和工业互联网技术的发展，在一个工序节点同时采集多种类型质量信息供产品和过程质量状态监控已成为必然趋势，该网络能自动、及时地将各类质量数据信息通过工业互联网传输到控制中心供系统分析与决策。

（二）质量控制系统化

产品制造过程的多源多工序和多阶段特点决定了在进行产品质量控制时，不能仅仅关注某一个工序节点产品质量的状态监控和质量问题的解决，还要从制造过程（工序流）和制造系统（多工序流）的层面来实现对产品制造质量的控制与改进，即不仅要实现工序节点的质量控制，还要实现单一工序流和多工序流的由点、线、面构建的多层次立体化质量管控，这样就可以实现产品质量的局部和全局的优化控制。随着 MES 系统与智能感知网络的融合，以及 MES 系统对多阶段制造过程（如生产加工、装配及成品测试）协同管理能力的进一步提升，产品制造过程质量管控将实现全过程、全方位、系统化。

（三）质量决策智能化

由智能感知网络所获取的静态、准静态和动态的结构化和非结构化数据信息不仅表征着产品质量状态和过程质量状态，同时也记录着产品质量信息与过程信息间隐含的关联关系。由于质量数据的多源、多维度以及海量等特点，传统的统计过程控制工具已不能满足过程分析与控制的要求。基于人工智能和大数据分析技术的产品制造过程质量智能分析与决策技术将为产品制造过程故障模式的自动快速识别、故障趋势的分析与预警提供可靠依据。质量决策的智能化不仅体现在对制造过程故障趋势的判断与预警、故障原因的快速识别、最佳工艺参数的调整与选取上，还体现于装配过程中零部件间最优参数的选配、可装配性的分析等，真正实现主动预防和最佳控制。

（四）质量管控精准化

智能感知网络的构建和多源质量信息分析技术及智能装备的应用，使得产品制造过程质量管控可以实现精准化。从面向产品质量特性的管理和控制，进一步延伸到对影响产品质量的人（Man）、机（Machine）、料（Material）、法（Method）、环（Environment）、测（Measurement）等诸多因素波动的感知。如人情绪的波动对产品质量的影响，机器设备的运行状态对产品质量的影响，原材料质量的变化对产品质量的影响，工艺参数的波动对产品质量的影响，环境温度、湿度、粉尘、噪声等对产品质量的影响，以及测量设备的不确定度对产品质量造成的影响等。通过分析 5M1E 等因素对产品质量波动的影响，可以实现产品质量的主动预防与精准控制。以数控机床加工为例，在机测量（On Machine Inspection，OMI）技术不仅避免了工序间离线测量带来的定位不准确造成的制造误差，还可以通过工序间的测量数据及时预测刀具磨损的趋势和加工余量的变化，进而实现对进给量、进给速度、主轴转速等工艺参数、刀具偏置和坐标偏置的自动调整。

二、机械产品制造质量管控系统构建

以机械产品制造为例来讨论产品制造质量智能管控系统构建及相关技术。机械产品制造过程质量智能管控总体技术方案（见图9-1）。

PDM　CAPP　ERP　MES

质量数据集　改进策略　网络

智能决策与主动预防
| 工艺方案优化 | 误差溯源分析 | 问题主动预防与控制 | 制造过程稳定性分析与评价 | …… |
| 故障诊断知识库 | 预防决策知识库 | 工艺知识库 | 质量控制知识库 |

大数据分析技术／故障模式识别与关联分析技术／人工智能分析与决策技术

多源数据融合分析与决策
多源数据融合 → 模式识别 → 特征提取 → 分析与评价 → 决策与控制

多数据融合算法／大数据分析技术／人工智能分析技术

制造过程质量监控
| 产品状态监控 | 过程状态监控 | 设备状态监控 | 刀具状态监控 | 夹具状态监控 | 环境扰动监控 | 系统扰动监控 |
| 故障模式库 | 异常特征库 | 信号处理算法库 | 质量控制工具库 |

统计质量控制技术／统计聚类技术／小波分析技术／数据序列多尺度分解技术

智能感知与数据采集
| 产品状态信息 | 设备状态信息 | 刀具状态信息 | 系统扰动信息 |
| 过程状态信息 | 环境状态信息 | 夹具状态信息 | |

自动采集技术／手动采集技术／数据传输与解析技术

智能感知网络构建
工序流 设备 A_1 … 设备 A_m 工序流
传感网络
工序流 设备 B_1 设备 B_2 … 设备 B_n 工序流

物联网技术／传感技术／嵌入式技术／工业互联网技术／无线传输技术

面向智能感知的质量管控规划
关键质量特性集(几何尺寸、形位公差、物理特性、工艺参数、设备及工况参数、环境参数等)
产品特性集 —识别→ 关键产品特性集 —映射→ 控制特性集 —识别→ 关键控制特性集

设计 FMEA／产品原理分析／产品性能仿真／加工过程仿真

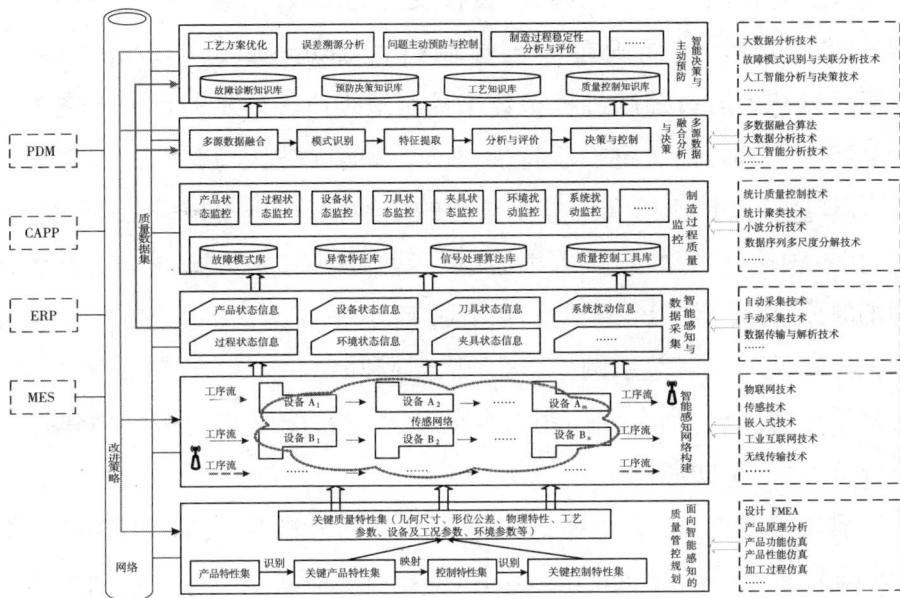

图 9-1　基于智能感知的产品制造过程质量管控技术方案

图 9-1 中,基于智能感知的产品制造过程质量管控技术体系包括面向智能感知的质量管控规划、智能感知网络构建、制造质量智能感知与数据采集、制造过程质量监控、多源数据融合分析与决策、智能决策与主动预防等六部分,通过上述六部分的有机组织,以及与 PDM、CAPP、ERP、MES 等工业软件系统的无缝集成,可以构建起制造智能环境下的集主动预防、过程控制以及事后追溯和反馈控制相结合的复合闭环质量控制体系。

(一) 面向智能感知的产品质量管控规划

面向智能感知的产品质量管控规划是在对产品的功能与性能要求、材料的选用、几何尺寸、尺寸公差、形位公差、装配要求,以及各加工工序内容进行认真分析的基础上,进行关键产品特性的识别与分析,在确定关键产品特性(Key Product Characteristic,KPC)的基础上,对影响关键产品特性的关键工艺参数、设备及工况参数、工装、夹具、量检具等因素进行分析,进而确定关键控制特性(Key Control Characteristic, KCC),以达到通过控制过程参数来控制最终产品质量的目的。在关键产品特性(KPC)向关键控制特性(KCC)映射过程中,要充分考虑实现各KPC所需要控制的切削加工过程的主轴转速、进给量、进给速度、切削力、主轴振动、安装定位等因素,以及热处理时的炉温、电压、表面处理的时间、电流等关键控制特性,建立起工序节点、关键产品特性与关键控制特性的映射关系网络,进而构建起与每一个工序节点相对应的关键质量特性集,为实现控制对象的优选与智能感知网络的构建提供有效、可靠的感知源。

　　质量控制规划过程中,可充分利用设计故障模式和影响分析(Design Failure Mode and Effects Analysis,DFMEA)、机械系统动力学自动分析(Automatic Dynamic Analysis of Mechanical System,ADAMS)、ABAQUS软件、DEFORM工艺仿真软件、ANSYS软件、VERICUT数控加工仿真系统等有限元仿真分析软件对产品功能、性能、加工过程等进行分析仿真,以确定最佳的关键产品特性和关键控制特性。

（二） 智能感知网络构建

　　基于质量管控规划阶段所确定的关键产品特性和关键控制特性,借助传感器和检测装置构建起智能感知网络。在产品制造过程中由于各工序节点需要感知的质量特性多样,因此,用于智能感知的传感器和测量设备也多种多样,如具有数据传输功能的卡尺、千分尺、粗糙度仪、激光干涉仪、加速度传感器、力传感器、三坐标测量机、激光跟踪仪、室内GPS、温度传感器、双目视觉系统等,这些感知单元输出的数据信号不仅类型不同,而且数据传输接口、传输方式和协议也各不相同。基于此,可利用工业互联网技术来实现模拟信号、数字信号、数模混合信号、各种现场总线、工业以太网和各种无线通信协议的有机整合,进而构建起面向制造过程质量智能控制的感知网络。

（三）　制造质量智能感知与数据采集

基于所构建的智能感知网络可以实现对各种关键质量特性的数据采集。首先,通过为各感知单元和被感知对象赋予唯一的编码来实现信息源唯一性标识,然后,根据被检测对象、待感知的质量特性及特点进行感知单元参数配置和设备标定。接下来,就可以利用感知单元进行产品状态、过程状态、设备状态、环境状态、刀具状态、夹具状态、系统扰动等的感知。被感知的状态信息根据其随时间变化频率的高低被分成静态信息、准静态信息和动态信息三类,其中,静态信息包括人员、感知单元、加工设备、产品、工序等;准静态信息包括工序几何尺寸、形位公差、表面粗糙度、进给量等;动态信息包括切削力、主轴振动、机床输出功率、主轴转速以及刀具磨损等。上述三类信息可以通过自动方式或手动方式输入到机械产品制造质量智能管控系统中,通过数据接收、解析和转换后供后续阶段使用。

（四）　制造过程质量监控

制造过程质量监控是基于工序节点智能感知网络,利用各感知单元的输出信息对各关键质量特性在工序执行过程中的状态进行实时监控。即采用统计质量控制技术、统计聚类技术、小波分析技术、数据序列多尺度分解技术等对工序执行过程中表征产品、过程、设备、环境、刀具、夹具等关键质量特性的波动情况进行实时监控。对生产过程的监控包括对工序节点的监控和生产过程工序流的监控,在监控过程中借助故障模式库及异常特征库、质量控制工具等对多种质量特性的波动异常进行辨识,并进行主动预警。由于是对影响产品质量特性的各类制造过程要素状态进行全方位感知与监控,因此,可以对出现的异常快速定位,并提前采取修正措施,保证生产过程技术与统计双受控。

（五）多源数据融合分析与决策

影响产品质量的因素是多源的,这些多源的因素又是相互关联的。因此,仅对各关键质量特性进行独立监控是远远不够的。要实现精准化质量管控,就需要对影响产品质量的人、机、料、法、环、测等多源数据进行融合分析,找出影响产品质量的深层次原因,从而达到透过现象看本质的目的。首先,采用大数据技术基于感知模型和物理测量模型对原始数据进行预处理;然后采用贝叶斯理论、人工神经网络、模式识别、聚类分析等人工智能方法对生产过程中出现的显性和隐性异常特征进行模式识别,建立起产品质量异常与5M1E多源影响因素间的关联关系,进而进行典型故障特征(变化趋势、关联关系)提取,通过对故障特征的分析与评价,为故障诊断、工艺方案优化、质量问题主动预防提供决策依据,并对制造过程质量管控提供精准的控制依据。同时,建立起故障诊断知识库、预防决策知识库、工艺知识库和质量控制知识库,为进行制造过程智能决策提供基础支撑。

（六）智能决策与主动预防

基于故障诊断知识、预防决策知识、工艺知识和质量控制知识,综合来自PDM、CAPP、ERP、MES系统中产品信息、工艺信息、批次信息、制造资源信息,以及相似历史产品的质量状态信息、过程状态信息,质量故障信息等对新产品的工艺方案进行分析与优化,这种优化包括刀路轨迹优化和工艺参数优化。同时,还可以对多批次的产品进行面向工艺过程、设备、环境因素等的质量问题溯源分析,借助大数据分析技术,从看似不相关的问题中找出共性的基础原因,为质量问题的主动预防提供精准的措施。此外,借助多源多工序信息,从系统的角度构建面向制造过程的质量稳定性综合评价模型,对设备运行状况进行分析评价,对切削参数波动与产品质量状况进行分析评价,从而为制造过程全面优化提供量化、精准的决策支持,实现对产品制造质量的全方位管控。

三、展　望

中国制造业的未来,不仅代表着新兴经济体的未来,更代表着整个世界制造业的未来。目前,我国智能制造虽处于初级发展阶段,但应用前景广阔,并且随着中国经济结构调整的继续,我国制造业智能化转型升级的需求将陆续显现。令人欣慰的是,我国产品制造企业对技术与质量的关注也在悄然发生着变化,在德勤公司发布的《2013 中国智能制造与应用企业调查》中,在智能设备制造企业急需改进的十个方面中,有 46% 的企业管理者选择了提升产品质量,排在降低产品成本和核心技术自主研发之后,位列第三。

由此可见,在这场以数字化、智能化、网络化为特点的第三次工业革命的浪潮中,我们必须紧紧抓住当前难得的战略机遇,积极应对挑战。通过工业化与信息化的深度融合,构建制造智能环境下产品制造质量管控技术方法体系,全面提升产品制造过程质量的感知能力、质量问题的主动预防能力和制造过程质量的精准化管控能力。将技术创新融入产品制造质量管控体系中,厚植中国品牌全面提升土壤,实现中国制造向中国创造的转变,中国速度向中国质量的转变,以及中国产品向中国品牌的转变。

【作者简介】唐晓青,北京航空航天大学教授、博士生导师。中国质量协会副会长、学术教育工作委员会主任。主要研究领域:制造技术、制造系统工程、工业工程、质量工程。承担了预先研究、基础科研、国家"863"计划、国家自然科学基金等研究项目 60 余项,工业企业应用项目 80 余项。曾获国家科技进步二等奖 1 项;省部级科技奖 8 项。在国内外发表学术论文 110 余篇、出版专著 4 部。

（本专题课题组其他成员:王美清,北京航空航天大学机械工程及自动化学院副教授）

第十章　装备制造业产品质保
策略研究与展望

随着经济的发展和科学技术的进步,竞争日趋激烈,产品日趋复杂,客户需求逐步提升,制造业由生产型向服务型转变。如何科学管理,持续改进产品的质量和可靠性,为顾客提供价值,使自身获利,是每一个企业必须面对和解决的重要挑战。质保(Quality Warranty)已经上升到现代企业战略层面,如何利用质保数据提高产品质量和可靠性,拓展服务领域,为顾客创造价值,已成为企业获得竞争优势的重要策略和手段。2012 年美国提出了"再制造",2013 年德国提出了"工业 4.0",是工业发达国家为进一步保持和确立其全球制造领先地位而制定的国家战略;我国也提出了"中国制造 2025",确定了中国制造 10 大重点领域,通过"三步走",实现制造强国。其中 5 个领域属于重大装备制造业,包括:高档数控机床、航空航天装备、海洋工程装备与船舶、轨道交通装备、电力装备。

本章探究装备制造业产品质保的特点、难点、需求和面临的挑战,对装备制造业产品质保的理论、方法和技术进行展望,旨在对提升装备制造业质量管理水平和竞争力起到指引作用。

一、质保是企业竞争的重要策略和手段

布利什克(Blischke)等指出,质保发展经历了三个阶段:第一阶

段,质保是企业对其产品质量和可靠性问题作出的被动响应和付出（各种形式的补偿和赔付）,重点关注索赔;第二阶段,质保成为产品属性的补充,是产品在使用阶段企业经营的延续,成为企业运营的一个重要组成部分,重点关注索赔的原因,通过质量改进,降低质保服务成本和提高顾客满意度;第三阶段,今天,质保已经上升到战略层,成为企业竞争的重要策略和手段之一,是能够为客户创造价值和帮助企业获得高绩效的重要资产,重点关注产品全生命周期的客户价值和企业经营目标。

产品质保是企业对其生产的产品或提供的服务所作出的承诺,以保证产品在规定的使用周期内达到规定的功能和质量水平。由于产品在使用过程中存在不确定性因素,可能导致在规定条件下,产品质量和可靠性达不到约定要求,企业就必须依据质保承诺的条款,作出相应的补救措施,例如:免费或以较低费用进行更换或维修,甚至赔付等,通常以售后服务方式来提供。

质保数据是产品质量和可靠性水平的指示器（Indicator）。质保数据包括产品索赔数据（Claims data）（如与质保活动直接相关的质保策略、契约、维修、维护和索赔等）和附属数据（Supplementary data）（如产品设计、制造、合同、客户和运行数据等）。事实上,质保数据覆盖了产品全生命周期的质量和可靠性相关信息,以及与质量担保活动相关的全部信息,并伴随着产品生命周期的不同阶段,不断产生和变化。从产品生命周期的阶段上看,质保数据既包括了产品设计、制造和试验阶段质量和可靠性数据,营销阶段的质保策略（或协议）相关数据,也包括了产品使用、保养、维护、零部件更换、改造直至退役和回收等相关数据。从视角上看,既包括了制造商视角下的产品生命周期各个阶段记录的相关数据,还包括了客户视角下的产品生命周期的各个阶段的相关数据（客户化需求、运行、保养、改造等）。伴随着互联网、物联网等技术的发展,一些大型装备上具有远程监控系统,可以便捷地获取产品运行相关数据,使质保数据超越原有质保服务数据的范畴。

质保数据是企业的重要资产,分析和利用质保数据,可以帮助企业寻找和发现改进产品质量和可靠性的机会;缩短投诉处理时间,提高响应性;改进质保策略,降低质保成本;减少客户由于产品质量和可靠性造成的损失,提高客户满意度。良好的质保必须建立在面向产品全生命周期综合数据的有效分析和管理的基础上,而改进产品质量和可靠性才是降低质保成本,提高顾客满意度的根本。

二、装备制造业质保面临重大挑战

重大装备是一个国家制造能力和水平的综合体现,它具有:产品技术和构成复杂度高、客户化程度高、批量小、故障损失成本高、使用寿命长等特点,对产品质量、可靠性及其质量安全提出了更高的要求。装备产品的质保不同于一般耐用消费品,其要求更高、难度更大,通常采用"终身质保"或"全寿命综合保障",尽管实践中一直在摸索,但始终缺乏理论和方法的支撑。

由于装备的特点和要求,常规质保及其管理难以适应,这对装备制造商提出了更大的挑战,具体体现在:

(1)作为工业母机的装备产品,使用寿命长,故障损失和影响大,通常客户要求的是全寿命或终身质保,只要产品使用寿命没有终结(即使产品已不再生产),质保仍在延续,因此,常规的有限周期的质保管理及其售后服务难以适应。

(2)影响装备产品质量与可靠性的因素多、影响周期长,不仅涉及制造商的设计、制造、试验,以及售后的全部活动和过程,还涉及客户使用产品的方式、方法、环境、操作者素质和用户的日常保养水平等。因此,质保数据具有类型庞杂、结构化程度低、形式多样、高维、时间跨度大、数据滞后、数据删失等特点,如何针对这些数据进行建模和分析,预测和分析产品质量和可靠性的变化以及质保相关成本变化,是有效利用质保数据的关键,也是理论研究和管理实践中面临的挑战。

（3）由于产品技术及其构成复杂,在质保实施的过程中,通常是由最终产品制造商或系统集成商联合关键零部件或子系统供应商所构成的服务供应链实施的多组织联保,这与通常以制造商独立承担质保有很大的差异,在设计质保策略时需要综合考虑多组织利益的协调。同时,客户的高异质性对质保策略和合同的灵活性提出了更高的要求。

（4）由于故障导致的安全和损失重大,对装备质量、可靠性和安全性提出更高的要求。现有的以响应性为主的质保管理并不能从根本上改进产品质量和可靠性,消除质量安全隐患,提高客户满意度。只有从预防的角度出发,对影响质量安全的各种因素进行分析和预警,并对相应的索赔进行监控,才能避免质量安全事故和重大损失发生。这一点,无论对制造商还是客户而言均具有重要的意义,也是目前理论和实践中面临的重要挑战。

（5）与消费品（如汽车）行业相比,装备产品数据量少、客户化程度高、客户分布散,常规的以建立售后服务和备件网络为核心的响应体系难以适应,作为服务责任的最终承担者,制造商常常在成本与响应性中处于两难境地。

三、目前质保研究存在的问题

由于产品类别和特征（个人消费品、商用、重大装备;标准产品和个性化产品;批量大小）的差异,质保及其管理的形式、内容、策略和方法也不尽相同。质保研究一般需要结合行业特征。现有的质保研究大多集中在以汽车为代表的耐用消费品,国内系统性研究不多,而国外研究和应用已达到一定的程度,一些相关的软件产品已经推出。目前质保的问题主要有以下几个方面。

（一）质保数据分析与建模方法

质保数据通常面临重叠（aggregated）、缺失（missing）、截尾（censored）、延迟（delayed）等情况,结合质保数据特征开展可靠性建模、质保索赔分析等研究是当前主流的方向。

现有的质保数据分析与建模研究通常仅仅关注产品全生命周期某个阶段的数据信息。然而,针对装备制造业"终身质保"的特点,从产品全生命周期提取与可靠性或成本相关的数据信息,构建基于全生命周期的可靠性与成本模型是质保数据分析尚未解决的研究课题。

（二）基于质保数据的质保策略分析

产品质保模式与策略的核心问题就是质保合同的制定,包括质保契约设计、质保维度、质保周期、质保契约的类型等方面。产品质保策略的研究不仅有助于降低制造商的保证支出,更重要的是协同好制造商与消费者的利益,以实现整体利益的最大化。

目前对质保问题的研究还是很薄弱,尤其是在质保的应用上缺乏系统化方法的支持,还没有形成系统的管理理论体系。特别是面向重大装备的柔性质保策略、多层供应商的联合质保策略和不对称信息下的质保策略等方面,成为产品质保策略研究和应用中亟待解决的问题。

（三）基于质保数据的产品质量与可靠性改进

产品的质保数据中包含有产品可靠性的信息,产品的可靠性水平影响着产品质保成本。现有的可靠性改进通常仅考虑产品本身的可靠性,很少关注到产品的使用环境等不可控因素。装备制造具有产品技术和构成复杂度高、故障损失成本高,且要求适应各种不同的使用环境等特点,如何结合质保数据分析,识别与确定可靠性改进对象,并结合稳健参数设计的思想以降低不可控因素（如使用环境、使用强度和操作方式等)的影响,提高装备制造的可靠性和稳健性是当前产品可靠性改进中亟待解决的研究课题。

（四） 基于质保数据的质量索赔监控与质量安全预警

对质保数据的分析与监控,有助于制造商对产品的非正常状态作出早期预警。现有的产品质量安全风险预警是建立在对产品质量安全事故发生后的统计数据(质量索赔数据)基础上的,不能够做到事前预警。重大装备的质量安全问题往往会导致非常严重的财产损失和人身伤害,在这些质量问题中,人为因素(误用、疏忽、训练不足等)造成的质量索赔占到质量索赔的 10%,但人为因素的信息在质量索赔数据中往往难以体现。

现有的相关研究不适应于大数据环境下的质保索赔监控与安全预警,而装备制造业伴随着传感技术的应用,能够在线获取监控单台(套)产品的大量运行数据,如何针对大数据时代的质保数据进行分析,提取关联规则,构建基于产品全生命周期的索赔监控和安全预警机制,也是值得进一步研究的问题。

（五） 基于质保数据的售后服务运作优化

质保数据的分析不仅有助于识别和发现产品质量和可靠性改进的契机,同时可以用于优化和改进售后服务,其中,维修和备件库存是售后服务最重要的两个方面。

质保维修策略研究包括三个方面:质保期内的修复性维修策略,质保期内的预防性维修与修复性维修相结合策略,质保期外维修策略。目前,在维修策略优化方面,考虑不同使用环境对产品及其部件可靠性影响的研究较少。

关于预防性维修和备件库存控制与优化方面的研究,鲜有文献涉及质保数据。因此,如何结合质保数据对预防性维修策略和库存控制策略进行优化,是当前售后服务运作优化中值得深入研究的课题。

四、质保研究展望

针对装备制造业质保特点、需求和面临的挑战,从产品全生命周期角度,以质保数据分析为基础,系统研究产品质保策略、质量与可靠性改进、质量索赔与质量安全预警、售后服务优化的理论、方法和实现技术。基于"早期识别,源头治理,预防为主,响应为辅,终身保障"的思想,实现产品在全生命周期内企业价值和客户价值最大化。具体分述如下:

(一) 构建面向全生命周期的可靠性模型与成本模型

1.面向全生命周期的可靠性建模

从产品的全生命周期视角,结合重大装备质保数据的特点(如小样本、数据缺失等),从产品研发、生产制造、售后服务等多个阶段收集与可靠性相关的数据,运用贝叶斯更新理论构建重大装备(或核心部件)的可靠性模型。在此基础上结合所构建的可靠性模型对重大装备(或核心部件)进行可靠性评估。

2.面向全生命周期的成本建模

以可靠性模型为基础,在产品全生命周期的框架下,从制造商和客户两个视角综合考虑产品设计与制造的可靠性、用户的使用模式、维修情况以及质保策略等多个方面构建面向全生命周期的索赔成本模型,并预测出相应的总损失成本。在可靠性建模基础上,从产品设计与制造、主动服务等方面构建面向全生命周期的总投资成本模型。最后,综合总损失成本与总投资成本构建面向全生命周期的产品总成本模型。

（二）设计多层级联合质保策略和柔性质保策略

1. 多层级联合质保策略设计

在现有的质保策略研究中，通常是针对供需关系形成的单层级质保契约设计。由于重大装备系统构成复杂，在实践中通常采用多层级（供应商、制造商和客户）联保策略。多层级质保策略就是综合考虑不同层级的收益，基于第一部分的可靠性与成本模型所提供的信息，建立三层级供应链的博弈模型，研究供应商质保策略与制造商质保策略的交互影响，分别在合作与非合作情形下，寻找基于全生命周期的最佳质保契约（免费质保策略、有偿质保策略），使得供应商、制造商和客户总体收益最大化。

2. 基于客户特征与行为的柔性质保策略设计

重大装备客户异质性（产品使用的环境、需求和维护能力各不相同），导致质保要求多样化。基于客户特征与行为的柔性质保策略研究，通过设计柔性的质保策略以满足客户在不同风险偏好、应用环境和使用方式等情况下的需求。基于第一部分的可靠性与成本模型所提供的信息，建立制造商与客户的博弈模型，设计全生命周期下的柔性质保契约，实现客户价值与制造商收益的最大化。

3. 不对称信息下的质保策略设计

重大装备客户化程度高，成本、质量不具可比性，客户行为不易观测。因此，制造商在设计质保策略时面临着严重的信息不对称现象。信息不对称下的质保策略设计需要克服逆向选择和道德风险问题，在供应商的产品质量水平、成本信息、投资水平以及客户的风险偏好等信息不对称的情况下，基于信号显示原理和可靠性与成本模型所提供的信息，建立信息甄别模型，设计相应的全生命周期质保契约，揭示各方的私有信息，降低信息不对称带来的风险，提高制造商的收益。

（三）研究基于稳健参数设计的产品质量与可靠性改进的方法

1.可靠性改进对象的识别与确定

重大装备系统构成复杂,子系统或部件对系统的可靠性影响不同,同时各子系统或部件可靠性改进的投入存在差异,可靠性改进对象的识别与确定就是结合第一部分的可靠性和成本模型,在给定可靠性水平约束的情形下,以最小化改进成本为目标,识别与确定可靠性改进对象。

2.基于稳健参数设计的产品可靠性改进

由于影响子系统或部件可靠性的因素甚多,既有可控因素(如产品可靠性设计参数等),又有一些不可控因素(如产品使用环境、使用强度等)。基于稳健参数设计的产品可靠性改进就是结合稳健参数设计的思想,构建计算机试验的元模型,针对子系统或关键部件,寻求可靠性设计的最佳参数组合,提高产品可靠性。

（四）研究重大装备制造业产品质量安全预警机制和索赔监控方法

1.基于质保数据的质量索赔监控策略设计

针对重大装备系统索赔数据具有类型多、时间滞后、分布不规则等特征,确定监控对象,利用统计过程控制技术和自动过程控制技术,研究相应的监控策略,对索赔数据进行实时监控,并对发现的异常信号进行分析和诊断。

2.基于质保数据的关联规则提取与质量安全预警

结合重大装备运行状态数据,利用人工智能、数据挖掘等提取关联规则与产品失效模式,分析导致重大装备质量安全的影响因素,构建质量安全风险评价体系,在此基础上建立质量安全风险预警模型及相应的质量安全预警机制。

（五）研究预防性维修策略、备件库存控制策略

1. 基于质保数据的预防性维修策略

基于质保数据的预防性维修策略研究就是在第一部分产品可靠性和成本模型基础上，动态地评估产品及关键部件的可靠性变化，分析预防性维修策略（维修保养的周期、部位或部件和维修程度等）对产品及关键部件可靠性的影响程度；构建预防性维修策略最优决策模型，寻求最经济合理的预防性维修策略。

2. 基于质保数据的备件库存优化策略

由于重大装备产品使用环境和方式不同，零部件的可靠性差异较大，备件的需求会随地域、客户而变化，统一的备件控制策略难以适应。基于质保数据的备件库存优化策略研究，就是要根据产品质保数据，基于可靠性的影响，分类预测零部件的需求，制定科学和合理的库存控制策略。具体研究两类情形下的备件库存控制优化问题：（1）基于库存投资约束下的多级库存控制（供应商—制造商—客户）策略，提高响应性；（2）以响应时间和成本为目标，构建备件库存和预防性维修策略联合优化模型。

五、结　语

目前我国对装备制造业质保的研究还有很大空间，加强装备制造业质保研究，对提升我国制造业质量可靠性和服务水平，实现制造强国战略，具有重要意义。

【作者简介】马义中，南京理工大学经济管理学院教授，博士生导师。中国质量协会常务理事、学术教育工作委员会委员。主要研究领

域:质量工程、质量管理和工业工程。主持和完成8项国家自然科学基金项目(包括重点)和3项航空科学基金、2个国防科工委科研课题;曾获省部级科技进步二等奖3项,三等奖3项。在国内外学术期刊和学术会议上发表论文100余篇,其中SCI索引46篇,EI索引78篇。

　　(本专题课题组其他成员:陈杰、王建均、宋华明、刘健)

第十一章　可靠性系统工程

一、质量及其特性

（一）质量

常用的质量（Quality）定义是"一组固有特性满足要求的程度"。在制造业,质量的载体主要是指产品和过程。产品是一个非限定性的术语,用来泛指任何元器件、零部件、组件、设备、分系统或系统,它可以指硬件、软件或两者的结合。产品质量是指反映产品满足明确的和隐含需要的能力的特性总和。需要指出的是,不同领域、不同类型的产品,其质量内涵的构成是不同的,因此要根据具体产品的实际情况,选择和定义其质量内涵。

产品的质量是由过程形成的,过程是由一系列子过程（活动）组成,包括产品寿命周期各个过程,如规划过程、设计过程、制造过程、使用过程、服务过程、报废处理过程等。过程是一组将输入转化为输出的相互关联或相互作用的活动。其中,输入包括用户的需求和资源。资源可包括人员、资金、设备、设施、技术和方法,产品是过程或活动的结果。因此要提高产品质量必须保证形成产品质量的所有过程的质量。

（二）质量特性

在质量定义中"一组固有特性"既可以对应产品,也可以对应过程。一般来说,产品的质量特性可以划分为专用质量特性和通用质量特性两个方面。专用质量特性反映了不同产品类别和自身特点的个性特征。例如对于汽车而言其专用质量特性一般包含:速度、功率、油耗、重量、长度、高度、宽度等。通用质量特性反映了不同类别产品均应具有的共性特征,一般包括:安全性、可靠性、耐久性、环境适应性与维修性等,具体如下:

1. 安全性(Safety)

安全性是指产品不发生事故的能力,即产品在规定的条件和规定的时间内,以可接受的风险执行规定功能的能力。安全性作为产品的设计特性,是产品设计中必须满足的首要特性。

2. 可靠性(Reliability)

可靠性是指产品在规定条件下和规定时间内,完成规定功能的能力。可靠性反映了产品是否容易发生故障的特性,其中基本可靠性反映了产品故障引起的维修保障资源需求,任务可靠性反映了产品专用特性的持续能力。

3. 耐久性(Durability)

耐久性是指产品在规定的使用和维修条件下,其使用寿命的一种度量,是可靠性的一种特殊情况。

4. 环境适应性(Environment Suitability)

环境适应性是指产品在变化的环境条件下的正常工作能力,是可靠性的一种特殊情况。其中的环境条件包括自然环境、诱发环境和人工环境等,如对于硬件产品,环境条件可以是温度、湿度、振动、冲击、噪声、灰尘、电磁干扰等。对于软件产品,环境条件可以是操作系统、计算机系统等。

5. 维修性(Maintainability)

维修性是指产品在规定的条件下和规定的时间内,按规定的程序和方法进行维修时,保持或恢复其规定状态的能力。

6. 测试性（Testability）

测试性是指产品（系统、子系统、设备或组件）能够及时而准确地确定其状态（可工作、不可工作或性能下降），并隔离其内部故障的一种设计特性。

7. 保障性/可服务性（Supportability/Serviceability）

保障性/可服务性是指产品的设计特性和计划的保障/服务资源能满足使用要求的能力。保障性/可服务性描述的是产品使用和维修过程中保障/服务是否及时的能力。保障性/可服务性可分为使用保障/服务和维修保障两个方面，前者针对产品的正常使用，后者针对产品的故障维修。

8. 经济可承受性（Affordability）

经济可承受性是指产品全寿命周期所需费用的可承受程度。全寿命周期费用一般由研制费用、生产费用、使用与保障费用三大部分组成。经济可承受性是一个设计特性，同样要靠技术手段去实现。

9. 需求适应性（Flexibility）

需求适应性也称为柔性，它反映了产品适应用户需求随时间变化的能力。需求的变化可以包括对上述各种属性要求的变化，如使用模式的变化（功能性）、使用环境的变化（环境适应性）、使用时间的变化（耐久性）。

10. 易用性（Usability）

易用性是指产品在特定使用环境下为特定用户用于特定用途时所具有的有效性（Effectiveness）、效率（Efficiency）和用户主观满意度（Satisfaction），其中有效性是用户完成特定任务和达到特定目标时所具有的正确和完整程度；效率是用户完成任务的正确和完整程度与所使用资源（如时间）之间的比率；满意度是用户在使用产品过程中所感受到的主观满意和接受程度。易用性实际上是从用户角度所看到的产品质量，是产品竞争力的核心。易用性是以人为核心因素，运用心理学、生理学、解剖学、人体测量学等人体科学知识于工程技术设计和作业管理中,以人为本,着眼于提高人的工作绩效(Human Performance),防止作业中人的失误(Human Error),在保证作业人员安全以及尽可能舒适的条件下,达到人—机—环境系统总体性能优化的目标。

11. 可生产性(Producibility)

可生产性也称为生产性,是指产品设计可以以最经济而快速的方法稳定地生产出符合质量要求的产品的可能性。即可生产性是系统在规定的工艺、材料、人力、时间和成本等生产规划的约束下,被生产/建造出来的能力,即生产/建造系统的相对难易程度。

12. 可处置性(Disposability)

可处置性是产品在全寿命周期内可再次利用以及废弃时不引起任何环境恶化的能力。再利用包括再使用(Reuse)、再制造(Remanufacture)、再循环(Recycle),英文缩写为"3R"。环境恶化包括产生不能分解并带来健康危害的固体废物、空气污染(有害的气体、液体和悬浮物)、水污染、噪声污染、辐射等。传统上,产品和生产过程的设计者主要关注于寿命周期中从原料的提取到生产这一阶段。现在,设计者越来越多地考虑如何循环利用他们的产品;同时,他们必须考虑消费者如何使用他们的产品。生产过程设计者必须避免生产场地的污染,简单地说,设计者必须对产品的包括加工过程的整个寿命周期负责。

(三) 全系统全特性全过程质量观

产品质量首先是设计出来的,设计过程中不仅要关注专用质量特性,还要关注可靠性、维修性、测试性、保障性、安全性等通用质量特性,更要通过专用特性与通用特性的权衡,以实现产品的最佳效能,此为全特性质量内涵;面向构成产品及保障服务全系统的各层次、各类别产品,综合运用不同的质量设计技术,这样才能从整体上把握住产品质量,此为全系统质量内涵;产品质量是管理出来的,不仅要关注产品制造生产过程的质量,还要关注研制过程的质量,更要关注论证过程和使用保障服务过程的质量,此为全过程质量内涵。质量特性、产品对象及其全寿命过程之间的三维关系,构成了全系统全特性全过程质量观(见图11-1)。

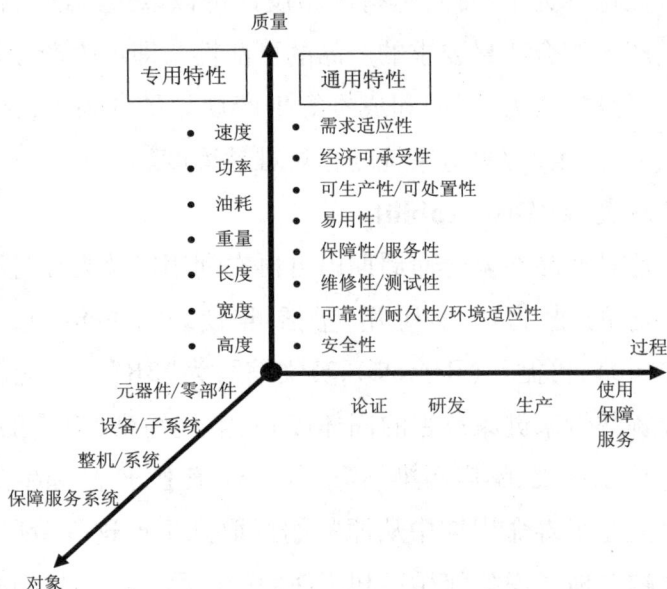

图11-1 全系统全特性全过程质量观框架图

二、可靠性系统工程的概念与作用

（一）可靠性系统工程的概念

认真研究和分析图11-1所示的通用质量特性可以发现,大部分通用质量特性均直接或间接与产品故障密切相关。如可靠性、耐久性与环境适应性从不同角度描述了产品不出故障的能力;维修性描述了便于预防和修复产品故障的能力;测试性则描述了诊断产品故障的能力,上述属性均与故障直接相关。而保障性和安全性与故障存在部分相关性,即保障性包含了针对故障的维修保障能力,安全性包含了产品故障安全能力。这些特性统称为故障相关属性。

可靠性系统工程以"产品故障"为核心要素,将与故障相关的理论和技术发展成为一门相对独立的工程技术学科。其定义为:可靠性系统工程是研究产品全寿命过程中与故障做斗争的工程技术,它运用系统科学与系统工程的理论和方法,从系统的整体性及其同外界环境的辩证关系出发,研究产品发生故障的机理与规律、预防、控制与纠正产品故障的理论与方法,并运用这些机理与规律、理论与方法开展一系列相关的技术与管理活动。

可靠性系统工程的基本原理见图 11-2。

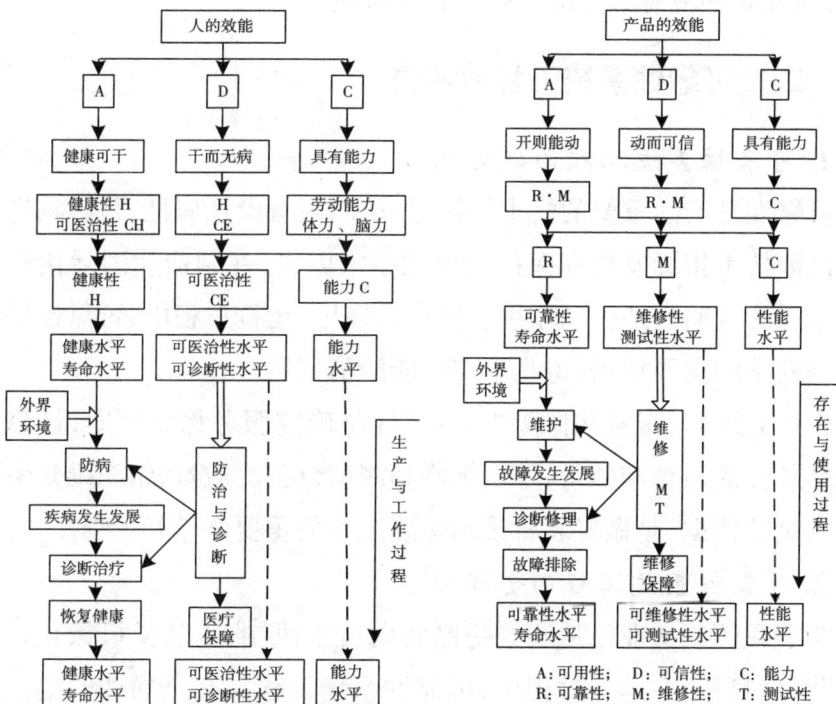

图 11-2　可靠性系统工程的基本原理

可靠性系统工程具有以下基本特性：

1. 整体性

是一个有机的整体，包含了与产品故障相关的完整的理论与技术。

2. 综合性

具有空间和时间上的综合性，在空间上是各类产品形态（硬件、软件等）和各产品层次的综合，在时间上是产品寿命周期各阶段的综合。

3. 择优性

具有可以量化的目标（可用性、完好性、任务成功性、维修保障费用等），故可以进行综合权衡与优化。

4. 社会性

既包括技术又包括管理，它的工作对象是物（产品）、事（工作）和人，且与外界环境有紧密的交联与相互影响。

（二）可靠性系统工程的地位

1. 可靠性系统工程的战略性

可靠性是产品重要的技术指标，是产品固有设计属性，是影响产品整体性能技术指标发挥和保持的内在根本因素，在制造业国际化竞争中有重要的战略性地位和作用。在产品使用、运行过程中，可靠性特性是保证安全的重要依据，也是系统效能的倍增器。

在产品维修、服务和保障中，可靠性是确定服务保障预案，计算预测备品备件的品种和数量，筹划维修和测试设备的数量，组织维修保障力量的决策依据，是做好装备技术保障工作的重要基础和依据。

2. 可靠性系统工程的全局性

当前我国制造业已从测绘仿制转向自主研制，正从半机械化转向机械化、信息化，在这一过程中，可靠性系统工程具有全局性的地位与作用。

制造业以测绘仿制为主，质量建设的重点就是生产过程质量控制，制造业以自主研制为主,质量建设的重点就是研制过程质量控制,而可靠性系统工程是实施研制过程质量控制的核心。

我国制造业正从半机械化转向机械化、信息化,在机械化建设中,质量建设的重点就是要提高单一产品的可靠性,在信息化建设中,质量建设的重点就是提高整个系统的可靠性。

3. 可靠性系统工程的基础性

在提升制造业强国能力过程中,可靠性系统工程具有基础性的地位和作用。可靠性系统工程能力是制造业强国能力的重要组成部分,是制造企业承担产品研发任务的核心竞争力。产品的可靠性水平是开展竞争、进行评价、实施监督、落实激励的重要依据。

4. 可靠性系统工程的先进性

制造大国以填补空白、解决有无为目标,追求规模与数量,其先进性主要体现在单一产品的功能性能水平的实现上;制造强国以提高质量效益为目标,其先进性主要体现在产品的可靠性水平上。制造业强国发展的特点决定了可靠性是与时俱进的。

(三) 可靠性系统工程的作用

制造业实施可靠性系统工程的重要性体现在以下几个方面:

1. 提高制造业创新能力的根本保证

我国在成为制造大国的发展过程中,侧重点是解决了大部分工业产品的有无问题,也突破并掌握部分关键技术。但在向制造强国发展过程中,普遍遇到了一个共性的可靠性问题,当前可靠性问题已经成为制约我国制造业进一步创新发展的瓶颈问题。而实施可靠性系统工程,全面系统地运用预防、预测、诊断、纠正故障的科学方法,是提高我国制造业创新能力的根本保证。

2. 提高制造业质量安全水平的必要手段

制造业及其产品涉及社会生活的各个方面,一旦出现质量问题或重大故障,往往造成难以估量的人员伤害、经济损失和环境破坏,严重的还可能危及国家安全。当前,在我国制造业质量安全形势严峻的现实条件下,实施可靠性系统工程是预防产品故障,特别是特大、重大故障,提高质量安全水平的必要手段。

3. 提高制造业经济效益的重要基础

产品的可靠性水平直接影响着制造业的经济效益。目前我国制造业产品寿命短、故障多,企业不得不投入大量的人力、物力用于产品的售后服务,直接影响了企业的经济效益,特别是利润率极大的高端产品方面,几乎难觅中国制造的影子。

4. 提高制造业核心竞争力的必由之路

制造业的市场竞争一般经历四个阶段,即价格竞争、服务竞争、质量竞争和品牌(企业文化)竞争,而我国的制造业大部分还停留在价格竞争、服务竞争的初级阶段,要迎接国际市场的竞争挑战,我国制造业必须走向质量竞争和品牌竞争的新阶段,而在这一进程中,长寿命、高可靠、能预测、快诊断、易维修、好保障、保安全的产品是企业实施质量竞争和品牌竞争的核心竞争力。

（四） 我国制造业可靠性系统工程能力差距分析

由于我国经济与社会的发展阶段决定了我国的工业化水平与西方发达国家还有较大差距,无论学术界、产业界还是政府部门,对可靠性系统工程基础性、通用性和战略性的地位与作用还没有完全认识,造成我国企业可靠性系统工程的发展与国外相比还有较大差距,主要表现在制造企业可靠性系统工程能力薄弱。

可靠性系统工程能力包括管理和技术两个方面,可靠性系统工程管理能力是指在产品的形成过程中,制造企业将现有的成熟技术或基本成熟的技术,通过一系列工程实践活动作用于产品之上,使其形成产品特定可靠性水平的能力,它与企业的管理观念、业务流程、技术条件、队伍素质及经验水平等密切相关。可靠性系统工程技术能力是指对系统各层次产品的故障生成机理与规律的认识能力,消化吸收或创新先进技术方法解决可靠性领域核心问题的研究能力以及可靠性技术方法向工程应用的转化能力。

技术能力是基础、管理能力是核心、产品可靠性水平是结果。由于我国制造业可靠性工作开展得比较晚,产品可靠性水平还存在着相当大的差距,主要表现在:我国制造业产品在使用过程中,故障多、寿命短,维修保障服务费用高,市场竞争力不强,直接影响了制造业强国发展目标。造成这一结果的主要原因是我国制造业企业可靠性系统工程能力薄弱。

我国制造企业可靠性系统工程能力的初步分析结果见表11-1。

表 11-1　制造业可靠性系统工程能力分析

序号	能力	能力差距
1	综合规划能力	一是缺乏结合产品特点对可靠性系统工程活动进行合理剪裁的能力;二是缺乏按可靠性系统工程活动的内在逻辑进行规划综合的能力;三是缺乏按照所制定的可靠性系统工程计划综合协调和调配相关资源的能力;四是缺乏对各项可靠性系统工程活动效果的评价考核能力。
2	需求分解能力	一是不能正确选择适合具体产品的可靠性要求分解方法和工具;二是不能将可靠性要求分解到与其相关的全要素;三是缺乏可靠性关键要求的识别能力。
3	设计分析能力	一是可靠性设计分析的时效性、有效性不强;二是缺乏选择和运用先进可靠性技术的能力;三是可靠性设计分析结果的准确性、可信性不高。
4	工程试验能力	一是缺乏对具体产品故障机理、维修规律的深入认识能力;二是缺乏有效的可靠性试验条件设计能力;三是缺乏综合各类试验信息进行可靠性水平的综合评估能力;四是缺乏工业化信息化融合产品可靠性测试与评估能力。
5	供方控制能力	一是缺乏对选用元器件使用可靠性的控制能力;二是缺乏对选用供方产品可靠性要求的提出与验收考核能力;三是缺乏对原材料特性变化影响产品可靠性的分析能力。
6	信息管理能力	一是缺乏对可靠性信息集中收集的机制;二是缺乏从可靠性信息中挖掘出可靠性知识的能力。
7	专业队伍能力	一是可靠性专业队伍的数量和素质满足不了可靠性工作要求;二是可靠性专业队伍的工程经验和知识结构不能完全胜任被赋予的可靠性工作。

三、我国制造企业提升可靠性系统工程能力的实施途径

提升企业可靠性系统工程能力可以通过九个要素的实施来进行，即组织形式、专业队伍、指标要求、工作流程、规范指南、数据信息、过程监控和技术集成，以及能力评价，这九个要素构成了企业可靠性系统工程应用模式（见图11-3）。

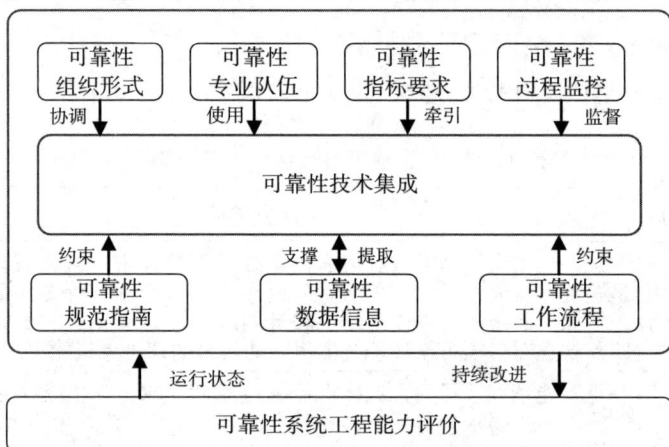

图 11-3　可靠性系统工程的应用模式

（一）选择组织形式

国内外企业中，可靠性专业的组织形式一般包括三种，即质量管理形式、项目管理形式和矩阵管理形式。

质量管理形式中，在单位的质量管理部门设立一个或多个可靠性专业组，这个组同时承担单位内部全部项目的可靠性技术和管理工作。其优点是技术与管理统一，集中了有限的可靠性专业资源，减少了工作的重复；缺点是技术与管理责任模糊，可能导致可靠性技术工作难

以融入产品研制过程中,尤其当单位承担的项目增多或项目复杂性增大时,可靠性技术工作量成倍增加,可靠性专业组可能难以胜任工作。

项目管理形式中,单位每个项目拥有自己的可靠性技术与管理资源,其可靠性工程活动独立进行,项目之间的可靠性工作不交叉。其优点是可以快速响应用户的需求,短期内可以较大提高工作效率;缺点是会造成单位内部的可靠性资源竞争。这种形式对于国内制造业的可靠性工程活动是不利的,因为各单位普遍存在着可靠性技术与管理资源奇缺的问题,每个项目不能均衡获得可靠性技术与管理资源。

矩阵管理形式是对以上两种形式的结合(见图11-4)。这种情况下可靠性工程活动有一个专门的机构,机构内部可靠性专业人员分工负责不同的项目。其优点是可靠性真正成为一项独立的工程专业,既可以共享不同项目的经验,更有利于单位内部可靠性专业能力的提高;缺点是矩阵管理模式的管理与协调难度大,需要专业技术手段的支持。

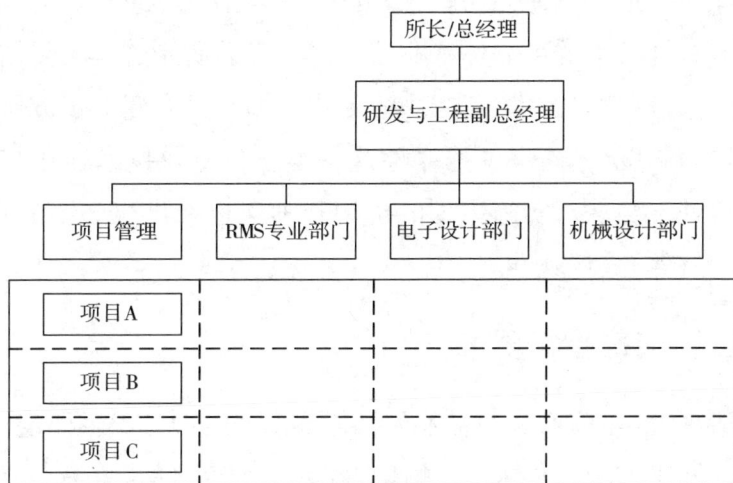

图 11-4　可靠性工程活动的矩阵管理形式

（二）建立专业队伍

众多的可靠性工程活动需要一定数量和素质的技术与管理人员去实施,因此在承研单位内部,需要设置可靠性专业技术与管理岗位,并配置满足岗位要求的人员,才能保证各项可靠性工作落到实处。在设置可靠性专业技术与管理岗位时应能覆盖可靠性各专业范围,各专业技术或管理岗位应分工明确、责任清晰,并通过制度文件或体系文件规定相应职责,不同岗位人员依据规定能够较好地行使岗位职责。同时要在管理制度或体系文件中对可靠性岗位人员的评价有明确规定,通过建立评价指标体系对可靠性岗位人员进行定性或定量的评价或绩效考核,并结合考核结果进行必要的奖惩。

鉴于可靠性专业在国内工程界尚属新兴专业,因此对技术与管理人员的培训尤为重要。一般情况下,需要建立一个持续的培训制度来满足本单位不断发展的需求。比如,新参加工作的技术人员应参加可靠性专业培训,掌握可靠性基础理论知识、理解可靠性工作对企业发展的重要性。对拟在可靠性岗位工作的技术与管理人员,要进行符合岗位要求的有针对性的可靠性专业培训。在产品研制过程中要结合产品特点,进行可靠性新技术、新方法的专题培训。只有建立了分层次有针对性的培训制度,才能保证可靠性这一类新兴专业技术能在装备研制中落到实处。当然对实施培训的机构和师资也要进行必要的审查,确保培训的有效性、权威性。

（三）明确指标要求

一般来说,当前产品的可靠性要求可以归纳为三类,即定性要求、定量要求和工作项目要求,具体体现在六个方面,即长寿命、高可靠、快诊断、易维修、好保障和保安全。而不同的产品类型、不同的产品层次在上述六个方面的指标要求形式是不同的,且各类指标之间彼此交联,构成了一个立体的指标体系,任何一型产品在进行论证、研制中都需要明确这一指标体系,才能牵引各项可靠性工程活动有序开展。

(四) 定制工作流程

一个清晰的工作流程是按照可靠性专业内在逻辑关系,根据产品研制的管理层次,对参与产品研制的各责任主体的可靠性工作职责进行划分,工作流程明确了责任主体(即什么部门的什么人)、工作时机(在什么时候)、工作项目(做什么工作、用什么工具)、工作项目的输入和输出(基础数据、过程数据和结果数据)等内容。只有在建立好完善的组织形式、职责明确的专业队伍,并正确理解指标要求的基础上,才能建好可靠性工作流程。可以说工作流程是保证可靠性一体化工作模式成功的核心和关键。

(五) 编制规范指南

规范指南是指导和约束专业人员开展相应可靠性工程活动的技术文件。对每一项可靠性工程活动,都应该结合产品特点制定相应的规范指南。这些规范指南应符合相关的国家标准、行业标准等,但是需要指出的是当前许多可靠性技术尚无相关标准,或者已有标准难以覆盖产品实际需求,这样就需要制定本产品相应的可靠性技术与管理的规范指南,构成产品的可靠性规范体系。

(六) 收集数据信息

数据信息是可靠性集成平台有效运行的基础。在开展可靠性一体化工作中,必须同时建立可靠性数据信息的收集、分析、处理和反馈的制度,形成可靠性数据信息集中管理的机制,保证有价值的外部数据信息持续进入集成平台。

（七）开展过程监控

与产品可靠性工程活动相关的责任主体多、管理链条长,因此,必须建立一套连续的过程监控体系,明确监控的责任主体,细化过程监控节点。监控的重点在于可靠性工程活动是否按工作流程展开,所采用的技术和方法是否合理,可靠性工作项目之间的接口关系是否正确,以及可靠性工程活动的结果是否满足要求等。对各种可靠性工作项目、定性指标要求的实现情况采用定性检查单方法,对各种可靠性定量指标要求,采用定量跟踪方法(见图11-5)。

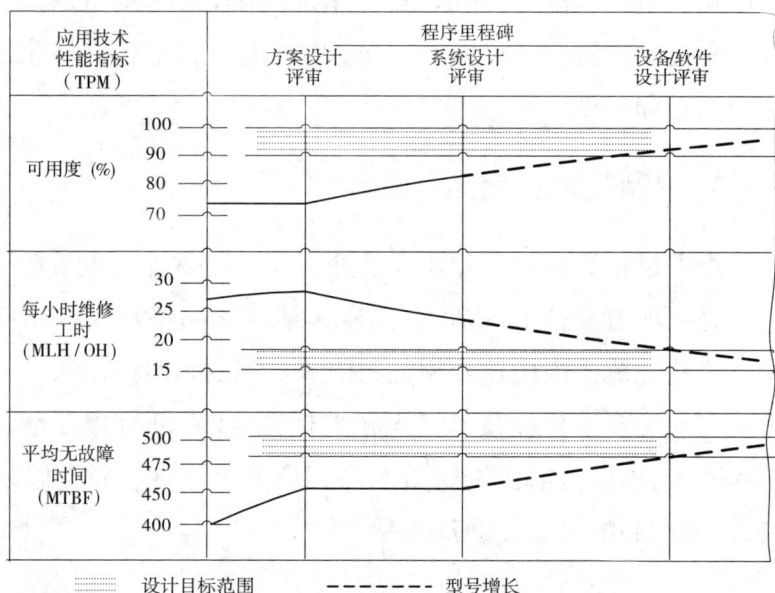

图 11-5　定量过程监控

（八）实现技术集成

技术集成是将可靠性、维修性、测试性、保障性和安全性技术结合行业、企业的具体情况实现集成应用,可以实现专业技术人员与研制、生产过程的流畅对接,还可以保证产品研制过程中数据信息的一致性,实现性能与可靠性数据信息的充分共享。技术集成与前七个要素相辅相成,保证先进产品的可靠性系统工程落到实处。

（九）实施能力评价

可靠性系统工程能力是企业运用现有成熟的可靠性技术,形成产品可靠性水平的综合能力,它既依赖于现有的可靠性技术水平,更取决于企业对可靠性技术的认识、理解、运用和掌控的水平,是企业可靠性管理水平的综合反映,与上述八个要素紧密相关。需要指出的是,可靠性系统工程能力评价不仅可以由企业外部实施,也可以开展企业自评,从而找到企业可靠性工程管理的薄弱环节和努力方向。

四、结　　语

可靠性系统工程是在总结和把握我国制造业工业化发展客观规律的基础上,从技术应用与工程管理两个方面回答了如何有效推进企业可靠性工作的现实问题,是中国制造质量强国发展的必由之路。

【作者简介】康锐,北京航空航天大学可靠性与系统工程学院教授,博士生导师,国家重大基础研究项目首席科学家,教育部长江学者特聘教授,可靠性与环境工程技术国防科技重点实验室学术委员会主任委员,中国质量协会学术教育工作委员会委员。主要研究领域:质量与可靠性工程技术、产品高可靠长寿命设计与试验技术、信息物理系统弹性与安全控制技术。曾获国家科技进步二等奖1项,省部级科技进步奖7项。发表学术论文200余篇,授权发明专利40余项,主持制定《中国制造2025》可靠性系统工程发展战略。

第十二章　下一代中国质量发展的挑战

一、古老的起源

　　一个国家普适的哲学和文化通常能诠释和制约这个国家经济发展的方式。老子曰："执古之道以御今之有。能知古始，是谓'道纪'。"协调制定连贯的国家产业政策，战略部署可执行的计划，保障国家的经济未来是一项伟大的工作。这需要非凡的洞察力和深入的理解力。正如孔子曾说的："知之为知之，不知为不知，是知也！"对未来之路的正确预见应建立在对历史的认知上，从而形成对重大决策的洞察力，产生预见必要行动的智慧，造就一个国家所期望的未来。但是，获取这种洞察力却并非易事。老子也指出："人们的迷误，时日已经很久了呀！"为了深入理解，找到正确路径，需要对国家产业发展的一系列战略活动进行认真思考，逐层展开，将各项活动按照重要性次序形成年度目标计划，分步实施，从而实现国家富强的长期成功转变。

　　中国围棋是诞生于公元前4世纪的一种围空的游戏。这种游戏是两名对弈者之间的一种战略对抗，也被认为是中国古代文人应具备的基本技能之一。围棋使我们洞察了中国当代产业战略的制定方式和实践探索，该战略源于20世纪90年代早期的经济解放，中国为此经历了1/4个世纪的中央计划下的一系列经济活动。围棋通过对弈双方落子的相互影响展现了一种动态的竞争较量。正如国家间经济上的相互影响，棋手之间也存在这种动态竞争。有着长期整体战略的棋手要比只顾当前局势的棋手更具优势。长期的洞察力更加具有战略性,而较短期的洞察力只是一种战术性的游戏。尽管两者对于成功都很重要,但是没有长期愿景的棋手处于明显的劣势。围棋中富有洞察力的招数都是通过这种方式来布子,以获得最后的成功。围棋中的获胜者总是以占据盘面上的最佳位置来设计他们的战略,为自己未来的布局创造更多的选择。高手行棋步骤的关键在于提高把握未来局势的机动性或灵活性,同时降低对手选择的自由性。一些围棋定式的创建就是为了使自己一方形成持久的优势,同时能够削弱对手。这种行棋规则也适用于国家的经济布局。

二、战略愿景——通过质量转变中国经济

共产主义革命的一项成果是通过对生活基本要素的关注,实现国家资源的中央计划管理,以努力促进人类社会的繁荣。19 世纪以前,中国被认为是世界上经济最发达的国家之一。但是在 20 世纪前半叶,中国经济停滞不前。20 世纪 50 年代至 70 年代的二十多年,中国进行了两轮经济改革,但是人民的生活水平并没有得到明显提高。1978年,中国共产党开始了以市场为中心的改革,通过两个阶段并引入市场法则,以求实现经济转型。第一阶段(1978 — 1984 年)集中在农业改革,同时允许外国资金进入经济特区,允许企业家开办工厂。这一阶段的大多数企业仍属于国有。经济特区刺激了国家经济的增长,为第二阶段的改革打下了基础。第二阶段(1984 — 1993 年)的经济改革包括私营化、国有企业(SOE)业务外包、放松价格管控和开放贸易保护政策,极大地刺激了经济增长和内部发展。

中国关注质量是从 1957 年开始,也就是刘源张在纺织机械行业开展统计质量控制研究的年代。为了满足中国对全面质量改进方法的需求,鼓励中国企业开展质量实践活动,国家经济委员会和中国科学技术

协会于1979年创建了中国质量管理协会（现中国质量协会，简称中国质协）。1980年起，中国质协与国家经委组织专家和部分企业领导人赴全国12个省（自治区、直辖市）的38个城市、地区巡回宣讲，面向中国的政府和企业领导者进行质量演讲，宣传推广全面质量管理。1982年3月，中国质协还邀请了世界著名质量管理专家、美国的朱兰博士在北京做了为期一周的讲学。这一系列演讲帮助中国的领导者认识了西方的质量改进观念和方法。

经济改革需要制定一种更连贯的质量方法，以提升对全球市场的一致性。20世纪80年代到90年代早期的经济改革使人们认识到：国家繁荣不能一味靠提高国家生产率来实现，还要靠质量来帮助防止系统内的损失和浪费，从而保证国家资源的有效利用。1986年，为了响应前国家经委颁发的《工业企业全面质量管理暂行办法》，全国质协系统推出了全面质量管理知识普及教育。到20世纪末，三千多万企业员工接受了培训并通过全国考试，获得了质量证书。虽然20世纪90年代早期的商业私营化主要集中在中小企业，但是这却有助于释放中国的企业家精神，使人们认识到国家的生产率提升和经济发展依赖于与全球市场的一致性，依赖于交付物对全球市场质量期望的满足。因此，这一时期的经济改革导致了对商业的全新认识，激发了对中国产业政策新的关注。从此，中国经济走上了符合经济发展逻辑的道路，关注经济有效性，以质量和效益为驱动。在质量启蒙的早期阶段（开始于20世纪80年代早期，并持续到90年代中期），以下三个问题在不知不觉中得到了解决。

——政府应如何保持社会的长期繁荣？

——质量应如何发挥促进中国工业发展的作用？

——中国工业发展的第一步应该做什么？它对未来计划意味着什么？

社会生产交付物按照有形程度可被分为服务或产品。服务一般指一个人或一个群体为顾客提供耐用品（例如：为顾客提供长期价值的商品)或消费品(可使顾客立即感知价值的商品)等产品时所提供的一种行为或活动,可以通过购买或交换获取。尽管人们总趋向于按照交付物来区分组织,例如:服务性交付物组织、产品性交付物组织,但是无形的服务对两类组织都有着非常大的贡献,见图 12-1。

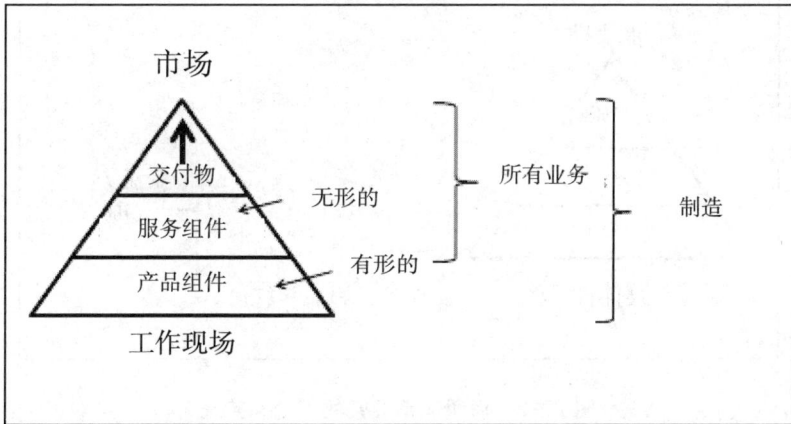

图 12-1　制造业企业和其他行业企业间的区别

　　无论是制造业还是服务业,都是通过某种形式的人类活动为市场提供交付物的。但是,制造业生产过程的有形属性使其相对于服务业更容易评价,并拥有更稳定的输出质量。服务业交付物的质量完全依赖于参与服务提供人员的表现。出于这种原因,最初的质量改进通常关注的是生产活动的有形领域,而高质量的产品是通过严格控制生产产品的实物组件来实现的。建立组织管理体系时,识别产品特性的有形或具体程度,将决定组织交付顾客的产品和服务的质量设计、过程控制和绩效改进的方法、活动和工具类型。质量实践的有形属性使大多数组织关注体系实体方面的开发,从而管理整个组织,实现持续稳定的高质量输出。但是,质量实践的适用性却远没有解决,始终因追逐流行方法而变化不定。另外,质量理论是无形和抽象的——如同质量实践的形而上学,表现出相对的稳定性。理论的简单性往往导致经营者对

其失去持续的关注,因为理论本身没有体现日新月异的发展。如图
12-2 所示,质量体系理论与融入组织文化和个人观念的一系列指导原
则相关,而质量日常实践与工作场所的关系最为密切。

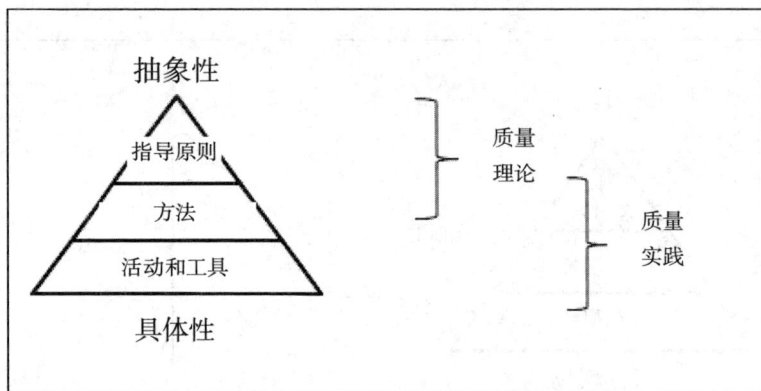

图 12-2　质量体系要素的理论和实践

中国设计国家质量基础架构的方法如同发展一套健全的质量实
践,并借鉴了质量学科的历史发展作为理论基础。因此,中国关注的是
建立有形的质量基础设施,针对现场职能部门的可控制部分应用经过
实证和具体的方法,而不是发明深奥的理论和创建空泛的文化。这种
务实的方法带来了对有形产品生产的关注,确立了制造业在中国经济
的核心地位。除了明确生产作为质量发展的起点和市场经济优势的保
证,中国的国家质量发展计划所列出的重点活动也证明了这一点。这
种举国重视质量的务实方法可以用图 12-3 的基本模型来解释,其描
述了向市场交付产品和服务的经济链。该模型被称为 SIPOC 模型①,
定义了从供应商获取输入,向顾客提供生产输出的一个市场交付链。
五个要素的英文首字母按顺序排列,从原材料到交付物,组成了该模型
的缩写:SIPOC。该模型是爱德华·戴明博士 1950 年在对日本企业领

---

① SIPOC,即高端流程图,包含供方、输入、过程、输出和顾客。

导者的演讲中提出的。作为生产体系,它涵盖了从设计、交付到顾客使用的整个过程。对于任何商业组织来说,为了实现市场交付物的高质量,就必须实现该模型每个过程的高质量。于是,SIPOC 模型提供了一种关注实现高质量交付物的系统方法,从而超越竞争对手,赢得消费者青睐,在市场中获利。

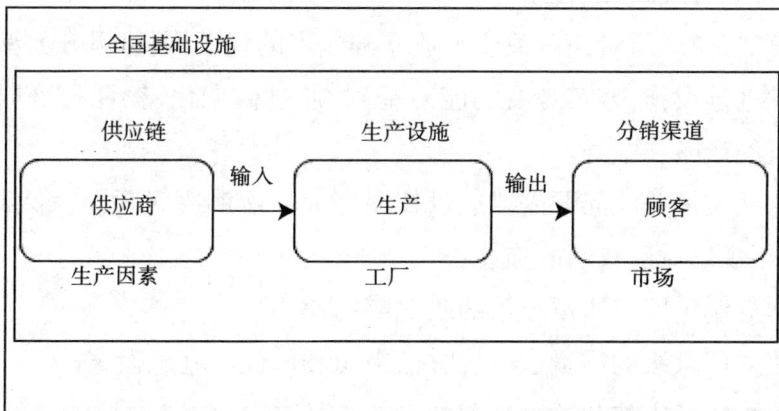

```
┌─────────────────────────────────────────────────────────────┐
│  全国基础设施                                                   │
│  ┌─────────────────────────────────────────────────────────┐ │
│                                                               │
│    供应链              生产设施               分销渠道          │
│  ┌─────────┐  输入   ┌─────────┐  输出   ┌─────────┐         │
│  │  供应商  │ ──────▶ │   生产   │ ──────▶ │   顾客   │         │
│  └─────────┘         └─────────┘         └─────────┘         │
│    生产因素              工厂                 市场             │
│  └─────────────────────────────────────────────────────────┘ │
└─────────────────────────────────────────────────────────────┘
```

图 12-3　产品服务交付经济体系的通用结构

政府在此通用结构中的作用是提供基础设施,通过刺激资源流向来推动过程。自 20 世纪 90 年代初,中国经济改革符合这两个模式的逻辑。中国领导人理解的紧要战略是使其经济基础设施与外部世界的市场需求一致,以提升其商业产品的好感度。建立该体系的第一步是设计建立一种符合逻辑、基于规则的法律、法规和标准体系,使整个经济与西方商业市场体系协调一致(约瑟夫·朱兰曾将此称为小质量或运作质量关注,以实现组织日常管理体系的工作过程控制)。为此,中国于 1996 年制定了《质量振兴纲要》,旨在提升中国的质量基础设施,刺激经济发展。

三、《质量振兴纲要》的关注——创立基础

私营化导致了对具有商业竞争力的产品和服务的需求。为了应对

这一现实,中国在1996年制定的《质量振兴纲要》,注重经济基础设施的建设,以大幅提升中国在全球市场中的经济活力。《质量振兴纲要》的时间跨度为1996—2010年。为了使中国工业基础设施更加符合国际市场产品的交付能力,需要满足以下两方面的质量关注:

第一,宏观质量强调政府作为国家基础设施的推动者,支持保证质量的内部支撑体系的转型。

第二,微观质量强调关注工业基础能力的建设,通过提升大型企业的质量基础设施,夯实必要的能力基础,通过标准化、教育和培训提供高质量的产品和服务。

这些质量关注问题需要通过长期努力才能解决,《质量振兴纲要》的15年规划对此有明确描述:

建立制定国家质量政策的政府部门;

建立国家级的质量法律、法规、组织和认证的基础设施;

培养质量审核和质量工程的专业人员;

设计监测中国产品整体质量绩效的评价体系;

建立质量绩效激励的国家级质量奖。

在实施《质量振兴纲要》5年以后,国家质量监督检验检疫总局于2001年成立,负责执行质量领域的中央控制和管理,包括:质量政策、计量测量、质量标准、质量认证、行政法规,以及有关质量法规标准的监督和执行。《质量振兴纲要》的核心成就是建立了国家质量基础,确保国内高质量的组织以符合国际商务核心期望的方式向国际市场提供高质量的产品。由于中国没有进入大多数国际商务市场,因此要求许多政府机构进行全面转变,与国际公约和规则达成一致,以满足具体国家产品市场准入的质量要求。在这一阶段,中国商务体系的现代化进程是涉及全方位的,需要建立与国际市场接轨的国家法律、法规和标准体系。在中国工业基础中灌输"符合标准"的理念需要总体质量方法的转型,包括制定教育制度,以提升国家管理实施持续质量计划的能力,支持国家的长期政策。为此,整个中国设立了两百多家机构和两千多个县级质量和技术监督局。这些基础设施负责管理国家的质量法律体系,包括:全国人大颁布的 10 项法律、国务院起草的 15 项质量法规,国家质量监督检验检疫总局制定的 169 项法规条例,地方政府法规条例,以及与质量和贸易相关的国际关系管理的双边和多边协议、协定和备忘录。

2001 年,为了帮助国内企业应对经济局势的变化和市场竞争的挑战,以及实施技术和质量兴国的国策,在原国家经济贸易委员会、质量监督检验检疫总局、中华全国总工会和共青团中央的号召下,启动了新一轮的全面质量管理知识普及教育。在中国质量协会的组织下,全国质协系统实施了该计划。通过多年来各种形式的活动,如:教师培养、员工培训、知识竞赛等,截至 2010 年,将近 1000 万人接受了培训,其中超过 100 万人通过了考试。普及教育活动从根本上大幅提升了企业人员的质量意识和能力,保证了国内企业质量水平和国际竞争力的提高。

2002 年,基于 20 世纪 60 年代美国的质量工程师体系,中国引入了国家注册质量工程师计划。2002—2010 年期间,超过 38 万人参加了培训,其中 10.2 万人通过考试,并获得了注册质量工程师的证书。中国仅仅用了 8 年的时间就培养了一批经过教育并具备资格的注册质量工程师的核心队伍,其数量几乎是美国 50 年培养的总人数的 2 倍。这种职业培训正在被逐渐关注质量的正式教育所取代。例如,1995 年中国仅有 6 所大学开设了工业工程的学士学位课程,而到 2010 年则有150 多所大学开设了该课程,培养学生超过 10 万名。这种快速培养计划,向中国企业广泛展示了质量、可靠性、应用统计学的技术工具和方法,也为未来的企业领导者深入了解质量实践的历史提供了教育基础。

通用质量标准极大地促进了国际贸易。1987 年,ISO9000 质量管理体系标准成为普遍接受的全球实践。当时中国没有一家企业获得认证,截至 2000 年年底,中国有 32460 家企业通过认证。而截至 2010

年,在国家质量监督检验检疫总局的推动下,297037家企业通过了认证。认证意味着培养和建立了质量意识和体系结构,但并不能说明组织员工的能力。更确切地说,认证是管理层对持续提升未来能力和质量绩效的承诺,通过持续改进不断符合竞争市场的客户需求。

西方经济学家亚当·斯密描述了市场中个体努力的集合如何作为"无形之手",带来意料之外的社会效益。然而在中国,政府担当了"有形之手"的角色,通过直接干预,刺激和提升中国企业的质量绩效,从而推动市场达到一个新的绩效水平。《质量振兴纲要》的实施帮助中国建立了质量基础。但是政府认为这不足以培养持久的文化,一个国家的质量历程需要持续的领导和指引。于是在2010年出台了《质量发展纲要》。前者的15年中关注建立生产质量基础设施,满足国际市场要求,在大型企业和其配套的供应链中建立制造基础设施;而后者的10年中则需要在整个SIPOC模型中(见图12-3)加大力度,无论是前端的供应链,还是后端的分销渠道。《质量发展纲要》的目的是强化已经在生产中建立起来的质量活动的核心地位,培养可以长期刺激国家战略急需的行业领域的经济增长、业务发展与创新的质量领导力。

四、《质量发展纲要》的关注——强化核心

中国政府在编写《质量发展纲要》(2011—2020年)时,采取了国家质量提升的长远眼光。(这也正是朱兰博士所强调的"大质量"观念或战略性质量关注,即实施质量经营(Managing for Quality),实现组织绩效的重大突破)。该计划的目标是延续第一阶段质量推广所形成的核心能力,实现以下三个总体目标:

一是通过各规模企业提升质量体系,支持供应和生产环节,培养和提升产能和能力,健全国家质量体系。

二是通过建立提升质量市场机制,保持组织结果与市场绩效期望

长期一致,培养品牌忠诚,提升中国企业和服务机构的顾客洞察力,建立品牌美誉度。

三是以适应下一代技术辅助组织,超越传统制造的固有能力的方式,设计创新的质量体系与方法,保持长期的竞争优势,加大向服务组织的质量推广,提升质量理论基础。

第一阶段的质量努力关注国家质量计划核心基础设施的建立;第二阶段在强化原先建立起来的核心基础设施的同时,把重心延伸到整个 SIPOC 价值链中。这一新举措强调了中小企业的参与,加速了大型国有企业的全面改进,推动了中国企业竞争力的提升。这一举措要求深化质量专业人员和组织领导者的能力,扩大质量发展的参与程度,使服务组织和生产组织共同参与质量发展。为了实现这一结果,中国协调国家经济资源,加大资金投入,以实现工业产能和经济效益。在这一阶段"质量战略"(例如设计具体的质量标准、体系和培训等干预措施)转变为"质量经营发展战略",整合了经营和市场开发队伍。《质量发展纲要》确立了以下三个目标:

一是中国工业的主要领域、核心行业以及优秀企业的质量水平应达到或接近中等发达国家水平(短期目标)。

二是中国工业的整体质量水平应达到或接近中等发达国家已实现的绩效水平(中期目标)。

三是中国工业的整体质量水平应达到世界最发达国家的质量绩效水平(长期目标)。

以上三个目标关注的是质量的外化,通过提升全球顾客和外部市场影响者感知的市场绩效来实现。我们可以发现这样一个趋势:当组织提高对顾客需求的洞察力,针对明示和隐含的顾客需求调整产品和服务交付物的设计时,就会提升其产品或服务的顾客满意度。当产品长期可靠的表现强化了顾客的购买决定时,就基本上保证了顾客满意。当顾客持续参与这种商业关系并维持满意状态,通过对组织交付物的多种体验,认为可以信赖这一品牌的预期属性时,就会提升品牌忠诚度。于是,顾客满意发展为品牌美誉度,随着时间推移转化为顾客对该品牌的忠诚,从而提升了组织的市场份额和经济优势。因此,组织关注质量和可靠性可创造长期的商业生存能力。

五、对制造业和供应链开发的战略关注

因此,成熟的制造业组织战略必须关注以下两个方面:必须通过需求分析来培养卓越的顾客洞察力,通过关注影响市场份额要素来设计产品和服务;必须培养供应商队伍的能力,以提供有效、高效和经济的输入来源,保证组织的生产能力。如果组织建立了"顾客亲密度"的模式,就能灵活敏捷地适应变化趋势,更容易调整内部生产能力,满足变化的需求。因此,组织的运营绩效管理制度必须有一个敏捷的控制机制来补充,从而战略性地解释市场趋势,使内部职能部门之间和谐合作,快速响应变化的市场需求。实现这一平衡的关键因素是形成强有力的顾客需求分析和能力。中国通过将质量关注延伸到整个供应链,鼓励采用 SIPOC 模型的组织进行结构性改革,使竞争企业接受了市场驱动价值贡献的概念,并以此作为主要辨别标志。因此,顾客亲密度意味着组织必须以一种同等亲密的方式与自己的顾客保持协调。他们必须非常详尽地了解顾客的需求,因为发展与好友之间的亲密关系需要了解对方的个人愿望和要求,解读他们的行为内涵。

由市场引导转向注重质量改进,意味着组织必须关注向最终顾客的交付过程,因为交付是组织与顾客最直接的相互作用。然而对于许多组织来说,这种关系受分销体系第三方的影响远比制造商更大。基于此,《质量发展纲要》关注分销体系的质量发展,并出台了一系列强化该过程的明确干预措施,通过品牌培育和市场准入等活动刺激经济发展,建立"丝绸之路经济带"和"21 世纪海上丝绸之路",即"一带一路",以及配套的财务和贸易政策,以转变中国的工业质量。以上经济活动得到了国家制造政策和经济投资战略的支持,2013 年建立了亚洲基础设施投资银行和丝路基金。

《质量发展纲要》的目标是使中国成为国际市场"公认的全球质量领先者之一"。为了实现这一目标,组织不但需要所有供应链部门实现和谐运营,而且需要在日常管理工作体系中遵循价值创造原则。而和谐运营与价值创造又需要跨职能流程中的包容性合作与参与。

六、组织内与组织间都需要包容性质量
——人们必须承担责任

包容性质量是指每个组织参与者承担积极向顾客提供高质量产品的个人责任。尽管每个人都必须为自己的工作质量承担责任,但这种责任根据完成工作的类型具有不同的意义。以下根据每个人在价值传递活动中所发挥的作用,列举出所需要承担的不同质量绩效责任。

员工负责按照明确的标准,通过自己的工作绩效交付高质量的产出。但是,他们也负责通过消除损失和浪费,寻找提高效率和降低成本的改进机会,来提升自己的工作质量。

监督者负责保证标准作业的完成。但是,监督者也负责在发现问题时领导工作团队参与问题解决活动,以及培训员工,评价改进建议,保证成果稳定性,并将新程序整合进标准作业流程中。

管理者负责平衡工作组之间的工作流,管理流程中的在制品库存和资源,通过协调的工作系统保证生产率的实现。

领导者负责保证组织及时解决未来关注的问题,发展组织的产能和能力,使每个工作岗位承担自己的质量责任。

通过以上描述可以了解到:尽管每个人的责任不同,但是通过一种综合系统,他们都对整体的质量业绩作出了贡献,这种综合系统又通过

一种包容性的方法将他们对质量的关注整合在一起，这种包容性的方法还可以将个人的努力整合在一起。包容性质量是指将质量灌输到一个组织和社会的文化结构中。包容性质量关注的是使所有层次的工作人员承担他们独特的责任，以提供高质量的产品。包容性质量意味着每个人都要承担独特和特殊的责任，通过参与合作性的活动，实现高质量的产品和服务；它还意味着他们所采取的"求善避恶"的质量方法会根据需要解决的问题类型而改变。

"每个人都是领导者，每个人都是管理者。"自我监管对工作控制和持续改进都非常重要。每个人必须学会自我控制，承担个人责任，通过管理对系统的贡献过程来控制结果和引导变革。自我控制意味着在发现失效或不满足标准的缺陷时，我们会自主地进行自检和改进活动。

"每个人都是管理者，每个人都是员工。"高效地管理资源和达成目标需要我们消除工作中可能发生的所有不同类型的浪费。我们只有能够进行自我管理，遵守纪律，保持各工作区间的运行流畅，对完成工作的方式合理决策，达到标准并使顾客满意，才能实现最佳地工作。

"每个人都是老师，每个人都是学习者。"建立自身质量能力是每个员工的个人责任。然而，只有当我们教导别人时，自己才能学得最好。对同事的工作方法表现出兴趣是建立协同工作环境的一种方法，也是一种关键的成功因素。培养个人对改进工作质量和生产率的积极兴趣和责任需要长期关注学习，也需要克服个人自满的行为。

包容性质量从持续改进的概念演化而来。其作为一个整体系统，需要技术和人员两维度的结构化合作才能转变个体组织，每个人都要承担质量改进和向顾客和市场提供高质量交付产品和服务的责任。组织中若建立了包容性质量，则意味着每个员工必须既熟知工作质量要求，又要为工作系统付出个人的贡献，从而提供高质量的产品和服务。这意味着员工必须"建立质量之声"并"以质量的方式行动"以实现整体结果。这意味着什么？如何建立这种系统？这需要培养员工的能力,基于知识的进化和技术的进步,持续寻找更佳的工作方法。以下案例有助于说明这一要点。

七、在质量改进中嵌入技术辅助

在 2016 年年初参观上海核工程研究设计院(以下简称"研究院")时,笔者得到了一个很有趣的启发。该院创建于 1970 年,是中国核工业总公司直管的一家大型研究设计机构。研究院隶属于中国核电技术公司,主营核电研究与工程,拥有 800 名员工,主要承担大中型工程项目的设计、咨询、设计采购施工(EPC)项目、图纸审查和施工监理。研究院也被称为 728 院。在研究院的原入口处有一面镶嵌二维码的艺术图案展示墙(见图 12-4)。

图 12-4　上海核工程研究设计院的二维码展示墙

这些二维码描述了个人相对于组织结构的关系。尽管它们展示了组织的整体结构并描述了个人与整体结构的关系,但没有清晰地展示个人的贡献。因为个人都是以编码的形式存在于组织结构中,所以个人的贡献被隐藏起来了。但是,采用技术辅助可以解密这些编码信息,使我们更清楚地了解个人对系统的创意和贡献,而了解他们和谐相融的活动又可以使我开始揭秘"包容性质量活动"的意义。图 12-5 展示了 iPad 通过"技术解码"揭示了二维码展示墙中的"隐含的意义"。

图 12-5　解码隐含的意义

iPad 技术揭示了图片中二维码信息"隐含的意义",使我们可以了解到为研究院发展作出贡献的人们。激活二维码中的视频播放,被选中的人会叙述自己的贡献。因此,每个人都是组织质量体系中"隐藏的倡导者"。由于他们以编码的形式存在,在系统中不属于可见的元素,所以他们从背景墙中显现并介绍自己的潜能被隐藏起来。但是,一旦采用所需的技术辅助,你就会了解他们的贡献,进而发现他们为整个组织过程作出贡献的能力。这种贡献被隐藏在随机的图案中,只有通过扫描才可以显现出来。通过技术解码我们可以进一步发现,他们可以述说自己对整个组织质量实践的个人观点和贡献(见图 12-6)。技术发掘了隐藏在组织中的潜能。上海核工程研究设计院的二维码墙的案例可以和组织通过包容性行为提升质量的活动进行类比:管理者的挑战是发掘隐藏在组织人员中的潜能,从而使后者为质量作出个人贡献。

图 12-6　使隐含的信息发出声音

　　上海核工程研究设计院的案例说明了通过技术的模式转变可以揭示同一数据的不同展示结果,从而发现隐藏的信息。我们仅凭视觉无法解读二维码,但在技术辅助下可以把隐含的图案和知识从原有图案中分离和显现出来。企业通过适宜的投入就可以实现这种技术辅助。

　　20 世纪以来,质量管理和改进原理所使用的方法和技术也面临着像上海核工程研究设计院二维码墙相同的命运。这些方法的诞生早于数字时代,而无所不在的通信技术已经创造出了用于数据分析的"无线世界"(例如笔记本电脑、以太网、因特网、大容量便携式存储介质、中央信息管理系统、移动通信、传感器系统和数据管理系统)。今天我们日常使用的许多质量工具和技术早于个人电脑发明和应用的 20 世纪 80 年代初,更早于因特网出现的 20 世纪 90 年代初,以及衍生为社交媒体的过去十年。这意味着世界上大多数数据是无法获取的,仍处于无法解码的状态,不能正确解释和开发其中的知识。这一发现引出了另一个势在必行的质量问题:质量方法及其使用方法的更新与重新思考。我们提出的方法之一是"大数据"分析，它是由企业级计算系统生成的大规模数据集，对于传统的方法来说则显得过于庞大而不便于分析了。使用大数据的挑战包括：事件捕获、数据收集，以及结果的存储、搜索、共享、检索、传输、分析和输出。大数据集的一个问题是：变量模型之间由于数据规模而产生相关性，从而生成数据的"假阳性模式"，它只是统计异常，而不是致病事件。质量专家需要解决这类问题，修订一套核心的质量活动和方法，以用于调查问题和制定解决方案，并通过技术辅助重新激活这些活动和方法。这些技术支持可来自当前的现场生产率方法和统计分析方法。

八、下一代质量：加速价值流

中国下一阶段的质量历程会是什么呢？必须持续加强 SIPOC 工业链向供应商和分销商前后端的延伸。此外，需要加强对其他三个领域的关注：

一是国家质量政策应转变为更广泛的产业政策，开发"技术辅助式质量"需要重新思考提升质量的方法（例如根据当前的通信技术和分析能力，升级质量方法、活动和工具）。

二是在各行业引入质量活动，制定经济决策时要关注主要的产业领域（如一些关联行业：发电、汽车和信息技术）和民生系统（如可靠的食品分销、空气和水污染处理、清洁能源开发等）。《质量发展纲要》已经指出了该趋势，但需要加大关注和应用。

三是协调发展，正确关注中央对公共投资的经济决策，有效地向各产业分配国家资产，实现政策制定的长期计划，减少对不能形成长期经济优势的资产和资源的过度投资。

这些活动代表着对当前计划的微调，加大了技术对长期目标意义的关注，中国设定的目标是通过国家品牌提升活动成为国际市场公认的领袖。为了实现这一目标,需要采取质量改进的系统方法,并在全社会中予以部署。

九、质量对制定中国产业政策的作用

引导国家质量发展和提升中国经济水平就如同围棋的围空游戏。围棋中棋手在行棋间隐藏了一种看不见的战略,只有通过对弈者敏锐的洞察力才能发现。对弈者根据落子的位置和布局可以揭示对方的战略意图。围棋高手拥有的这种战略灵活性也是中国产业政策在过去20年里所表现出来的标志性技术。质量仍将是产业政策的基石。质量将在企业活动中发挥具有聚合力的推动作用,树立满足国家经济体系的包容性的合作与自律精神,实现创新性的定位,开发颠覆世界市场和创造卓越品牌价值的新颖产品。为了实现这一愿景,产业需要关注改善以下方面:

一是既关注"质量经营"技术的能力开发,又关注支持关键业务职能的核心学科的能力开发;

二是实现颠覆性的创新,运用质量和顾客亲密度模式,识别隐藏或潜在的顾客需求,开发具有创造性的产品和服务;

三是通过培育中小企业供应商基础,提升质量成熟度,以加强整个国家的中小企业的基础设施。

未来的发展方向是:新一代的质量方法、活动和技术应充分利用信息和传感器技术,接受融入物联网的质量观念,帮助"工业4.0"的实现,提高技术可靠性,从而使人们根据市场偏好定制化生产高质量交付物,实现"一见钟情"。员工与技术的更紧密结合有助于实现"更聪明地工作",为中国劳动密集型经济形成更持久的优势。技术和质量的这种联姻将产生更大的经济效益,实现社会繁荣。

【**作者简介**】格瑞古瑞·沃森,国际质量科学院(IAQ)荣誉院士和前主席,美国质量学会院士和前主席。曾获国际质量科学院、美国质量学会、欧洲质量组织和日本科学技术联盟颁发的最高奖章。在过去20多年里,长期参与国家质量监督检验检疫总局、中国质量协会和上海质量协会提升中国质量的活动。

（译者:田彤坤）

实 践 篇

　　本篇选取了华为大数据质量预警系统、格力电器 T9 全面质量管理模式、神龙汽车精益管理之路、航天九院广义工艺要素质量监督体系四个优秀质量管理案例,展示了企业各不相同的提质增效路径,供读者学习、思考和借鉴。

第十三章　华为大数据质量预警系统

华为投资控股有限公司(以下简称"华为")将产品质量作为公司立足之本,1998 年建立了质量管理 5 层防护网拦截体系,在 2005 年提出并建立了 FDPPM(生产失效率)质量预警机制。随着华为业务的不断增长以及产品质量要求不断提升,原有的 FDPPM 预警已无法全面地分析现有质量数据。伴随着"互联网+"、大数据分析理念的广泛应用,华为自 2013 年起就在原有质量预警机制的基础上开展了依托"互联网+"、大数据分析的质量预警研究。经过 3 年多的研究实践,大数据分析在质量预警中的应用已发挥出了巨大作用,有效预防了质量事故的发生。

一、企 业 简 介

华为公司成立于 1988 年,过去二十多年,华为抓住中国改革开放和 ICT 行业高速发展带来的历史机遇,坚持以客户为中心,以奋斗者为本,基于客户需求持续创新,赢得了客户的尊重和信赖,从一家初始资本只有 21000 元人民币的民营企业,稳健成长为世界 500 强公司。2014 年,公司年销售规模达到近 2882 亿元人民币。如今,公司的电信网络设备、IT 设备和解决方案以及智能终端已应用于全球 170 多个国家和地区,服务全球近 30 亿人口。

作为全球领先的信息与通信解决方案供应商,华为为电信运营商、企业和消费者等提供有竞争力的端到端 ICT 解决方案和服务,帮助客户在数字社会获得成功。华为坚持聚焦战略,对电信基础网络、云数据中心和智能终端等领域持续进行研发投入,以客户需求和前沿技术驱动的创新,使公司始终处于行业前沿,引领行业的发展。公司每年将销售收入 10% 以上的资金投入研发,在近 17 万华为人中,超过 45% 的员工从事创新、研究与开发相关工作。华为在 170 多个标准组织和开源组织中担任核心职位,已累计获得专利授权 38825 件。

华为积极致力于经济社会的可持续发展。运用信息与通信领域专业经验,弥合数字鸿沟,让人人享有高品质的宽带联接服务;努力保障网络的安全稳定运行,助力客户和各行各业提升效率、降低能耗,推动低碳经济增长;开展本地化运作,构建全球价值链,帮助本地发挥出全球价值,实现整个产业链的共赢。

华为深信未来将是一个全联接的世界。华为与合作伙伴一起,开放合作,努力构建一个更加高效整合的数字物流系统,促进人与人、人与物、物与物的全面互联和交融,激发每个人在任何时间、任何地点的无限机遇与潜能,推动世界进步。

2014 年,华为构筑的全球化均衡布局使公司在运营商业务、企业业务和消费者业务领域均获得了稳定健康的发展,全年实现销售收入 2881. 97 亿元人民币,同比增长 20.6%。

华为公司将质量作为立足之本,2008 年华为推出企业首席质量官制度。过去二十多年来,公司一直坚持以"质量为企业的生命",努力提升产品的质量和服务的质量,赢得了客户的信任,也构筑了华为今天的成功。

2015 年华为制定了公司未来的质量目标"让 HUAWEI 成为 ICT 行业高质量的代名词"。为了支撑这一质量目标的实现,又提出了"以质取胜"的公司整体质量方针。秉承质量问题早发现早预防可有效降低质量成本的理念,华为公司质量预警机制应运而生。

二、质量管理特色理论与方法

华为在1998年就建立供应商品质提升、研发质量监控、IQC来料检测拦截、生产质量监控拦截、市场质量问题逆向分析改进5层质量拦截提升防护网。同时加强对各个领域质量体系不断完善,并在2005年由制造质量管理部提出并建立了FDPPM指标质量预警雏形。华为的产品质量也得到了不断提升,逐步攀升成为世界一流水平。但随着华为对质量要求及技术能力的不断提高。例如,对产品对设计和来料品质要求越来越高,单板加工制造工艺也越来越复杂,这就对原有质量管理模式提出了更高的要求。另外,随着业务量不断增长,华为80%以上的产品是外包生产,分布于世界各地的制造工厂无时无刻产生着海量的生产、检测监控等质量数据。因此,对这些海量的数据快速传输、快速分析就显得尤为重要。

如今传统的制造质量管理模式已无法适应新的发展变化,华为公司在制造质量管理中应用当今广泛被应用的"互联网+"、大数据分析等手段对质量管理进行指导提升。

"互联网+"的本质是传统产业的在线化、数据化,而"互联网+"的实现则需要依赖于海量数据的采集、分析、应用。结合华为制造的特点,物料供应商测试、IQC来料检验测试、生产测试、市场质量表现等,都会产生大量的质量数据。而产业链各个质量数据,包括生产、测试、监测的质量数据和各制造工厂产生的质量数据,是一个个数据孤岛。无法有效将这些有着隐性因果关系的数据进行融合分析,导致生产质量问题发现周期长,尤法及时在问题发生初期进行侦测识别,造成小问题演变成大事故的后果,并为此增加了返工、报废成本。

对有价值的数据的挖掘、应用显得尤为重要。要对海量数据实现挖掘,数据的流动性是实现的基础条件。将产业链上每个链条上的数据实现在线化,数据只有流动起来,其价值才能得以最大限度地体现。"互联网+"、大数据分析对于数据的要求,正契合了华为近年来力推的"工业4.0"智能制造理念。如何更好地将智能制造中产生的海量数据应用于质量管理中,正是质量预警所要研究的。

质量预警的目的是在质量问题发生之前或之初,根据以往的数据或总结的规律侦测到质量潜在的问题,并向相关部门/人员发出紧急信号,报告已经发生/即将发生的事情。

华为的质量预警基于供应商、IQC来料测试数据、生产测试环节的数据进行拉通分析(见图13-1)。并设定特定门限值,一旦达到或超出门限值,系统就会自动触发预警,并以邮件的形式告警给负责的工程师。预警的方式及类别包括:单一器件失效数量预警;单一器件周期内FDPPM失效率预警;单一器件任务令内应用于不同产品上的FDPPM失效率预警(见图13-2)。周期为周(7个自然天),月度预警针对全流程的数据采集之后进行失效数量预警。

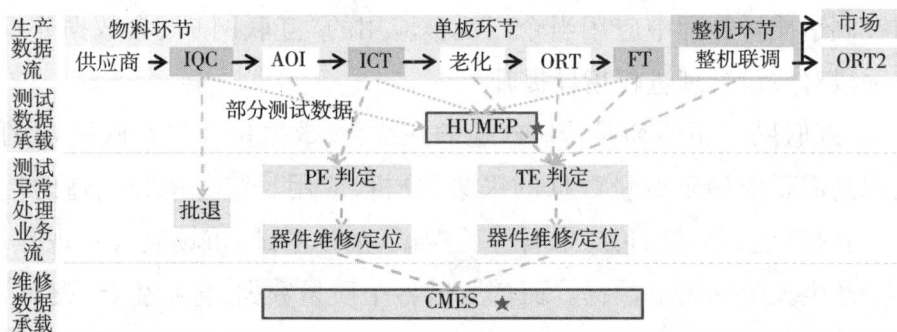

图13-1　质量数据生产采集流程图

综合大数据分析的特点,并结合华为制造的特点,规划了大数据分析在质量预警中的应用方式。

大数据质量预警主要分3个大的层面(见图13-3):

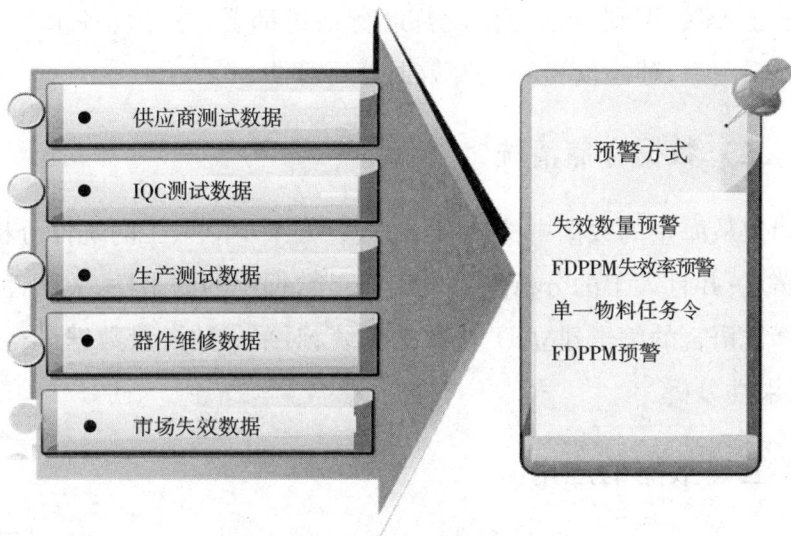

图 13-2 质量数据预警原理示意图

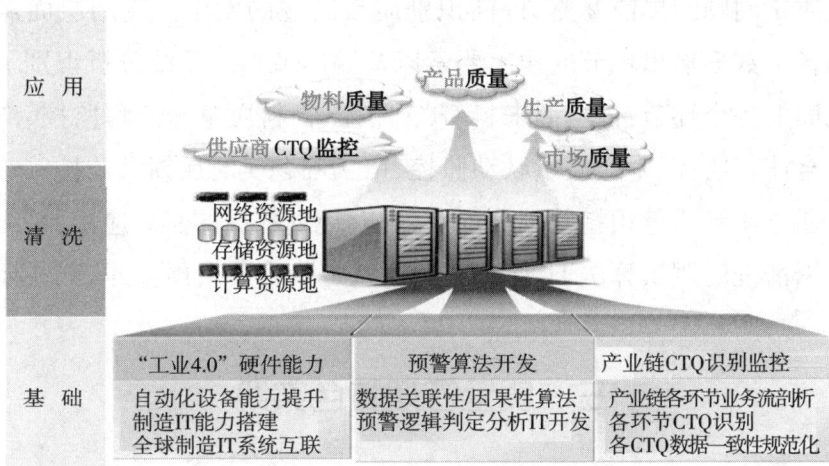

图 13-3 大数据质量预警的三个层面

（一）质量数据采集应用基础

以"工业 4.0"自动化数据采集设备硬件能力作为输入；借助于预警 IT 算法的开发实现对自动化设备所采集的数据进行逻辑处理；通过

产业链上 CTQ 识别对自动化设备进行最优部署，并分析各个 CTQ 之间的逻辑关系，建立恰当的预警数据分析算法。

（二）数据存储清洗

如何从海量的数据中挖掘有用信息，如果单靠人工的统计分析，已无法满足；并且人工的分析很难发现海量数据中的因果性、关联性。通过计算机语言的编辑建立 IT 化数据系统，对采集的海量数据进行关联性、因果性分析。

（三）数据的应用

数据采集、数据清洗的最终目的是要利用从数据中挖掘的有用信息进行实际的生产应用。而对于质量预警最实际的数据应用目的就是实现质量问题的提前暴露，提前识别质量问题的发生。应用层面需要明确各个数据输出环节的输出要素以及输出节点。系统分析识别了应用层面的各个环节：供应商来料 CTQ 监控、物料质量全流程监控、产品质量全流程监控、生产质量联动监控、市场问题实时反馈及监控。

通过明确质量预警基础输入点，同时规划数据的实际应用，最终确定数据清洗的逻辑算法 IT 化实现。这就是华为质量预警的三个层面。

三、质量管理特色实践

（一）大数据分析在质量预警中应用开展方式策划

1. 充分的前期调研工作

工作开始初期，调研分析了现有质量管理工作中的不足。现有质量管理方法大多都是依赖于事后解决，这样就导致质量成本的增加，且无法将质量问题遏制在萌芽初期。基于质量问题早发现、早拦截可将质量成本降至最低的理念,并结合华为公司质量管理工作中的不足,提出了质量问题的预防拦截通过预警方式开展的管理思路。鉴于此质量管理的需求,找寻实现途径,结合现在被广泛应用的大数据分析技术,考虑将大数据分析应用于质量预警中。

2. 项目组成立

确定了质量预警的管理策略之后,在公司内广泛搜寻资源,成立了大数据质量预警项目团队(见图 13-4)。该项目团队由高层领导作为项目 Sponsor 以期获取领导层的支撑,并在各项业务开展遇到困难时由 Sponsor 给予协调支持。项目组由 1 个整体统筹组、3 个业务支撑执行组组成,每个组都设定组长/副组长,以及小组执行秘书。组长/副组长负责工作策划、协调各项工作并全面推进执行秘书负责各小组业务的推动执行;整体统筹组负责大数据质量预警项目思路策划、项目整体分工以及进度评价,并协调项目执行与外界资源协调,由制造质量管理部部长担任组长;业务执行组 1 主要负责 IT 系统开发,部分自动化测试装备的开发部署;业务执行组 2 负责数据追溯保证,数据采集 IT 语言一致性保障,各个制造中心以及 EMS 代工厂的数据上传稽查等数据提取保障工作;业务执行组 3 负责项目应用的推广以及生产测试环节的数据 IT 化采集。

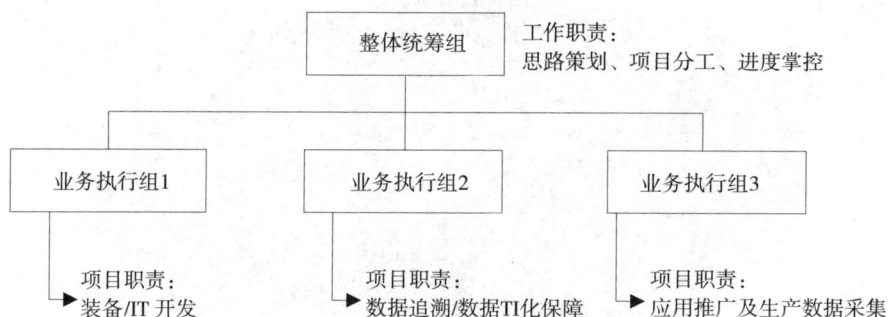

图 13-4 大数据质量预警项目组分工

（二）思路策划

首先在项目开始时,整体统筹组通过 Workshop 讨论的形式,由各个需求以及应用单位一起研讨,采用脑力激荡的方式,收集各个需求单位在实际应用过程中的需求以及应用实施过程中的困难点,并在讨论会议中对各个需求困难点提出了方案解决思路。通过研讨后,并最终确立了大数据质量预警 3 个层面的思路,建立适用于华为公司的质量预警 5 层架构。通过脑力激荡的 Workshop 讨论,最终确立了以下大数据预警应用的几个概念及方向。

1. 明确预警的概念

通过对质量预警目的的分析,明确预警的一些特性,必须具有前瞻性、及时性,必须以大量的事实、数据为基础,预警需精准,同时响应处理需及时有效。通过对预警概念的剖析,明确质量预警的实现要素:(1)数据采集覆盖程度;(2)数据侦测、记录的准确性。

2. 华为质量预警的 5 层架构

分析了实际业务的需求,并针对华为目前特有的制造模式,确定了可适用于华为制造的质量预警 5 层架构(见图 13-5)。

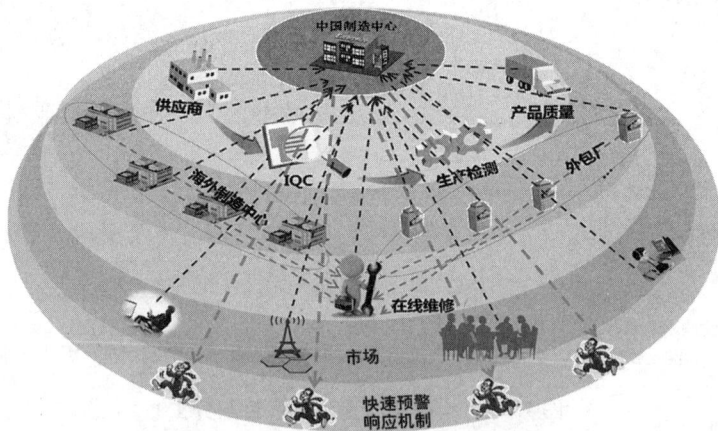

图 13-5　华为公司质量预警 5 层架构

第一层架构：横向的以器件—产品—市场应用为应用轴的全流程数据采集以及质量监控模式（见图 13-6）。涵括：（1）供应商端器件关键测试项目以及测试因子的数据采集以及质量监控；（2）IQC 来料的检测数据以及各供应商质量表现的数据采集以及质量监控；（3）生产检测环节的器件级、板级、产品级的测试数据采集以及质量监控；（4）市场应用层面的器件以及产品级的失效分析后数据采集以及质量监控逆向分析回溯机制。

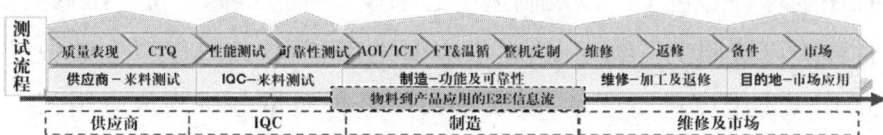

图 13-6　大数据质量预警全流程数据采集示意图

通过供应商→IQC→生产→市场，形成全流程的数据采集应用。通过建立器件、单板、产品条码追溯，建立了各个环节之间相互的关联，信息互通。追溯的建立可细化到供应商/器件的颗粒度，其中部分芯片类器件可追溯到供应商生产该器件时使用的设备信息。通过全流程数据的采集，以及逐渐完善的条码追溯系统，为大数据质量预警提供最基础的质量数据。此部分全流程数据原来由悍马自动化测试系统收集并储存分析。

第二层架构：纵向的全球生产质量数据采集体系的建立。由于华为目前 80% 以上的业务为外包业务，生产测试的数据大多存在于各个外包工厂以及分布在全球的五大制造中心。而早期这些外包工厂以及全球五大制造中心的生产测试数据之间都是孤立的，无法进行统一的监测。

随着生产模式的不断变更，华为外购了生产数据监控系统 CMES 系统，此系统负责将各个生产环节的数据进行采集、存储、分析。各个生产中心，外包厂的生产数据构建以中国制造中心为数据分析监控中心,全球制造工厂为数据采集末梢的蜘蛛网式数据采集传输网络系统。

第三层架构:纵向的全球生产维修体系的建立。为了快速及时地对生产中的失效品进行分析,建立了 24 小时线边维修机制。一旦生产测试出产品异常,失效单板/产品会及时地送往线边的维修点,可快速定位出失效原因:设备异常、操作异常、器件异常、单板异常。维修测试后的数据会在 24 小时内上传到 CMES 系统,作为生产测试异常数据。并且在全球各外包工厂以及制造中心都设立线边维修工位。维修后的异常分类可按照工厂维度、物料供应商维度、物料族维度以失效数量、失效 DPPM 维度进行展示,供质量人员进行质量分析判定应用,并作为生产各环节针对该类器件抽测检验的调整依据(见图 13-7)。

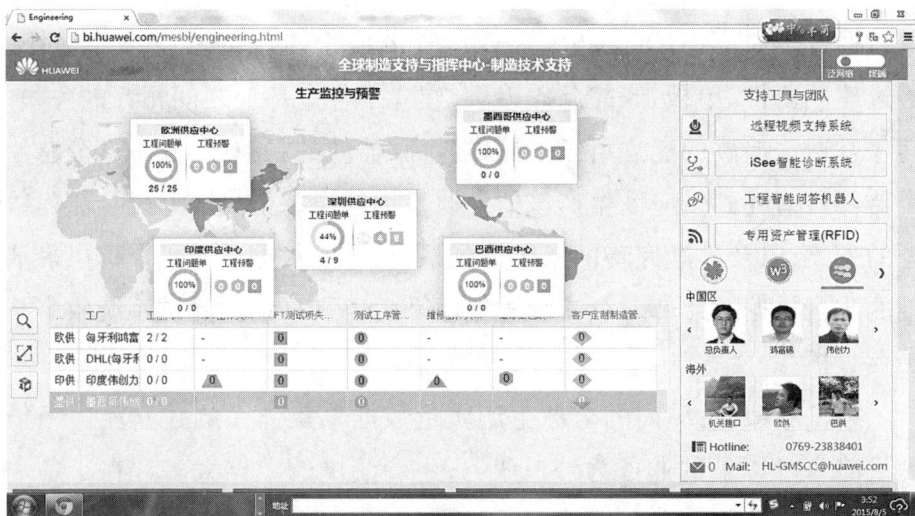

图 13-7　按照各 EMS 维修厂区不良预警结果分析图

第四层架构:横向的全球市场返回品失效分析机制。针对返回品进行失效分析,并将失效分析后的原因进行记录,作为来料高风险抽检的依据之一;并针对市场失效品建立了运营可视化系统,月度统计市场失效的不良率表现,用于月度监控某类产品、某类器件在市场上的表现。

第五层架构:纵向的快速响应机制。预警出来的异常,一旦触发了门限值,系统会自动推送预警邮件给设置的维护人员。根据预警信息,即刻组织失效分析定位,启动质量问题的处理程序。

(三) 装备及 IT 开发实现方式及功能介绍

2015 年 1—6 月,互通泛网络产品硬件全流程制造和测试数据孤岛,构建基于供应商→来料检测→制造加工→制造检测的硬件全流程数据仓库和挖掘分析平台(见图 13-8),连通各个割裂数据系统,突破 NLP 及三隐藏层 Deep Learning 深度学习网络两项核心技术,构建 24h 全球同步智能联动管控体系,批次问题全网统一精准预警和管控,构建高风险物料厂家/批次精准 FDPPM 质量预警及管控能力(见图 13-8)。

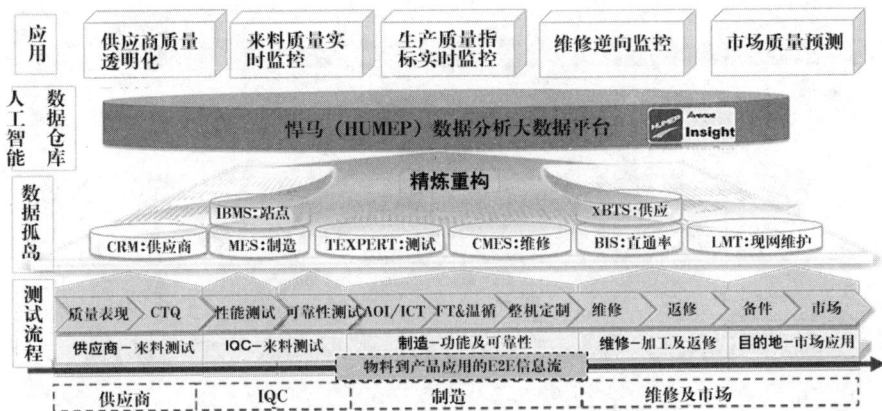

图 13-8 装备及 IT 开发实现功能示意图

(四) 数据采集及 IT 语言化介绍

为便于数据的采集以及识别,针对各个 EMS 工厂以及制造中心,制定了规范化的数据传输要求,以确保数据 IT 语言化,保证数据标准化以及可采集化。

（五）全球质量预警系统全景图

在松山湖全球制造中心，建立全球预警中心（见图 13-9 和图 13-10），实时监测各地生产质量状况。

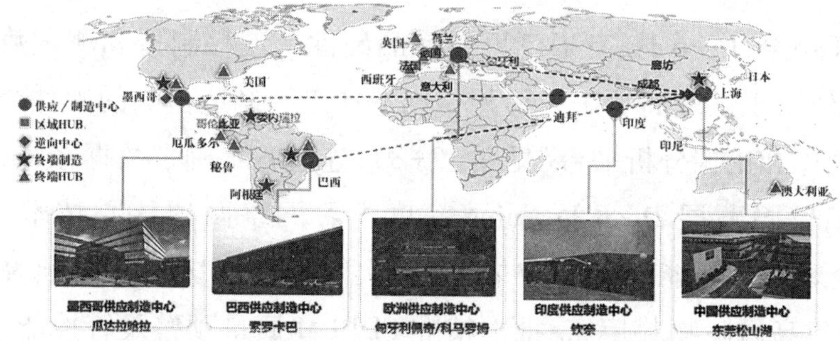

图13-9　全球预警中心分布示意图

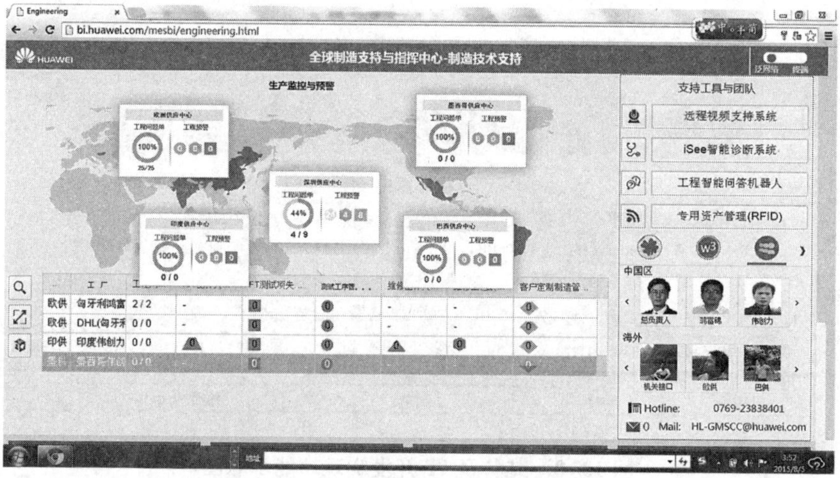

图13-10　全球预警中心悍马界面

华为制造大数据预警全景图由五个部分组成：（1）质量监控预警管控理念及方案；（2）依托"工业4.0"的智能测试及数据采集硬件装备；（3）质量数据 IT 语言标准化机制；（4）运用大数据分析的技术应用

平台;(5)质量问题处理快速响应机制。

系统梳理并识别产业链的CTQ因子:建立了从供应商物料关键因子自动化检测数据采集,IQC来料测试项、测试结果监控、生产各环节自动化测试、生产各环节质量数据采集、OBA检测结果IT系统管控、市场质量表现数据采集分析的闭环数据分析处理机制。并在各个环节建立了该环节预警警戒线,一旦该环节触发预警,则其他环节加强该物料的相关监控。

硬件保证上:在物料供应商端针对物料的关键特性部署了华为自研的自动化测试设备,通过内置的软件实现对关键特性测试结果的采集;提升华为IQC来料检测自动化设备部署,针对自研装备可实现测试结果的实时上传,通用设备通过对设备端口的改造实现测试数据的采集;生产测试针对AOI、ICT、DDR等关键工位部署由华为自主开发的自动化检测设备。大数据分析应用平台由智能测试、精准预警、硬件生命周期管理三个子解决方案和DOS、JNN、HyperCube等四个核心技术平台构建。随着华为业务的不断扩大,80%以上的业务以外包模式运作,针对此特定的运作模式,构建了以华为全球制造中心松山湖为数据分析中心,并延伸至全球各制造中心、EMS外包厂的质量数据采集模式。通过华为中国制造中心与全球制造工厂的IT对接实现蜘蛛网式数据传输采集模式,对全球数据同时进行大数据融合分析,搭建了全球质量数据分析平台,可实现在华为中国制造中心预测全球物料、实时监控、预测产品质量状况。

四、质量管理效果

(一) 生产批量预警结果

2015年1—6月,大数据质量预警系统共触发质量问题预警6196起,发现问题3733起(包括器件、设计、工艺、操作、装备类),驱动改进766起,拦截批次隐患问题198起,触发隔离53起(物料以及生产)。

在业务量增长××%的基础上,生产批量问题同比 2014 年改善 43.7%。

（二）经济效益

参考 2015 年上半年批量问题改善幅度及 2014 年返工成本,预估 2015 年可有效减少质量返工损失 4909.5 万元人民币。

（三）社会价值

提供一种质量管理的新思路,通过数据间的因果性分析、相关性分析、模糊性分析,有效践行质量早预防、早发现理念。

（四）深化与推广

大数据应用是一个系统性的工程,仅用于质量控制预警领域,目前华为所做的也只是冰山一角。截至 2014 年,华为的质量预警系统只应用于供应商来料测试、IQC 来料检测、制造生产制造监测,而针对质量影响权重比较高的器件选型认证、产品设计验证、产品小批量试制时的质量数据还未完全利用,这其中的数据还有很大的利用开发空间。

华为针对大数据质量预警的应用还只是开始,在大数据应用领域会持续探索下去,继续深入研究相关性模糊算法。

第十四章　格力 T9 全面质量管理模式

一、企　业　简　介

珠海格力电器股份有限公司是一家集研发、生产、销售、服务于一体的国际化家电企业,拥有格力、TOSOT、晶弘三大品牌,主营家用空调、中央空调、空气能热水器、手机、生活电器、冰箱等产品,2015 年排名"福布斯全球 2000 强"第 385 名,家用电器类全球第一位。

公司自 1991 年成立以来,始终坚持"自主创新"的发展理念,秉承"百年企业"的经营目标,凭借领先的技术研发、严格的质量管理、独特的营销模式、完善的售后服务享誉海内外。

公司总部位于中国风景如画的南海滨城——珠海,在全球建有重庆、合肥、郑州、武汉、石家庄、芜湖、长沙、巴西、巴基斯坦等 10 大生产基地以及长沙、郑州、石家庄、芜湖、天津 5 大再生资源基地,下辖凌达压缩机、格力电工、凯邦电机、新元电子、智能装备 5 大子公司,拥有 6 万多名员工,覆盖了从上游零部件生产到下游废弃产品回收的全产业链条。

目前,公司获批建设"空调设备及系统运行节能国家重点实验室",建有"国家节能环保制冷设备工程技术研究中心"和"国家认定企业技术中心"等 2 个国家级技术研究中心、1 个国家级工业设计中心,制冷技术研究院,机电技术研究院,家电技术研究院、智能装备技术研究院、新能源环境技术研究院、健康技术研究院、通信技术研究院 7 个研究院,52 个研究所,632 个先进实验室。开发出超低温数码多联机组、高效离心式冷水机组、1 赫兹低频控制技术、变频空调关键技术的研究和应用、超高效定速压缩机、R290 环保冷媒空调、多功能地暖户式中央空调、永磁同步变频离心式冷水机组、无稀土磁阻变频压缩机、双级变频压缩机、光伏直驱变频离心机系统、磁悬浮变频离心式制冷压缩机及冷水机组、高效永磁同步变频离心式冰蓄冷双工况机组共 13 项"国际领先"级技术。累计申请专利 22597 项,其中申请发明专利 8310项。生产出 20 个大类、400 个系列、12700 多种规格的产品,远销 160多个国家和地区,用户超过 3 亿。

2005 年至今,格力家用空调产销量连续 11 年领跑全球,2006 年荣获"世界名牌"称号。2015 年格力电器实现营业总收入 1005.64 亿元,净利润 126.24 亿元,纳税 148.16 亿元,连续 14 年位居中国家电行业纳税第一,累计纳税 683.38 亿元。

二、质量管理特色理论与方法

（一）T9 管理体系创建的理论基础

格力电器的质量管理方法一直在"实践—总结创新—再实践—再总结创新"中不断发展。早在 2005 年,格力电器就导入了卓越绩效模式,在质量管理和创新实践中,通过深入分析卓越绩效评价准则框架图（引自 GB/Z 19579—2012,见图 14-1）模型,格力公司发现,"测量、分析和改进"是组织运作的基础,是连接"领导作用"三角和"资源、过程和结果"三角的链条,并推动组织的改进和创新。这个链条是否先进、高效,直接决定了组织的改进和创新的效果,如果这个链条太薄弱,就会严重制约组织改进和创新的成效。

格力多年的质量实践也证明,往往一种针对质量关键特性的检验检

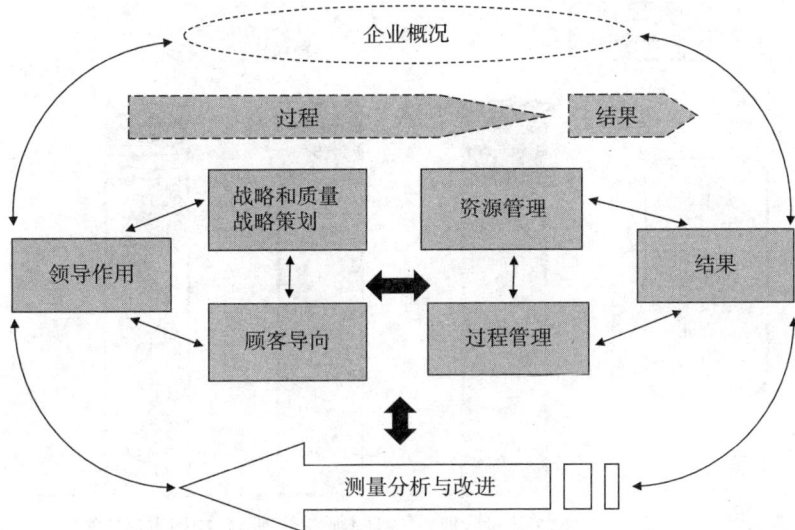

图 14-1 卓越绩效评价准则框架图

测方法的突破,就会带来一系列的质量管理变革并最终获得巨大的绩效突破。由此公司认定,测量是质量改进和创新的关键,也是前提和基础,抓住了这个关键,质量管理绩效的持续突破就有了坚实的基础和动力。

进一步深入调研和对比我国质量管理与欧美、日本质量管理的区别,公司发现,我国的质量管理方法,主要以学习发达国家创新思想、理念、特点为主,如国内很多企业正在运作的基于 TQM、6σ、卓越绩效等的质量管理体系,但忽略了这些质量管理方法的一个重要基础——即大工业生产的共同内容(见图 14-2)。欧美和日本的质量管理,都有足够的历史积累,是从质量检验阶段、统计质量控制阶段到全面质量管理阶段,一步一步发展起来的,质量技术基础扎实而雄厚,而我国的大工业生产管理和质量技术积累严重不足,没有从技术本源的认知上做到对自身过程失效的原理性掌握,也缺少高效的测量试验方法进行有效控制和分析,质量管理基础能力薄弱。

企业要进行测量、分析和改进过程的创新,缺少适宜有效的途径和方法。格力综合分析和对比全面质量管理和六西格玛管理的质量改进

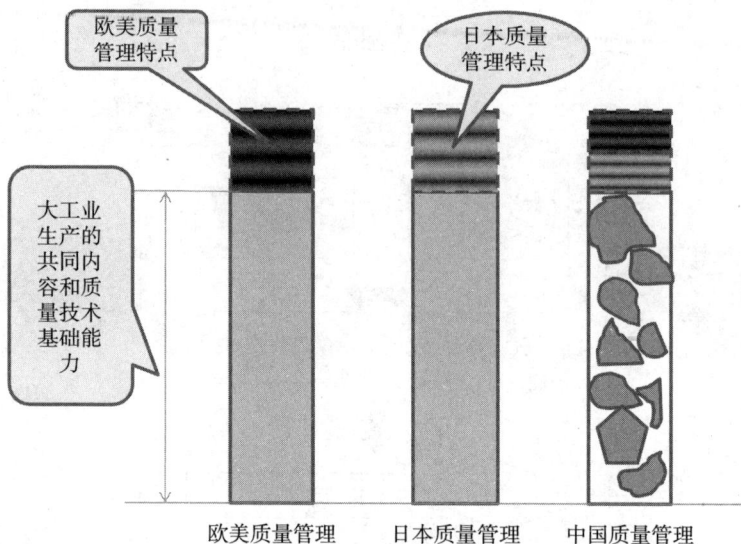

图 14-2　中国与发达国家质量管理状况对比示意图

方法,特别是 DMAIC 循环及 PDCA 循环的特点,结合公司董事长董明珠在质量技术上的创新突破思路,创造性地提出了 D-CTFP 质量创新驱动环,该驱动环优选了各环节最为有效的质量工具、方法,进行科学的整合,为质量技术创新提供了一个高效的途径和方法。

以格力独创的质量创新方法 D-CTFP 质量创新驱动环,结合卓越绩效模式和全面质量管理理论,总结格力电器自身的质量管理实践经验,构成了 T9 管理体系的理论基础。

（二）T9 管理体系的总体架构

以 D-CTFP 质量创新驱动环为核心,配合进行"目标管理""组织系统""技术系统""标准系统""信息系统"（简称"五横"）进行优化和资源整合,建立高效机制进行支撑;通过 D-CTFP 质量创新驱动环的持续创新输出,结合信息化、自动化技术的集成应用,在公司的主要价值创造过程"研发过程""采购过程""制造过程"和"售服过程"（简称"四纵"）进行集成应用创新的输出,全面提升过程能力,达到质量水平整体提升,实现跨越式发展的卓越质量目标。T9 管理体系的体系框图见图 14-3。

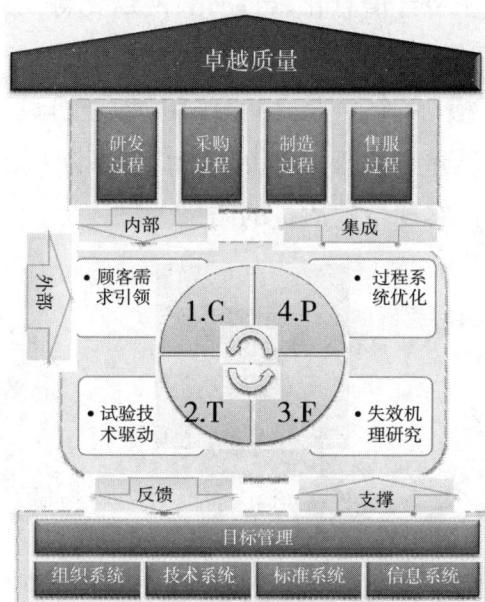

图 14-3　T9 管理体系框图

　　T9 管理体系中的 T 是 Total 的英文首字母,9 是指"四纵"与"五横"9 个要素。T9 管理体系是以追求卓越质量为目标,以顾客需求及社会责任为导向,以目标管理、技术系统、组织系统、标准系统、信息系统五大主要支撑过程的不断优化为基础,通过董明珠创新提出的由"顾客需求驱动—检测技术激发—失效机理分析—过程系统优化"四个步骤组成的质量创新驱动环不断进行质量创新,依托信息化、自动化、网络化和全员参与机制,在研发、采购、制造、销售服务为四大主要价值过程进行持续的系统优化,最终实现卓越质量的全新质量管理模式。

（三）T9 管理体系的运行原理

　　在 T9 管理系统的创建过程中,首先通过优化"五横",形成一个目标引领、资源优化、全员参与、平台先进的支撑系统；在此基础支撑之下，通过 D-CTFP 质量创新驱动环的不断运转，不断夯实企业质量创新和改进的基础，并结合信息化、自动化、网络化等工程技术进行集成应用创新，驱动"四纵"过程不断创新和改进（见图 14-4）。T9 管理体系中"四纵"与"五横"9 个要素，相互作用、相互协调，有机结合，系统集成，在 D-CTFP 质量创新驱动环的带动下，不断提高"四纵"价值创造过程的过程能力，实现卓越质量的结果。

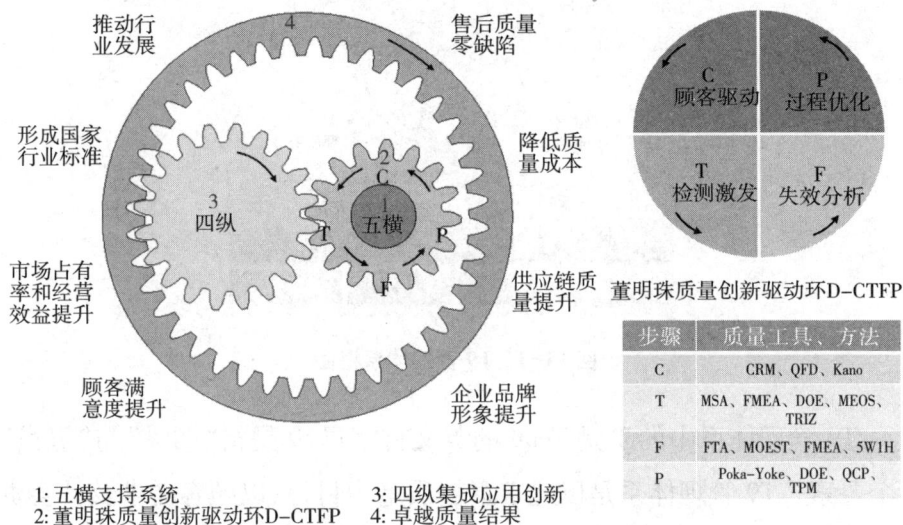

1：五横支持系统　　　　　　3：四纵集成应用创新
2：董明珠质量创新驱动环D-CTFP　4：卓越质量结果

图 14-4　T9 管理体系运行原理图

三、质量管理特色实践

（一）质量创新方法论上的创新——D-CTFP 质量创新驱动环

为确保 T9 管理体系的持续成功，必须要有一个常态化的、可持续自主运作的质量创新驱动环。为建立这个创新驱动环,格力电器董事长董明珠提出了"顾客需求驱动—检测技术激发—失效机理研究—过程系统优化"的质量创新思路,由此创建了 D-CTFP 质量创新驱动环(见图 14-5)。

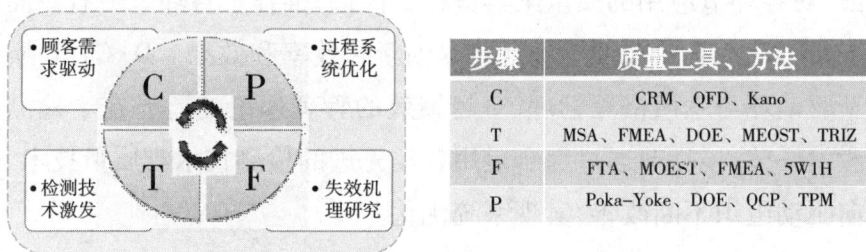

步骤	质量工具、方法
C	CRM、QFD、Kano
T	MSA、FMEA、DOE、MEOST、TRIZ
F	FTA、MOEST、FMEA、5W1H
P	Poka-Yoke、DOE、QCP、TPM

图 14-5　D-CTFP 质量创新驱动环和各环节质量工具、方法

D-CTFP 创新驱动环包括四大核心即"顾客需求驱动(C)""检测技术激发(T)""失效机理研究(F)""过程系统优化(P)",此四部分合称 D-CTFP,D-CTFP 是董明珠和各环节英文翻译的英文首字母。

D-CTFP 质量创新驱动环主要分为如下四个步骤:

步骤 1:C(Customer demand driven),顾客需求驱动,优选 QFD、Kano 等质量工具,研发顾客信息实时反馈及响应 CRM 系统,建立跨部门专业化质量改进组机制,确保能够全面识别、高效采集、有效转化顾客需求,提高质量管控系统的快速响应能力。

步骤 2:T(Test technology inspiration),检测技术激发,通过 DOE、MSA、FMEA、MEOST、TRIZ 等质量和创新技术系统集成整合,实现质量检测及控制技术的总体进步,并以此激发后续一系列创新和改进。

步骤 3:F(Failure mechanism research),失效机理研究,通过应用 FTA、FMEA、MEOST 等质量工具,系统开展失效机理的基础研究,从技术认知本源上确保过程能力的持续提高。

步骤 4:P(Process system optimization),过程系统优化,综合应用 Poka-Yoke、DOE、QCP、TPM 等质量工具方法,结合信息化、自动化、网

络化等工程技术，进行集成应用创新，形成标准，并进行系统优化。

D-CTFP 质量创新驱动环来源于公司"落地反冲"创新管理方法的倒逼管理思想，并综合参考了六西格玛管理与卓越绩效管理理论，创造性提出了质量技术自身创新的途径和方法，结合质量创新和改进的实践，对各环节应用的质量工具进行了优选，推荐了各环节最有效的质量工具、方法，有效保证了质量技术创新的效率和效果。D-CTFP 质量创新驱动环与六西格玛管理、卓越绩效的管理理论的差异在于检测技术激发环节，该环节通过综合运用各类先进的检测技术与质量技术、来逆向驱动组织不断改善，实现系统优化。

D-CTFP 质量创新驱动环的建立，从根本上解决了组织进行质量创新的路径和方法问题，取得了非常好的效果。

在 T9 管理体系应用中，质控部推进运用"落地反冲"机制，结合质量大数据分析平台、检测技术激发等手段，从过去单一的产品质量检验职能，延伸到目前有效驱动技术开发、采购、生产制造等全体系过程的源头质量管理提升。从此，质控部存在的价值得到了强化，发挥的作用得到了很大提升。

（二）管理体系进行了"四纵""五横"系统创新

"T9 管理体系"依托"五横"系统的支撑保证，通过质量技术创新循环的激发，集成运用信息化、网络化和自动化技术，对"四纵"核心业务过程实现了不断优化。具体的创新点和特点如下：

1. 目标管理的优化与创新

2. 组织、标准及信息管理的优化与创新

（1）进一步优化了独立专业化质量机构的设置模式。

（2）不断完善研发机构设置，形成了"7 院 5 部 3 中心"的研发技术平台。

（3）进一步专业细分，优化了公司跨部门质量改进组的运作机制。

（4）初步创建"两化融合"的先进制造系统，大幅提高了生产制造过程质量水平和生产效率。

（5）以顾客需求和社会责任为导向的标准领先战略，制定严于国际标准和国家标准的全过程覆盖的企业标准。

（6）优化实验室系统设置和职能，大力进行基础测试及分析能力建设。

（7）建立大数据质量信息综合平台。

（三）T9 管理体系在质量技术集成运用创新，带动产业链进步和提升效果显著

结合信息化、自动化等其他学科技术，T9 管理体系将技术、方法和系统创新成果进行了集成应用，实现了设计故障预防、工程技术优化、过程有效防错及管理流程再造。主要开展方向如下：

（1）以 QFD、KANO、CRM 等技术为基础，研发了顾客信息实时反馈及响应系统，确保市场、顾客需求在产品形成全过程的有效转化和快速响应。

（2）集成应用 DOE、MSA、FMEA、MEOST、TRIZ 等技术，自主研发检测技术和设备，提高检测把关能力，实现产品全流程状态信息的实时采集与有效管控。

（3）综合应用 FTA、FMEA、MEOST、5W1H 等技术，在产品全周期各环节有效识别失效模式、分析失效机理，为产品可靠性提升提供了技术保障。

（4）运用 Poka-Yoke、DOE、QCP、TPM 等技术，实现了设计故障预防、过程有效防错、管理流程再造、工程技术优化。

随着 T9 管理体系的全面实施与推广，实现了产品质量可靠性的提升，也为环境保护、节能减排作出了贡献，如格力空调制冷剂泄漏率从 691PPM 降低到 42PPM，依据格力空调 2014 年生产量 4500 万台计算，

每年可减排制冷剂约 29.2 吨,相当于 5.2 万吨的二氧化碳排放当量。2005 年至今,企业累计自主研发了 1541 项检测技术,研制了 427 类检测设备,自主研究的检测技术及标准,已广泛应用到 1058 家供应商,带动产业链的整体质量水平的提升和进步,取得了良好的经济效益和社会效益。

四、质量管理效果

T9 管理体系在助力格力电器自主创新、自我超越,提升产品和服务质量,持续技术创新,增强品牌影响力以及改善经营绩效等方面作用显著,主要应用效果表现如下:

（一） 质量水平

公司推行以"严、实、新"为核心的质量文化,贯彻"没有售后服务的服务是最好的服务"的理念。实施以顾客需求和社会责任为导向的标准领先战略,通过标准领先实现质量领先。综合运用信息化、智能化、标准化手段,全面提升产品和服务质量。先后主持及参与制订 209 份国际、国家和行业标准,率先在行业内实施"产品 6 年免费包修"政策,推动了家电行业及产业链的标准提升和质量技术进步。该公司于 2006 年获得"中国世界名牌产品"、2011 年获得"全国质量管理小组活动优秀企业"、2012 年获得"工业企业质量标杆"等荣誉,产品售后故障率连续十年降幅 20% 以上,质量可靠性稳步提升,顾客满意度连续 10 年保持行业第一。

（二） 创新能力

公司形成了"自主创新、自我超越"的创新文化,建立了基于掌握核心科技的自主创新工程体系,不设上限的研发投入、全员创新提案管理以及开放协同的外部协作等机制,为技术创新提供有力保障。拥有2个国家级技术研究中心(包括国家节能环保制冷设备工程技术研究中心和国家认定企业技术中心)、1个国家级工业设计中心、1个省级企业重点实验室(制冷设备节能环保技术实验室)、7个研究院(制冷技术研究院、机电技术研究院、家电技术研究院、智能装备技术研究院、新能源环境技术研究院、健康技术研究院、通信技术研究院)、52个研究所、632个实验室;原创"磁悬浮变频离心机""光伏直驱变频离心机系统"等12项国际领先的核心技术。累计获授权专利11673项,其中获得授权发明专利893项。

12项"国际领先"成果:超低温数码多联机组、高效离心式冷水机组、1赫兹低频控制技术、变频空调关键技术的研究和应用、超高效定速压缩机、R290环保冷媒空调、多功能地暖户式中央空调、永磁同步变频离心式冷水机组、无稀土磁阻变频压缩机、双级变频压缩机、光伏直驱变频离心机系统、磁悬浮变频离心式制冷压缩机及冷水机组。

(三)品牌影响

公司以质量和效益为核心,打造精品企业、制造精品产品、创立精品品牌。围绕品牌建设,先后推出了"格力电器 创造良机""好空调、格力造""掌握核心科技""让天空更蓝、大地更绿""让世界爱上中国造"的品牌定位。格力自主品牌已远销210多个国家和地区,仅中东市场已达40%份额以上。2006年获得中国世界名牌和"最具市场竞争力品牌",2014年格力品牌价值被评估为415.64亿元,行业排名第一。

(四)经营效益

公司近5年营业总收入、净利润、纳税总额均快速增长,与同行业对比,盈利能力稳居全国榜首,连续13年位居中国家电行业纳税第一。2014年度实现营业总收入1400亿元、净利润142亿元、纳税总额148

亿元、创汇23亿美元。家用空调产销量自1995年起连续20年位居中国空调行业第一，自2005年起，家用空调产销量连续10年位居世界第一。2014年，荣登福布斯世界五百强第385位，家用电器类全球第一。

"T9管理体系"获得了2014年度中国质量协会质量技术奖一等奖。随着格力智能制造规划和产业转型升级的实施，将进一步优化"T9管理体系"的协调性、规范性，形成与"互联网+"、智能制造相适宜的质量管理模式，为实现"中国制造2025"的目标发挥更大作用。实干赢取未来，创新成就梦想。格力电器将继续坚持走自主创新的发展道路，以创造节能环保、健康舒适的生活环境为己任，成就格力百年的世界品牌。

第十五章　神龙汽车精益管理之路

一、企 业 简 介

神龙汽车有限公司(以下简称"神龙公司")成立于 1992 年 5 月,是东风汽车公司与法国 PSA 集团合资兴建的乘用车生产经营企业,注册资本 70 亿元人民币、各占 50% 的股份比例,发展历程见图 15-1。

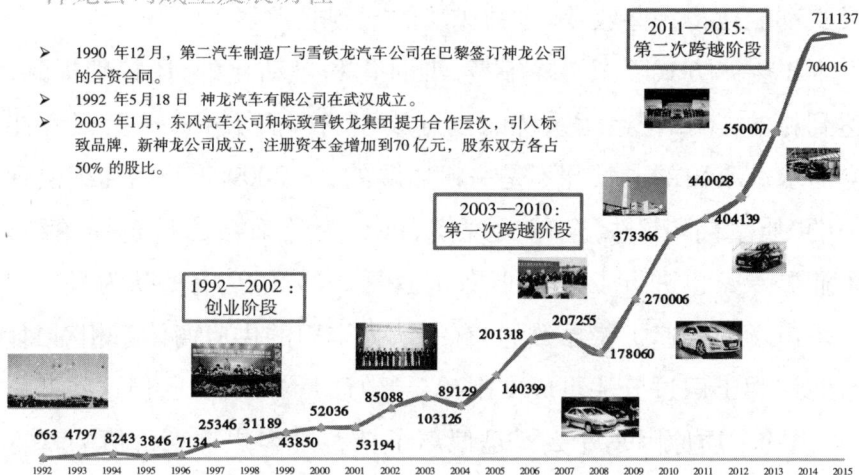

神龙公司成立发展历程

➤ 1990 年12 月,第二汽车制造厂与雪铁龙汽车公司在巴黎签订神龙公司的合资合同。
➤ 1992 年5月18 日　神龙汽车有限公司在武汉成立
➤ 2003 年1月,东风汽车公司和标致雪铁龙集团提升合作层次,引入标致品牌,新神龙公司成立,注册资本金增加到70亿元,股东双方各占 50% 的股比。

2011—2015:
第二次跨越阶段

2003—2010:
第一次跨越阶段

1992—2002:
创业阶段

711137
704016
550007
440028
404139
373366
270006
207255
201318
178060
140399
89129
103126
85088
52036
53194
43850
31189
25346
7134
3846
8243
4797
663

1992 1993 1994 1995 1996 1997 1998 1999 2000 2001 2002 2003 2004 2005 2006 2007 2008 2009 2010 2011 2012 2013 2014 2015

图 15-1　神龙公司发展历程

神龙公司是国家首批按经济规模规划建设的三大乘用车生产制造工业基地之一,总部位于湖北武汉,在武汉、襄阳、成都、上海、北京等五地建有五个现代化生产工厂及具备自主研发、自主创新能力的技术中心；设有东风标致雪铁龙汽车金融公司，分别在北京、上海两地设立了东风标致、东风雪铁龙品牌部，呈现出"协同化运营、一体化管理、国际化发展、百万辆规模"的全新事业发展布局。

2015年11月，中国质量协会授予神龙汽车有限公司质量领域的最高荣誉——全国质量奖。

二、质量管理特色理论与方法

（一）精益与精益管理本质

精益生产来源于丰田，第二次世界大战后的日本，经济萧条、资金短缺且车型单一，以消除浪费著称的丰田生产方式（TPS）创始人——大野耐一，提出了准时化和自动化，只要企业做精益生产、消除浪费，或多或少都能获得一些收获，这种成功的案例非常多。

丰田生产方式除了消除浪费、准时化和自动化外，还特别提到，为了达到目的，丰田把运营系统的焦点放在响应需求上——且只专注于响应需求。丰田的成长并不是一帆风顺的，从2009年开始陆续出现一连串的"质量门"事件，全球大规模召回，为什么会出现这样的结果？很多业界专家也进行了分析，比如有这样一些观点，有的认为是丰田和美国争市场而快速扩张导致的，有的认为丰田的供应商体系相对封闭，还有的认为丰田过分注重成本削减，导致质量难以保证，但这些都是表象，真正的本质原因是什么？是偏离了精益给客户带来价值的基本理念，丰田汽车总裁、丰田家族第四代传人丰田章男在一次记者招待会上说："我的基本思路是回归到'客户第一、本地生产、现地供货'的创业原点！"

精益的本质是什么？提到精益，很容易联想到消除浪费，但让人困惑的是，仅仅消除浪费是不够的，有的企业即使消除了所有的浪费，客户还是不买它的产品。分享一个案例，20世纪80年代的摩托罗拉手机厂家，是六西格玛方法的创始者和应用者，还有诺基亚手机厂家，曾经一度成为全球手机帝国，而现在更多用户选择的是苹果、三星、华为和小米手机等，为什么会这样？是什么改变了客户的选择？企业之所以被市场淘汰，本质原因是企业对客户与市场的反应迟钝了。回归到精益的本质，实质上是要给客户带来更多价值，而不仅仅是消除浪费。

那什么是精益管理？目前在网络上、书店里能查阅到的基本上都是精益或精益生产的概念，明确定义精益管理的相关书籍很难找到。很多企业也在实践精益，如做价值流分析、做目视管理、做标准化，以及消除浪费、追求零库存、零缺陷等，但感觉像盲人摸象，每个人都认为看到了真相，但始终没有人能将精益管理的真相描述出来。神龙公司在2008年开始导入精益管理，边学习边探索。作为中法合资企业的股东方，PSA集团已经在学习丰田的精益生产，并在与丰田的一个合资工厂进行全面实践，并且将很多精益生产的方法也导入到了神龙公司的生产现场。为了能在全价值链上推广精益管理，神龙公司将精益定义为所有业务必须给客户带来价值，为此，神龙公司将要推进的精益管理定义为将精益的理念、原则、方法与工具应用于全价值链改善，包括经销商和供应商。

（二）神龙为什么要推进精益管理

精益管理到底能给企业带来什么？神龙公司的实践经历也许能够给予我们一些启发。

2008年，神龙公司面临着巨大的挑战，从外部看，金融风暴席卷全球，国内乘用车市场需求增幅放缓，市场竞争也非常激烈，当时的神龙公司年销量不足20万辆，销量排名在行业前十之外；在企业内部，客户满意度亟待改善，外部咨询公司的调研结果显示，神龙公司双品牌的客户满意度排名均比较靠后。此外，干部队伍不愿意服务于一线现场，市场和客户意识也不强,部门间的壁垒比较严重。在这样的背景下,神龙公司成立了以总经理挂帅的精益管理推进团队,并将2009年定为神龙公司的"精益管理年",旨在强化干部的客户和市场意识、转变干部工作作风、转变员工工作方式,要求公司所有业务必须给客户带来价值,加强部门协同,确保公司战略目标达成。可以说是历史的必然让神龙公司选择了精益管理。

当前企业为什么更需要精益管理呢？如今,市场情况发生了很大变化,过去国内经济是高速增长,现在变为中高速增长,且是新常态,市场结构也在发生变化,在供给与需求错配的情况下,高端客户的需求得不到满足,比如到日本抢购电饭煲和马桶盖的事件。由此国家提出供给侧结构性改革。"互联网+"时代出现,客户不仅需要一个产品,更需要一种服务或体验,甚至是一种生态,比如苹果手机的出现,带来的不仅是一种新的体验,背后还有苹果商店的丰富软件支持服务,这就构建了另外一种新的生态。这里关键的是客户的需求在发生变化,而且变化还很大,个性化多样化特征越来越明显。

除了外部市场和形势的变化,许多企业内部同样会面临着许多难题,比如销量目标完不成、库存压力很大、客户抱怨多等。回归到出发点,精益管理能给企业带来什么价值呢？除了常规的通过精益改善消除浪费,减少经营过程中对客户不增值的中间环节,实现降本增效外,面对复杂的市场环境,更应该通过精益管理,从客户角度来思考,准确把握并满足客户的多样化需求。只有满足客户多样化需求,才能从根本上解决企业内外部的困难,实现企业的可持续发展。

当然精益管理也不能代表经营管理的全部。在神龙公司,总经理要求坚持三大基础管理,一是战略绩效管理,二是精益管理,三是全面风险管理。战略绩效管理是明确方向的,思路不对,满盘皆输。如果管理的方向都是错误的,做的改善越多,错得也就越多。所以,神龙公司特别强调战略要给精益改善指明方向,而所有的精益改善要对战略形成支撑,精益管理要为战略策划、实施和改善提供支持。

关于精益管理改善,在神龙公司有两条线的做法,一条线是通过行政职能融入日常管理,另一条线是跨部门、跨职能团队改善,这个时候要改善的问题往往是需要多个部门或行政职能协同改善的问题。单打独斗根本解决不了跨职能层面的问题。因此,神龙公司的精益管理实践基本上是围绕日常管理改善和跨职能改善两条线来做的。

三、质量管理特色实践

推进精益管理首先要明确方向。神龙公司在 2008 年导入的时候就明确提出要打造一个精益的企业,并强调所有的业务必须给客户带来价值,所有领导干部都要为价值链一线提供服务。

为了方便公司员工理解和记忆,神龙公司总结出自己的精益管理屋(见图 15-2),将神龙公司的精益管理思路进行展现。屋顶即第一层是战略目标,精益管理要围绕战略目标展开。第二层是客户,核心是要给客户带来价值,让客户满意。这里最重要的是要转变观念,即从企业的视角转变为客户视角。过去很多部门是从自身角度出发,甚至有时把领导当客户,认为只要领导满意了,工作就完成了。因此,这里最难做到的是如何找到自己的客户。神龙公司在第三层强调改善三个维度。为什么要改善三个维度?精益生产强调的是改善一线,比如改善技术、改善生产,神龙公司称之为价值流的改善。后来发现光改善现场是不够的,真正浪费最大的是在管理部门,业界有专家提出了 20/80 原则,说企业浪费中只有 20% 是一线部门的责任,80% 是管理部门的责任,所以管理部门也必须参与到改善当中,神龙公司称之为信息流的改善。除了改善一线、改善管理仍然不够。在企业经营上,除了技术和管理,还有人这一要素,这个就更重要,如果这个人认为什么都做得很好,不需要改善,那他还能改善好吗?如果自我感觉良好,不从客户角度出发,这就很难改善,而能够对人的观念和认识产生影响的是企业文化,因此神龙公司称之为文化的改善。

图 15-2　神龙精益管理屋

另外,神龙公司还有四项原则和十种精益工作态度,四项原则是:长期原则、高效的流程方能产生优异成果原则、员工与企业共同成长原则,以及持续改善原则。2008 年神龙公司就明确指出,导入精益管理不是一个短期行为,员工与企业共同成长的原则,就是要员工参与精益管理实践,只有参与了改善,员工的能力才能得到提升,才能与企业共同成长。

十种精益工作态度在神龙公司就像《圣经》,这里拿第一种精益工作态度举一个例子,神龙公司第一种精益工作态度是"与其找理由解释,不如考虑如何解决问题"。过去一遇到问题,首先想到的是分清责任,找理由解释,所以第一种精益工作态度就要求先一起考虑如何解决问题。这十种工作态度要求所有领导干部和员工要牢记,铭刻在心。

具体到精益管理改善的实践方式,先考虑增加客户价值,再考虑消除三大损失——浪费、波动和僵化。

首先是消除浪费。2008 年,神龙公司也请来咨询公司来培训精益,但讲的都是如何消除生产浪费的例子。但神龙公司当时面临的问题是产能充足、销售不畅、产品卖不出去,如果仅是消除生产浪费,即使将生产线的浪费消除为 0,还是解决不了企业销售问题。所以神龙公司反思,光消除浪费是不够的,还要解决客户为什么不选择自己的产品,到底能给客户提供什么样的产品体验和服务价值。而且要消除的浪费不只是生产现场的 7 种浪费,在神龙公司还提出要消除管理的 7 种浪费。

其次要消除波动,从质量控制的角度举一个例子,比如周一至周五到 4S 店去,这时到店客户很少,可能享受到的服务很好,但如果周末去,这时客户很多,服务质量就会下降,这就是波动,公司需要管控这种波动。

再次是要消除僵化,企业不能快速响应客户快速变化的需求就容易导致僵化。举一个神龙公司实际改善项目的例子,在 2009 年的时候,网点要订备件,一周只能订一次货,假如用户错过了这个订货窗口期意味着至少还要等一周,等到备件再发运到网点又需要一周。项目团队问总部为什么只能每周订一次,总部人员说一直就是这样操作的,项目团队继续问总部能不能每天订一次,总部人员才去思考这个问题。后来项目团队做了改善,神龙公司的所有 4S 店每天都可以订货,由此很多 4S 店的客户满意度也大幅提升了,因为对客户需求的响应变快了。前面讲的很多例子,摩托罗拉也好,诺基亚也好,很多企业除了因财务资金链断裂而倒闭外,很多倒闭的真正原因是僵化,是听不到客户变化的声音,不能快速响应客户的需求。

所以,神龙公司强调这三种消除方式要伴随到每一个改善项目当中。

另外,精益管理改善也强调流程、方法和工具,这里一起分享一下神龙公司的实践做法。改善流程就像六西格玛强调的五个步骤一样,做改善最难的是领导不支持,也可能相互之间不配合,所以神龙公司结合历年的最佳实践总结为一个流程,这其中包括对项目责任领导的角色定义和相应要承担的职责。这一个流程中包括三个子流程,即课题设定、课题解决和成果推广(见图15-3)。

神龙公司精益改善流程、方法与工具

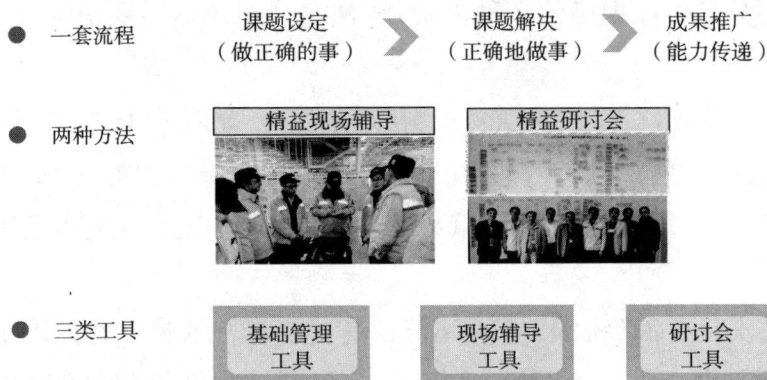

图 15-3 神龙公司精益改善流程、方法与工具

课题设定流程强调的是做正确的事,如果这项改善不是领导所关注的,也不是战略所需要的,更不是客户所关心的,这样的改善就没有价值和意义。课题解决流程强调的是如何高效地去实施改善,在这个流程当中要求每个改善项目的责任领导至少参加三个关键节点会议。第一个节点是项目启动,责任领导要参加,生效目标和方向;第二个节点是当团队改善活动中提出了很多改善建议时,责任领导要参与改善建议生效会,对所有行动对策进行生效确认;第三个节点是所有改善行动实施落地后的最终效果总结会,责任领导也要参加,除对改善效果进行确认外,还要对团队改善成果进行肯定和激励。因此神龙公司将这些定义为项目改善实施的基本标准,实际上给领导建立规范和制度是最难的。还有一个子流程是成果推广,因为后来发现很多成果可以在其他部门直接应用,所以神龙公司将项目成果进行推广延伸,好的成果要产生更大的价值,最简单有效的办法就是在其他地方推广。

除了精益管理改善 3 个子流程,神龙公司还总结出两种改善方法,第一种改善方法是精益现场辅导,现场辅导是由一个团队来共同改善一个流程,核心是传递给客户带来的价值。这里有几个原则,首先,团队成员是来自不同专业的人员,代表不同方面的声音,其中必须有一个代表客户。其次,所有的改善是从现场研究开始,并且在现场改善结束。再次,所有的团队成员要有开放的心态,正面积极地看待改善问题,如果处于消极或负面心态,天然就会产生抵触,不利于问题的解决,因此现场辅导方法更适宜于现场的改善。另外一种改善方法叫精益研讨会,类似于国内很多企业所应用的 Workshop 研讨,主要针对比较大的议题,追求共识的达成,神龙公司在应用这种方法时也强调要有客户的参与。

关于改善工具,神龙公司结合自身实践总结为三类,第一类是基础工具,包括目视管理、作业指导书、标准化审核和解决问题 A3,当然还有各领域的一些专用改善工具,比如看板、ANDON 等,因为在神龙公司,这四个基础工具是全员要掌握和应用的,所以没有将每个领域的专用工具列入其中。另外两类工具分别是现场辅导工具和精益研讨工具,这些工具的是由精益专家或促进者熟练掌握的,工具的选择是基于神龙公司管理的实际需要,以适用为原则。

关于这些理念、工具和方法如何在全公司推进的确是一个难题,所以神龙公司层面专门成立了推进组织,首先,由总经理挂帅成了领导委员会,其次,由行政副总牵头成立了执行领导小组,而且还成立了一个精益管理推进办公室,这个办公室主要负责全公司的精益管理改善推进工作。另外神龙公司还对各层级管理者提出职责要求,也就是说,不同的层级在精益文化、改善流程、改善方法和改善工具上的角色职责要求是不一样的。最近神龙公司也在做关于管理者的精益能力认证,因为不能将精益管理改善工作变成精益专家或少数项目成员的事,管理者也要进入角色,只有管理者参与改善的推动,企业才能真正形成改善的文化氛围。神龙公司对跨职能改善团队定义了相应的角色,首先,是责任领导,每个项目都要有一个改善的责任领导,改善项目的结果好与不好,由责任领导负责,并定期向公司层面汇报项目推进进展。其次,还有项目牵头人、精益专家和成员等,这里特别强调的是,团队的成员中要包括客户,如果改善一个流程,那么这个流程的客户也要参与进来,所以神龙公司有很多改善项目都请客户参与进来,比如在改善经销商4S店的销售或服务流程时,项目团队成员邀请最终的用户代表参与进来。

关于精益管理实践,神龙公司走过了8年的历程(见图15-4),2008年,产能不是神龙公司的瓶颈,问题是销售瓶颈。所以刚开始就到两个商务部门推动,由总经理亲自先给商务部的高层领导培训宣贯,培训完后从网点一线开始试点,试点成功后再在全价值链上进行推广,2009—2012年,神龙公司的精益管理主要由公司来主导推进,2013—2015年更多是由部门来主导改善,主要强调管理者的观念与行为转变。直到现在,基本的精益理念和方法才为大部分管理者所掌握,未来进入到深化阶段,主要是如何实现客户与企业价值的最大化,这个阶段主要强调既要有好的方法,也要出好的绩效,并且是客户拉动,这是公司在新的阶段的要求。

神龙公司精益之路

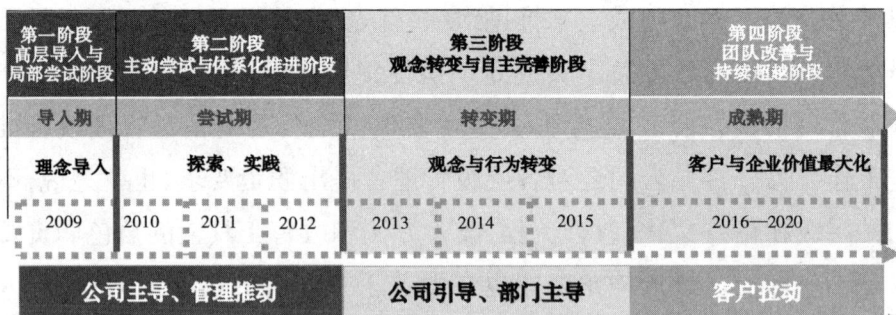

第一阶段 高层导入与 局部尝试阶段	第二阶段 主动尝试与体系化推进阶段	第三阶段 观念转变与自主完善阶段	第四阶段 团队改善与 持续卓越阶段
导入期	尝试期	转变期	成熟期
理念导入	探索、实践	观念与行为转变	客户与企业价值最大化
2009	2010 2011 2012	2013 2014 2015	2016—2020
公司主导、管理推动		公司引导、部门主导	客户拉动

图15-4　神龙公司精益之路

神龙公司在推进精益管理时,先是进行逐层培训,这也是公司的一个特色,即总经理给高层管理者培训,高层管理者给中层管理者培训,逐层进行培训(见图15-5)。

神龙公司逐层培训

图15-5　神龙公司逐层培训

其次是持之以恒,由点到面,实际上也遇到了很多困难和挫折,比如目视管理工具的应用,生产现场用得比较多,神龙公司要求每个部门的管理者都要使用目视管理,包括公司的网点。后来通过不断的实践,以及优秀管理者的带动,慢慢地越来越多的管理者都开始应用(见图15-6)。

神龙公司目视管理推广

图15-6　神龙公司目视管理推广

另外一条线就是精益管理改善项目,图15-7是神龙公司8年的精益项目历程回顾,也就是前面讲到的如何给客户带来价值,这里可以诠释一下:2009 年神龙公司做的一个核心的精益管理改善项目就是网点精益改善,辅导了 30 多家 4S 店,其中有两家 4S 店,专家团队前后共辅导了 3 个月。凡做过精益管理改善辅导的 4S 店,其客户满意度都大幅提升,其销量平均增幅比全网络的销量平均增幅高出了一倍,这大大促进了公司高层推动精益管理的信心。后来又做了"最终用户产品质量问题快速反映"项目。2010—2012 年,改善项目逐步覆盖到全价值链,比如"产品企划流程优化",这个改善项目的难度是很大的,因为神龙是合资公司,产品企划的前端受制于外方,当然神龙也做一部分。产品企划流程优化主要解决客户关注的需求在全价值链上能否得到遵守、得到执行,并且逐步实现。神龙公司"互联网+客户之声用户满意度内部评价体系"精益管理改善项目,通过优化改善不断将客户关注的需求传递给设计的前方,神龙公司将中国客户关注的外观和性能质量需求转化为评价标准,然后又将评价标准转化到设计标准。所以神龙公司的全价值链改善,核心的导向是提升客户价值。

神龙公司精益改善项目

图 15-7　神龙公司精益改善项目

关于消除浪费的改善,神龙公司也一直坚持做,比如 2015 年获一等奖的"提高武汉三厂总装分厂运营效率"的精益管理改善项目成果等,但公司一直认为,全价值链的前后端不解决好,仅是消除生产浪费是不够的,所以神龙公司不断强调改善要给客户带来更多价值。这么多年,神龙公司做了300多个精益管理改善项目,其中公司级项目44个,部门级项目259个。神龙公司也将优秀的项目成果汇编成一本精益管理改善项目成果集,作为全员内部借鉴和学习的重要参考资料。

神龙公司精益管理实践套路并不是一天形成的,实际上也吸收了东风集团的管理改善优秀实践和法国PSA的卓越绩效管理,以及与神龙公司的优秀供应商做法,并把这些好的做法融入到神龙公司的精益管理改善实践,所以神龙公司的精益管理实践过程也是不断持续改善的过程。

四、质量管理效果

精益管理改善不仅仅强调做了什么,更关注取得的实效。神龙公司这些年的坚持和努力,获得了公司内外部的良好评价,首先,管理者精益改善能力得到不断提升,这是一个企业坚持持续改善的源泉,神龙公司每年会对管理者进行能力自评,通过评价可以看到各层级管理者的成长和进步(见图15-8)。

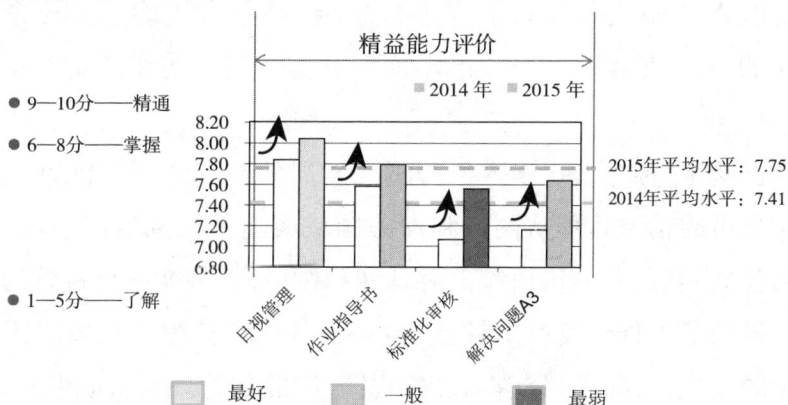

图15-8　神龙公司精益能力提升对比图

其次,针对所有精益管理改善项目的验收评价,公司每年都会组织成果发表会,对每一个精益管理改善项目做几个维度的评价,不仅评价工具方法的应用,还要看项目成果所取得的实效,以及对公司或部门绩效指标的贡献,此外还要看管理者的角色职责体现(见图15-9)。获得一等奖的项目团队由公司总经理亲自颁奖。

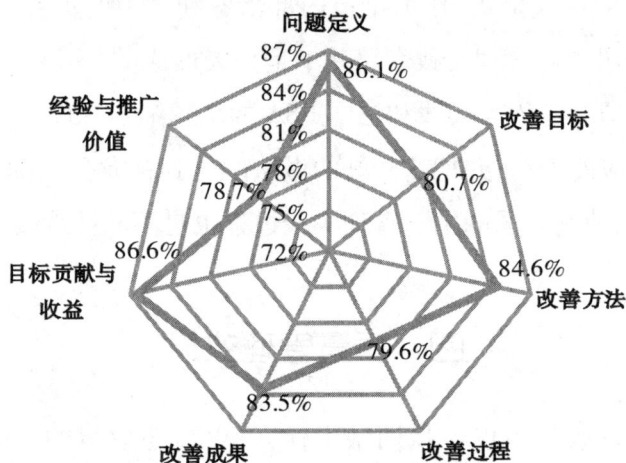

图15-9　精益管理改善项目的验收评价

再次,神龙公司也对每个部门的精益管理推进进行综合评价,精益管理先进单位在年底全员大会上进行表彰。每年神龙公司都要对改善的做法和项目成果进行总结,每年大概能为公司带来近2亿元的改善收益,这些是全员参与精益管理改善带来的绩效(见图15-10)。

这些年,神龙公司步入了跨越式发展的快车道,改善的机会很多,神龙公司的精益管理从网点和商务领域成功推广到生产领域、研发领域和公共领域,并向价值链上游延伸到供应商,神龙的精益管理改善成果也得到了内外部良好的评价,包括一些项目获得了东风集团和PSA集团的表彰,一些项目获得武汉市甚至湖北省管理创新成果一等奖等。2008年神龙公司两个品牌的客户满意度排名比较靠后,但到了2015

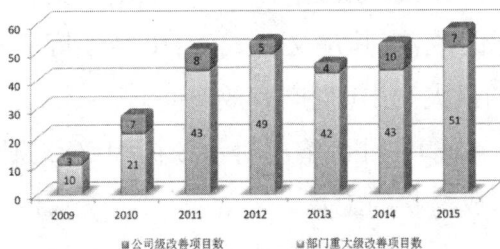

年度	改善统计						收益统计（效果金额：万元）			
	识别问题点	采取改善行动	完成改善行动	更新标准	优化流程	标准化作业指导书	减少损失	节约人工成本	节省资金投入或占用	优化人员
2015	2494	2480	2461	149	104	3861	6264	6340	8204	653

图 15-10　神龙公司精益改善成果

年,东风雪铁龙和东风标致的售后满意度都排在第一阵营,售时满意度分别排在第一和第二阵营,在满意度方面,这些年都在持续进步并获得了最终客户的认可。

案例一:

提高神龙公司武汉三厂总装分厂 RO 运营效率

（一）基本信息

（1）企业名称:神龙汽车有限公司

（2）项目名称:提高武汉三厂总装分厂 RO 运营效率

（3）项目术语:

BSC 指标:神龙公司基于平衡计分卡的企业战略性绩效管理指标,该指标通过战略图和平衡计分卡由公司逐层向下分解到部门、分部、室和个人。

RO运营效率：RO是工厂绩效的灵魂性指标，在保证生产交付的同时，间接推动质量和成本指标的改善，其定义公式为：RO＝实际完成的有效产出（已用时间）/可能的最大产出（生产有效时间）。

MECE树：按照课题构成要素或其原因、解决对策依循MECE原则的思考方式，将其逻辑性的分解成树状的工具。

（4）项目牵头人：卞继伟

（5）项目组员

表 15-1 项目组员角色及职责表

姓名	角色	职　责
刘江华	责任领导（厂长）	生效项目目标、团队和期限，排除项目障碍，提供资源支持，检核结果
王德刚	精益专家	全程提供精益改善工具与方法支持
顾　黎	小组成员	参与设备组改善活动，提出改善建议并实施及跟踪改善效果
向卫兵	小组成员	参与设备组改善活动，提出改善建议并实施及跟踪改善效果
李丙丰	小组成员	参与设备组改善活动，提出改善建议并实施及跟踪改善效果
怀　远	小组成员	参与物流组改善活动，提出改善建议并实施及跟踪改善效果
熊哲能	小组成员	参与物流组改善活动，提出改善建议并实施及跟踪改善效果
方　晏	小组成员	参与物流组改善活动，提出改善建议并实施及跟踪改善效果
刘建勋	小组成员	参与质量组改善活动，提出改善建议并实施及跟踪改善效果
文　勇	小组成员	参与质量组改善活动，提出改善建议并实施及跟踪改善效果
余永强	小组成员	参与质量组改善活动，提出改善建议并实施及跟踪改善效果
莫云龙	小组成员	参与作业组改善活动，提出改善建议并实施及跟踪改善效果
付　浩	小组成员	参与作业组改善活动，提出改善建议并实施及跟踪改善效果
刘　斌	小组成员	参与作业组改善活动，提出改善建议并实施及跟踪改善效果
怀　远	验证人员	负责项目改善效果验证

（6）项目起止时间

表 15-2　项目关键节点时间表

	项目关键节点	行动内容	时　间
P	J1:项目准备	项目立项	2014 年 1 月
	J2:项目启动	成立项目团队	2014 年 1 月
D	J3:现场辅导/研讨	现状分析,识别问题、原因	2014 年 2 月
	J4:改善建议生效	制定并生效改善行动计划	2014 年 6 月
C	J5:改善行动跟踪与效果验证	实施改善并检核	2014 年 12 月
A	J6:项目总结	总结成果,参加公司发表	2014 年 12 月

（7）企业精益管理推进组织

表 15-3　企业精益管理推进组织

姓名	职务/岗位	角　色
周晓伏	行政副总经理兼人力资源部部长	精益管理倡导者、执行领导小组组长
盛乐盟	组织信息部部长	精益管理倡导者、执行领导小组副组长
石毅鹏	组织信息部副部长	精益管理倡导者、执行领导小组副组长
陈彦刚	组织信息部组织分部(公司精益管理办公室)主任	精益管理推进者、实践者
刘庆华	组织信息部组织分部(公司精益管理办公室)精益管理推进主管	精益管理推进者、实践者
刘　红	组织信息部组织分部(公司精益管理办公室)精益方法牵头人	精益管理推进者、实践者

（二）课题设定（P）

在课题设定阶段中,主要目的就是把问题定义清楚,将管理层关注的问题转化成可执行、可跟踪、可评价的项目课题。如何设定课题,从常规的思考逻辑来分析,需要回答三个问题,即项目从哪儿来、如何破题和怎样定义,实践过程如下:

1. 项目从哪儿来——课题挖掘

解决问题是每位管理者应尽的职责和使命,有的问题可以通过组织赋予的行政职能予以解决,但有些问题是无法透过某个行政单元解决的,这样的问题往往牵扯多个部门或专业,需要跨部门协同解决。而且随着企业的发展壮大,这样的问题也越来越多,组织层面不会因为横向协同工作而成立单独的协同部门,这就需要借助项目课题的方式,成立跨部门团队,打破部门间的职能壁垒,大家来自不同的专业,又站在不同的视角,凝聚团队智慧来全面解决问题的机会更大而且也更为有效。

武汉三厂于2013年7月初建成投产,在半年时间里,我们连续投放2款新车,并经历双班启动和节拍连续提升,投产当年即交付整车24746辆,满足了市场需求。到了2014年,武汉三厂的全年产量要超越22万辆才能满足商务交付需求,因此,武汉三厂决定将工厂的BSC指标——RO运营效率由2013年的92.6%提升为96%(挑战2目标)(见表15-4)。

表15-4　本项目所支撑的武汉三厂BSC绩效指标

支撑的BSC指标名称	指标级别	现状值	BSC目标			
			门槛值	目标值	挑战1	挑战2
总装RO运营效率	工厂	92.6%	93%	94%	95%	96%

总装分厂作为生产末端,其产品将直接面对客户,提升RO的前提是确保工厂质量指标的全面达成,武汉三厂从这里的反向思维受到启发,那到底是哪些因素影响了总装的RO,因涉及设备、物流、质量和现场作业,因此,武汉三厂厂长将其立项为跨职能精益管理改善项目,由总装分厂牵头。

2. 如何破题——课题分解

虽然有了课题,但多数情况下课题还比较大,有的还涉及多个职能部门,全面出击无从下手,而且人手和资源也不够用,这时需要将课题进行分解,将大课题拆分成小课题,找准改善机会,将看似无法完成的任务分解成都能够执行的子任务,这就是常说的破题——课题分解。

分解课题的方式很多,不同的分解方式往往能够找到不同的机会,本项目课题的分解模型见图 15-11。

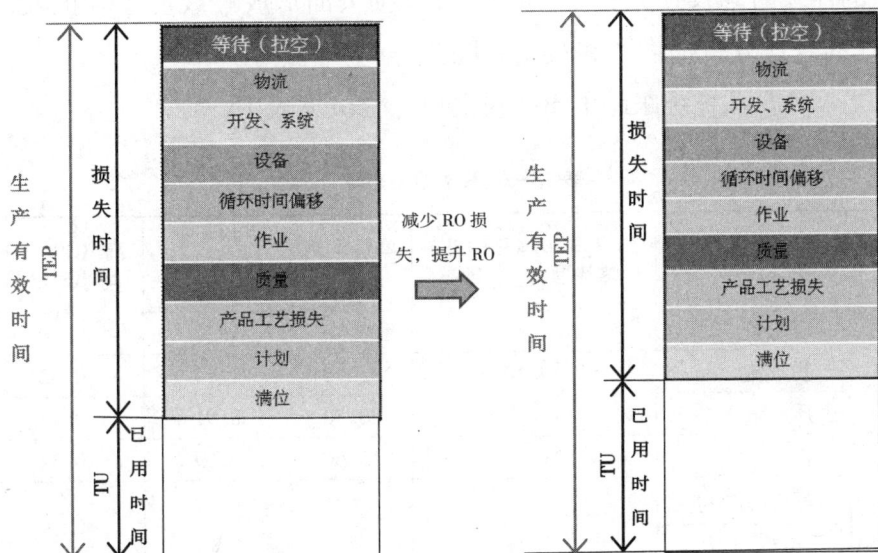

图 15-11 课题的分解模型

为提高分析精度,应用企业的 AMES 系统(见图 15-12)采集的 RO

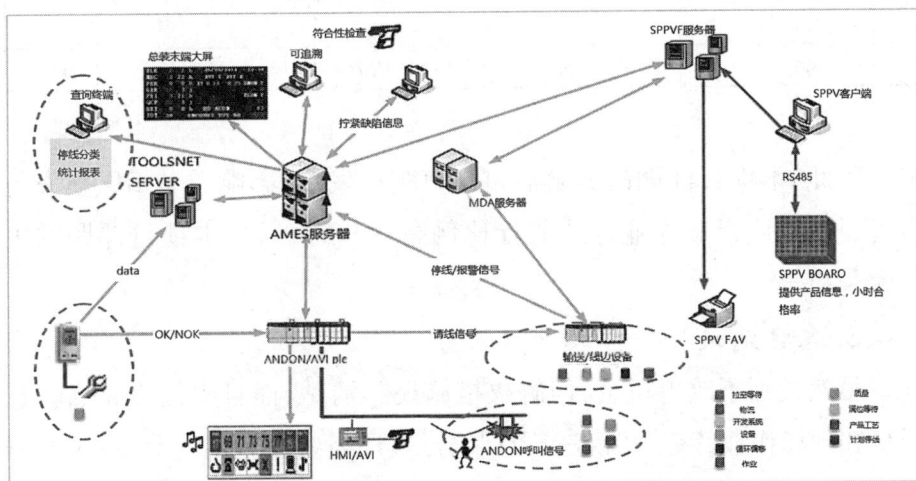

图 15-12 生产信息系统子系统 AMES(总装制造执行系统)

损失数据进行分析,从而找准改善机会。神龙公司生产信息系统子系统 AMES(总装制造执行系统)重要功能之一:自动记录装配线各物理点的停线时间及损失类型,从各个 RO 损失面形成停线清单及报表,为 RO 的统计分析提供了客观、精准的数据基础。

AMES 系统统跟踪的 RO 损失矩阵分析见表 15-5。

表 15-5　RO 损失矩阵分析

RO 损失类型		2013 年平均日(17h)停线时间(分钟)	停线比例(%)	平均小时停线时间(分钟)	离 RO96%平均小时缺口
设　备		21.44	28.40	1.26	0.58
物　流		19.40	25.70	1.14	0.52
质　量		15.47	20.50	0.91	0.42
作　业		11.77	15.60	0.69	0.32
其他	等待(拉空)	7.40	9.80	0.44	0.20
	开发、系统				
	循环时间偏移				
	产品工艺损失				
	计划				
	满位				
合计		75.48	100	4.44	2.04

因此,本项目课题的分解后可以直观地发现,影响总装 RO 损失的设备、物流、质量和作业停线累计比例高达 90.2%,是本项目课题的主要改善机会。

3. 怎样定义——课题定义

虽然找到了改善机会,但解决措施还不清楚,而且牵涉设备、物流、质量和现场作业,除了武汉三厂总装分厂,还需要涂装工艺分部、生产分部、质检分部,以及制造支持部和生产控制与物流部等部门的支持,因此,本项目课题需要一个由不同专业人员组成的跨部门团队来解决,这就需要将项目课题进行明确的定义,由项目责任领导生效改善目标、团队成员、完成期限和资源投入,达成共识并获得公司管理层的支持和认可。

本项目课题使用神龙公司的课题定义书模板进行定义生效,设定的改善目标见表15-6。

表15-6 改善目标

量化目标	指标定义	计算公式	现状值	改善目标值
正向指标	NRO(RO损失)	损失时间/生产有效时间	7.4%	4%

目标分解见表15-7。

表15-7 目标分解

RO损失类型	设备	物流	质量	作业	ΔRO合计
目标贡献值	1.07%	0.97%	0.77%	0.59%	3.4%
小时停线目标(分钟)	0.64	0.58	0.46	0.35	2.04

(三) 课题解决(D)

课题定义清楚了相当于问题解决了一半,接下来才真正进入到问题解决落地环节,也就是要在计划期限内实现改善目标。本项目课题由武汉三厂总装分厂牵头,组织跨部门项目团队共同分析现状,查找原因,制定措施计划并实施,明确责任分工,确保改善目标达成。

1. 现状分析

项目团队采用精益研讨会和现场辅导的方法,结合现场巡视和AMES系统的测量统计,应用MECE树工具中WHY树,分析影响RO损失的主要因素见图15-13。

2. 关键改善行动

(1)设备类RO损失改善

针对设备设计缺陷、MTTR(平均故障处理时间)过长和MTBF(平均故障间隔时间)过短分别制定以下(见表15-8)改善行动:

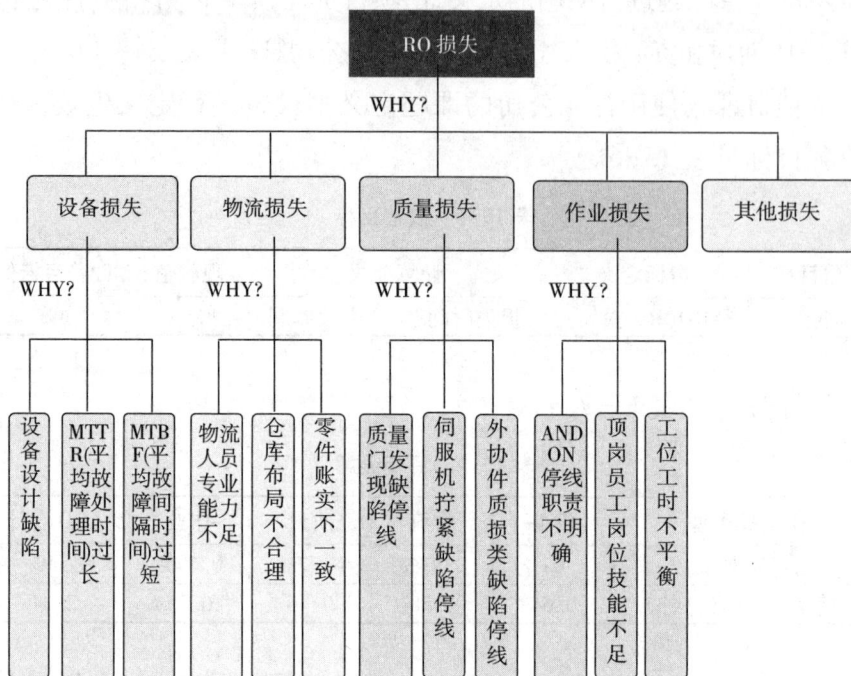

图 15-13　RO 损失的主要影响因素分析

表 15-8　损失改善措施

序号	要因	对策	目标	措施	地点	期限
1	设备设计缺陷	对移行机进行整体改造	平均小时停线从 0.07 分钟下降到 0.05 分钟	1.把移行机轨道更换为耐磨 H 型钢； 2.把滚轮更换为包胶轮,保证和轨道的线接触； 3.调整导向轨位置至移行机重心处,保证轨道受力均衡。	总装合装线	2014.2
		更换所有滚轮及磨损严重的轨道	平均小时停线从 0.21 分钟下降到 0.11 分钟	1.把滚轮更换为可加油润滑的单边密封滚轮,延长使用寿命； 2.在轨道上增加 8mm 耐磨层,三年更换一次耐磨层。	总装商业线	2014.2
		更换所有滚轮	平均小时停线从 0.18 分钟下降到 0.06 分钟	把所有滚轮更换为更耐磨的超高分子聚乙烯材质,可保证三年以上的使用寿命。	总装淋雨线	2014.2

续表

序号	要因	对策	目标	措施	地点	期限
2	MTTR（平均故障处理时间）过长	通过培训、测试和故障模拟演练等措施把维修工能力提升到目标	每班每项技能至少有两人达到4分（独立操作）	1. 从故障、理论和实操等多方面编制培训教材对维修工进行培训； 2. 编制理论和实操试题对维修工进行考核、评分、再培训； 3. 定期进行故障模拟演练。	总装	2014.3
		针对所有故障编制故障处理指导书并对维修工进行培训	编制率>95% 利用率>80%	1. 对发生的每个故障均编写处理指导书，并对维修工进行针对性培训； 2. 根据后续类似故障不断完善和利用指导书。	总装	2014.6
3	MTBF（平均故障间隔时间）过短	预检修计划和工艺卡的优化	预检修计划完成率>90% 预检修工艺卡编制率>95%	1. 通过 A0 版预检修、动态静态检修结合、工时平衡分析法、VRS 审核等多项措施不断修改、完善预检修计划； 2. 采用 PSA 标准编制图文并茂的预检修工艺卡，按照编制—试运行—VRS 审核—修改—生效的流程不断完善。	总装	2014.6
		TPM 工具的优化和完善	TPM 三卡的有效执行率>98% 三方共进小组的执行率>98%	1. 通过督导工、维修工、AM1 和 AM2 的多级审核，保证执行有效性； 2. 采取生产、工艺和维修三方共同对重点设备进行检查，结合标签运动等工具，对问题形成唯一性清单并根据时间节点推进完成。	总装	2014.6

a. 解决设备设计缺陷，改善前后对比见表 15-9：

表 15-9　改善前后对比

对策	改善前	改善后	效　果	精益工具
对移行机进行整体改造			1. 改造完成,使用一年后,测量轨道、包胶轮和导向轮的磨损未超过 0.5mm,符合标准; 2. 降低平均小时停线时间 0.02 分钟; 3. 新增、优化标准 1 份,作业指导书 5 份。	A3 报告 5W 分析 目视化管理 精益研讨会 自主团队活动
更换商业线所有滚轮及磨损严重的轨道			1. 改造完成,使用一年后,测量轨道未磨损,滚轮无锈蚀、卡死、脱落等问题; 2. 降低平均小时停线时间 0.1 分钟; 3. 新增作业指导书 3 份。	
更换淋雨线所有滚轮			1. 改造完成,使用一年后,测量滚轮磨损量小于 1mm; 2. 降低平均小时停线时间 0.12 分钟; 3. 新增作业指导书 2 份。	

b. 改善 MTTR 过长问题(从 12.35 分钟下降至 3.99 分钟),改善前后对比见表 15-10:

表 15-10　改善前后对比

对策	改善前	改善后	成　效	精益工具
通过培训、测试和故障模拟演练等措施把维修工能力提升到目标			1. 编制理论和实操试题对维修工进行考核、评分、再培训:培训、测试维修工超过 1500 人次; 2. 定期进行故障模拟演练累计 12 次; 3. 实现了每班每项技能两人以上达到 4 分(独立操作)的水平; 4. MTTR 从 12.35 分钟下降至 3.99 分钟。	目视化管理 作业指导书 问题快速反应
针对所有故障编制故障处理指导书并对维修工进行培训			1. 对发生的每个故障均编写处理指导书,并对维修工进行针对性培训,累计完成指导书 190 份; 2. 根据后续类似故障不断完善和利用指导书; 3. 故障处理指导书编制率达到 100%,利用率达到 94.8%。	

c. 改善 MTBF 过短问题(从 274.71 分钟提升到 1080.11 分钟),改善前后对比见表 15-11:

表 15-11　改善前后对比

对策	改善前	改善后	成　效	精益工具
预检修计划和工艺卡的优化			1. 采用 PSA 标准编制图文并茂的预检修工艺卡,按照编制—试运行—VRS审核—修改—生效的流程不断完善,累计完成审核 104 次; 2. 预检修计划完成率 95.8%,预检修工艺卡编制率达到 100%; 3. MTBF 从 274.71 分钟提升到 1080.11分钟。	VRS 审核 目视化管理 作业指导书 TPM 5S ANDON
TPM 工具的优化和完善			1. 成立 6 个三方共进小组,由生产、工艺和维修三方共同对重点设备进行检查,结合标签运动等工具,对问题形成唯一性清单并根据时间节点推进完成,累计完成小组活动 312 次; 2. TPM 三卡的有效执行率和三方共进小组的执行率均达到 100%。	

（2）物流类 RO 损失改善

针对仓库布局不合理、物流人员专业能力不足和零件账实不一致分别制定以下（见表 15-12）改善行动：

表 15-12　损失改善措施

序号	要因	对策	目标	措施	地点	期限
1	仓库布局不合理	调整仓库布局	到货零件库位满足率由63.6%提升至100%	1. 调整仓库布局; 2. 重新规划厂内物流路线及人员设备需求; 3. 修订各工艺标准文件。		2014.2
2	物流人员专业能力不足	修订岗位作业指导书并针对性培训	VRS 审核符合率由38.5%提升至 90%以上	1. 对物流 40 个岗位的作业指导书重新编写并开展培训; 2. 实施 VRS(标准化作业审核)。	武汉三厂总装仓库	2014.2
3	零件账实不一致	建立零件动态盘点规则	零件动态账实一致率由70.03%提升至 90%以上	1. 生效零件动态盘点规则并制定对应岗位标准作业指导书; 2. 采用 PDA(终端识别设备)对零件进行动态盘点。		2014.3

改善前后对比见表 15-13：

表 15-13 改善前后对比

对策	改善前	改善后	成 效	精益工具
调整仓库布局	作业干涉	规范无干涉	1. 优化物流工艺减少生产运营系统中物料运输浪费； 2. 到货零件库位满足率达到100%； 3. 生效新物流仓库布置图及工艺操作规程。	拉动式生产 PDCA 标准作业 头脑风暴 精益研讨会 价值流分析
修订岗位作业指导书并对执行情况进行审核	原作业指导书	新作业指导书	1. 加强标准作业规范减少生产运营系统中纠正过失型浪费； 2. 优化56份标准作业指导书； 3. VRS审核符合率达到93%。	标准作业 目视管理 VRS
建立零件动态盘点规则	无明确规则，有问题再盘点	建立动态盘点规则	1. 优化硬件设施消除生产运营系统中多余工序型浪费； 2. 零件动态账实一致率达到91%。	标准作业 问题快速反应 改善提案活动 防差错

（3）质量类 RO 损失改善

针对质量门发现缺陷停线、伺服机拧紧缺陷停线和外协件质损缺陷停线分别制定以下（见表 15-14）改善行动：

表 15-14 损失改善措施

序号	要因	对策	目标	措施	地点	期限
1	质量门发现缺陷停线	1. 减少缺陷流到质量门 2. 提高处理速度，减少质量门停线时间	1. 质量门发现的日平均缺陷数量下降15%； 2. 质量门停线平均时间从0.56min/h下降到0.35min/h	1. SWK工位优化，加入质量要点，建立班组质量导图和质量AXJ（日专项推进）制度、5W分析制度； 2. 建立总装分厂质量问题处理流程（包含缺陷快速反应流程）和质量门运行规则。	总装	2014.3 2014.4
2	伺服机拧紧缺陷停线	降低拧紧缺陷率	拧紧缺陷率下降27.5%	1. 成立伺服机拧紧缺陷专项推进机制； 2. 编写拧紧缺陷处理流程。		2014.5
3	外协件质损缺陷停线	减少外协件质损缺陷	1. 质损缺陷率下降50%； 2. 外协件料废PPM下降50%	1. 建立外协件质量问题处理流程； 2. 成立质损阵地专项推进机制。		

a. 改善质量门发现缺陷 ANDON 停线问题(从 0.56 分钟/小时下降到 0.26 分钟/小时),改善前后对比如下(见表 15-15):

表 15-15　改善前后对比

对策	改善前	改善后	成　效	精益工具
减少缺陷流到质量门	作业指导书中质量要点有遗漏	开展 SWK,完善作业指导书质量要点并培训	1. 加强标准作业规范,减少生产运营系统中纠正过失型浪费; 2. 质量门发现的日平均缺陷数量下降为 8 起; 3. 开展 SWK,生效作业指导书7000 余份; 4. 创建了质量系统软件。	SWK标准作业目视管理问题快速反应5W 分析ANDON
	未建立重大质量问题的推进机制	创建质量 AXJ 推进机制,提供 5W 分析		
提高处速度,减少质量门停线时间	分厂未形成固定的质量问题处理的指导性文件	创建质量问题推进规则和质量门运行规则	1. 开展了 1 次流程评审; 2. 生效了 2 份质量管理规则; 3. 生效了 1 份质量推进流程; 4. 质量门停线平均时间下降到 0.26min/h。	目视管理问题快速反应5W 分析标准作业自主团队活动ANDON

b. 改善伺服机拧紧缺陷 ANDON 停线问题(拧紧缺陷率下降 36.2%),改善前后对比如下(见表 15-16):

表 15-16　改善前后对比

对策	改善前	改善后	成　效	精益工具
降低拧紧缺陷率	分厂无伺服机拧紧改善推进机制	成立伺服机拧紧问题推进团队	1. 加强标准作业规范减少生产运营系统中纠正过失型浪费； 2. 伺服机拧紧缺陷率下降36.2%； 3. 生效了1份问题推进流程； 4. 形成A3报告48份。	自主团队活动 A3报告 5W分析 标准作业 VRS ANDON
	缺少拧紧缺陷处理流程	建立拧紧缺陷处理流程		

c. 改善外协件质损缺陷 ANDON 停线问题（质损缺陷率下降84.5%），改善前后对比如下（见表 15-17）：

表 15-17　改善前后对比

对策	改善前	改善后	成　效	精益工具
减少外协件质损缺陷	未规范处理流程	建立外协件质量问题处理流程和升级制度	1. 消除管理中因职责不明确和业务流程不清造成的无序浪费； 2. 质损缺陷率下降84.5%； 3. 外协件料废PPM下降90.4%； 4. 生效了1份推进流程； 5. 生效了1份升级制度。	流程优化 5W分析 自主团队活动 目视管理 防差错 ANDON VRS
	质损缺陷推进力度有待加强	成立质损推进阵地		

（4）作业类 RO 损失改善

针对 ANDON 停线职责不明确、顶岗员工岗位技能不足和工位工

时不平衡分别制定以下改善行动(见表15-18):

表15-18　损失改善措施

序号	要因	对策	目标	措施	地点	期限
1	ANDON停线职责不明确	制定ANDON运行规则	明确各层级人员ANDON响应时间(督导工:30秒,AM1:2分钟,AM2:5分钟,厂长10分钟)	1. 编制《总装分厂ANDON运行规则》并生效运行		2014.3
				2. 建立ANDON小时跟踪展板,实现目视化跟踪管理	总装	2014.4
2	顶岗员工岗位技能不足	通过轮岗保持多技能水平	具备多技能员工轮岗率从47%提升到95%	1. 制定轮岗率提升计划并推进实施 2. 定期开展"一线通"技能比武		2014.5
3	工位工时不平衡	工位平衡优化	10个班组均建立瓶颈工位推进目视化展板,每班每月消除1个瓶颈岗位	建立瓶颈工位推进模式并实施		2014.6

a. 解决 ANDON 停线职责不明确问题,改善前后对比见表15-19。

表15-19　改善前后对比

对策	改善前	改善后	成效	精益工具
制定ANDON运行规则	各层级ANDON运行职责不明确	编制《总装分厂ANDON运行规则》	1. 消除管理中因职责不明和业务流程不清造成的无序浪费; 2. 各级执行制度遵循率100%; 3. 提升团队协作能力及全员参与。	标准作业 目视化 问题快速反应 VRS ANDON 自主团队活动
	ANDON运行日分析,及时性不够	建立ANDON小时跟踪展板 实现目视化跟踪推进		

2)改善顶岗员工岗位技能不足问题(具备多技能员工轮岗率从47%提升到96%),改善前后对比如下(见表15-20):

表 15-20　改善前后对比

对策	改善前	改善后	成　效	精益工具
通过轮岗保持多技能水平	具备多技能员工轮岗率达到47%	具备多技能员工轮岗率月度跟踪 	1. 强化作业技能,保持减少生产运营系统中纠正过失型浪费; 2. 具备多技能员工轮岗率从47%提升到96%; 3. 提升员工士气和自主团队凝聚力。	目视化管理 多能工 自主团队活动 头脑风暴法 ANDON VRS
	以前没有相关活动	定期开展"一线通"技能比武竞赛 		

c. 改善工位工时不平衡问题,改善前后对比如下(见表15-21):

表 15-21　改善前后对比

对策	改善前	改善后	成　效	精益工具
工位平衡优化	没有系统地推进瓶颈岗位	通过目视化推进,消除瓶颈工位 	1. 推进工位平衡,减少生产运营系统中待工时间浪费; 2. 10 个班组均建立瓶颈工位推进目视化展板,每班每月消除 1 个瓶颈岗位; 3. 提升员工士气和自主团队凝聚力。	目视化管理 5W 分析 ANDON VRS 自主团队活动 SWK

（四）主要成效（C）

1. 目标贡献

通过实施针对设备、物流、质量和作业四个方面的损失改善,目标达成情况如下(见图15-14、表15-22):

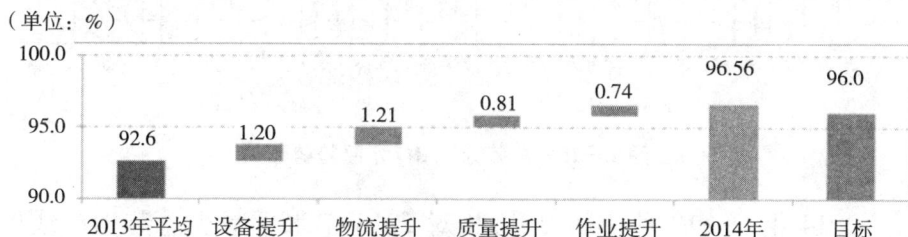

图 15-14 损失改善目标完成情况图

表 15-22 损失改善目标完成情况

改善目标		设备提升	物流提升	质量提升	作业提升	分目标合计
RO 目标	96%	1.07%	0.97%	0.77%	0.59%	3.40%
RO 实际	96.56%	1.20%	1.21%	0.81%	0.74%	3.96%
小时停线降低目标 （分钟/小时）	2.04	0.64	0.58	0.46	0.35	2.04
小时停线降低实际 （分钟/小时）	2.38	0.72	0.73	0.49	0.44	2.38

2014年,总装分厂RO水平稳步提升,目前RO水平已超越法国PSA集团(PSA)标杆(见图15-15):

生产效率和质量往往是一对矛盾体,我们挑战RO的同时使质量水平不断提升,总装单车缺陷率(DVM)超越法国PSA集团标杆,实现了矛盾统一,体现出武汉三厂的整体高质量运营水平。

2. 企业价值收益

2014年,武汉三厂顺利实现从30辆份/小时到44辆份/小时设计满节拍产能提升,全年完成22.38万辆,超额完成生产任务。

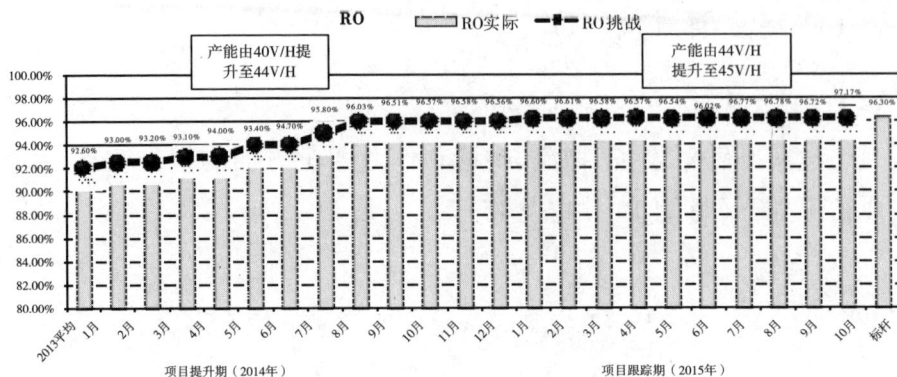

图 15-15　总装分厂 RO 水平趋势图

　　2014 年 1—12 月，RO 提升，相对 2013 年水平减少总装生产线停线 9766 分钟，按公司财务数据总装生产线每停线 1 分钟损失 3300 元，公司全年减少损失 9766×3300＝3222.78 万元。

3. 成果亮点

　　（1）建立了一套按小时—日—周—月跟踪推进的 RO 体系，2015年该体系已进入日常运行状态（见图 15-16）：

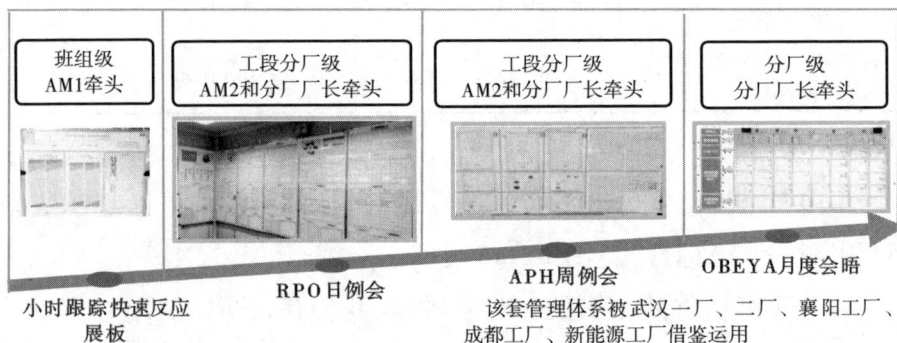

图 15-16　小时—日—周—月跟踪推进的 RO 体系

　　（2）本项目团队为有效分析和跟踪 RO 损失源，自创一套管理软件（见图 15-17），主要用于多维度分析 AMES 系统数据报表，精确查找到RO 损失源头，并持续跟踪指导现场改善。

图 15-17　生产管理软件界面

　　(3)改善项目团队充分凝聚员工智慧,自制自动变速箱换挡拉锁卡扣安装工装,降低工时、减少疲劳,彻底杜绝该安装工序造成的抛锚故障,获得国家专利(专利证号:ZL 2014 2 0749892.0)(见图 15-18);该工装在类似产品结构工厂——神龙公司武汉一厂、武汉东风新能源工厂推广运用。

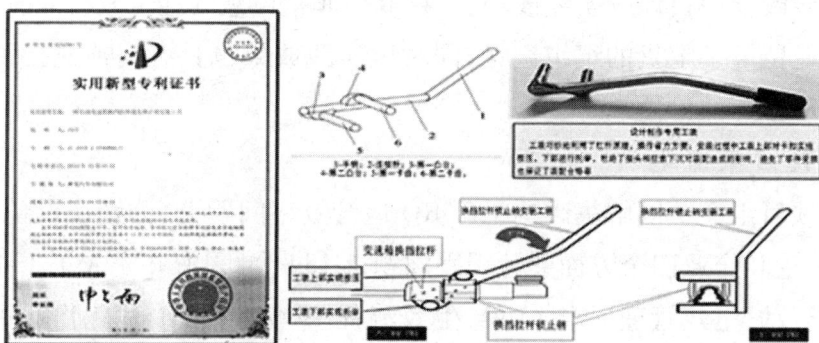

图 15-18　获得国家专利图

　　(4)该项目成果不仅获得神龙公司精益管理改善项目成果一等奖,而且还获得武汉市 2014 年管理创新成果二等奖(见图 15-19)。

图15-19　获得神龙公司精益管理改善项目成果一等奖

（五）推广价值（A）

该改善项目课题实践成功后,在取得非常可观的经济效益同时,也为企业留下了宝贵的组织记忆,同时该实践成果也具有向神龙公司其他工厂推广的价值。

1.成果固化

项目组在共同解决影响工厂RO运营效率问题上,分别从设备、物流、质量和作业四个方面共计识别问题点134个,采取并完成了134项改善行动,生效管理标准12份,生效流程15份,生效或优化作业指导书累计7256份。

2.推广价值

武汉三厂总装分厂RO运营效率管理,继承并吸收母公司的卓越生产绩效(PES)的优秀管理经验,创新出三厂总装独特的管理运行控制体系,形成一套完善成熟的RO推进模式。2015年,法国PSA集团专家对武汉三厂的 RO 运行机制审核给予了满分(10 分)评价。

2015 年,该项目成果推广至武汉一厂,武汉一厂的 RO 运营效率平均值从 2014 年的 93.0%,提升到 95.6%,提升了 2.60%(见图 15-20)。

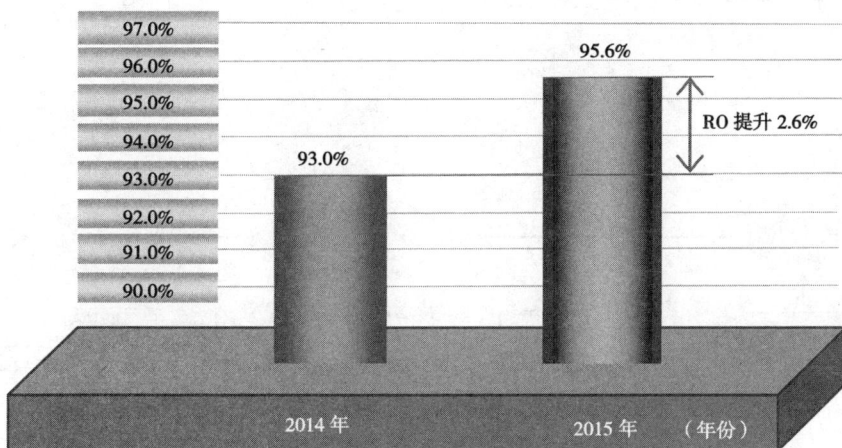

图 15-20　RO 运营效率提升对比

目前该项成果正向武汉二厂、襄阳工厂和成都工厂推广。

案例二:

神龙公司武汉一厂末端整车
在制精益改善

(一)　基本信息

(1)企业名称:神龙汽车有限公司

(2)项目名称:武汉一厂末端整车在制精益改善

(3)项目术语:

BSC 指标:神龙公司基于平衡计分卡的企业战略性绩效管理指标,该指标通过战略图和平衡计分卡由公司逐层向下分解到部门、分部、室和个人。

末端:总装车间完成整车装配下线到入库之间的区域,此区域主要负责符合性检查,车辆功能标定,整车电器检查,返修确认及车辆商业化。

末端整车流(见图 15-21):

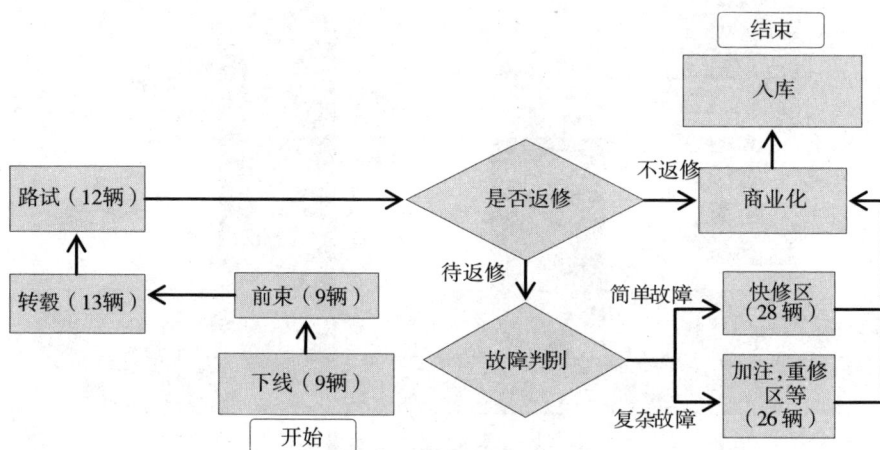

图 15-21 末端整车流图

MECE 树:按照课题构成要素或其原因,解决对策依循 MECE 原则的思考方式,将其逻辑性的分解成树状的工具。

(4)项目牵头人:高斯兰(法籍)、刘毅

(5)项目组员(见表 15-2)

表 15-23 项目组员角色及职责表

姓名	角色	职 责
雷鄂辉	责任领导(厂长)	生效项目目标、团队和期限,排除项目障碍,提供资源支持,检核结果
陈 雷	精益专家	全程提供精益改善工具与方法支持
罗 浩	小组成员	参与小组改善活动,提出改善建议并实施及跟踪改善效果
陈 柯	小组成员	来自技术部门,参与小组改善活动,提出改善建议并实施及跟踪改善效果
邱亦明	小组成员	来自制造支持部门,参与小组改善活动,提出改善建议并实施及跟踪改善效果

续表

姓名	角色	职　责
文道进	小组成员	来自质量部门,参与小组改善活动,提出改善建议并实施及跟踪改善效果
曾志永	小组成员	参与小组改善活动,提出改善建议并实施及跟踪改善效果
徐晓鸥	小组成员	参与小组改善活动,提出改善建议并实施及跟踪改善效果
明文亭	小组成员	参与小组改善活动,提出改善建议并实施及跟踪改善效果
王　亮	小组成员	参与小组改善活动,提出改善建议并实施及跟踪改善效果
宋宏敏	验证人员	负责项目改善效果验证

（6）项目起止时间见表15-24：

表15-24　项目关键节点时间表

项目关键节点		行动内容	时　间
P	J1:项目准备	项目立项	2015 年 1 月
	J2:项目启动	成立攻关小组	2015 年 1 月
D	J3:现场辅导/研讨	现状分析,识别问题、原因	2015 年 2 月
	J4:改善建议生效	制定并生效改善行动计划	2015 年 3 月
C	J5:改善行动跟踪与效果验证	实施改善并检核	2015 年 11 月
A	J6:项目总结	总结成果,参加公司发表	2015 年 12 月

（7）企业精益管理推进组织见表15-25：

表15-25　企业精益管理推进组织

姓名	职务/岗位	角　色
周晓伏	行政副总经理兼人力资源部部长	精益管理倡导者、执行领导小组组长
盛乐盟	组织信息部部长	精益管理倡导者、执行领导小组副组长
石毅鹏	组织信息部副部长	精益管理倡导者、执行领导小组副组长
陈彦刚	组织信息部组织分部(公司精益管理办公室)主任	精益管理推进者、实践者

姓名	职务/岗位	角色
刘庆华	组织信息部组织分部(公司精益管理办公室)精益管理推进主管	精益管理推进者、实践者
刘红	组织信息部组织分部(公司精益管理办公室)精益方法牵头人	精益管理推进者、实践者

（二）课题设定（P）

在课题设定阶段中,主要目的就是把问题定义清楚,将管理层关注的问题转化成可执行、可跟踪、可评价的项目课题。如何设定课题,从常规的思考逻辑来分析,需要回答三个问题,即项目从哪儿来、如何破题和怎样定义,实践过程如下:

1. 项目从哪儿来——课题挖掘

本项目课题来源于神龙公司中期事业战略计划的分解,即根据神龙公司百万辆规划,要满足产销需求,武汉一厂必须将生产能力从每小时 77 辆份,提高到每小时 83 辆份,生产线节拍提高 7.8%,如果武汉一厂不优化现有的工作方式,末端区域整车在制车辆需要从 139 辆新增至 150 辆。

为提高劳动生产率,降低生产成本,武汉一厂 2015 年制定的战略绩效目标为:在制品目标定在 128 辆,相对于 2014 年降低 15%,挑战 2 目标为 113 辆,比目标值再降 11%,如果在制品达到挑战 2 目标,那么武汉一厂末端交付时间将成为神龙公司的标杆见表 15-26。

表 15-26　本项目支撑的武汉一厂 BSC 绩效指标

BSC 指标名称	指标级别	现状值	BSC 目标			
			门槛值	目标值	挑战 1	挑战 2
末端在制品控制（辆份）日均值	部门级别	139	134	128	119	113

管理者遇到的问题是,要达到每小时83辆份的生产能力,武汉一厂的末端区域整车在制车辆必须从预计的150辆下降到113辆。因本项目牵涉到车间改造,涉及设备、技术、工艺和质量,因此,武汉一厂厂长将其立项为跨部门精益管理改善项目,由质检分部牵头。

2. 如何破题——课题分解

虽然有了课题,但多数情况下课题还比较大,有的还涉及多个职能部门,全面出击无从下手,而且人手和资源也不够用,这时需要将课题进行分解,将大课题拆分成小课题,将看似无法完成的任务分解成都能够执行的子任务,这就是常说的破题——课题分解。分解课题的方式很多,不同的分解方式往往能够找到不同的机会,本项目采用的分解工具是价值流图和MECE树。

总装末端MIFA价值流现状分析(见图15-22):

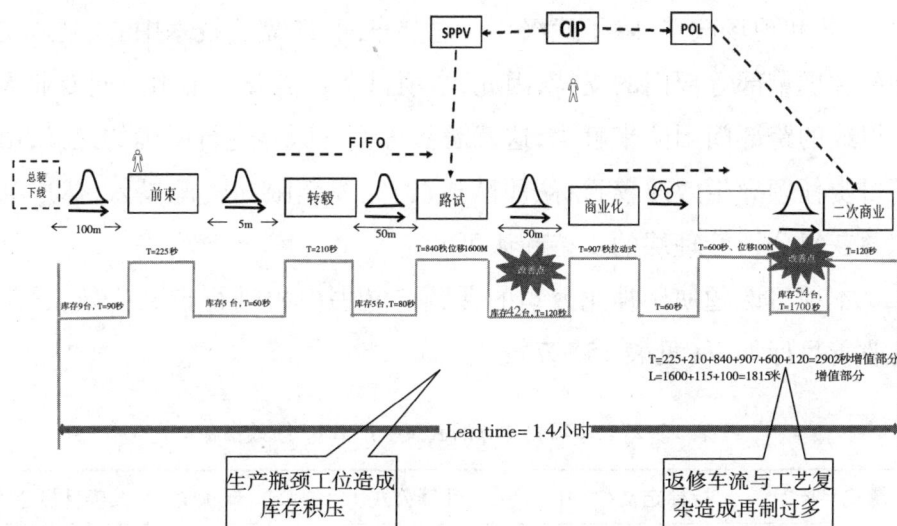

图15-22 总装末端MIFA价值流现状分析图

MECE树现状分析(见图15-23):

课题分解后,便能清楚地全面呈现改善机会,接下来需要做的就是结合现状进行挑选识别,本项目课题通过价值流图和MECE树分解,清晰呈现改善机会主要在路试生产瓶颈点和返修区。

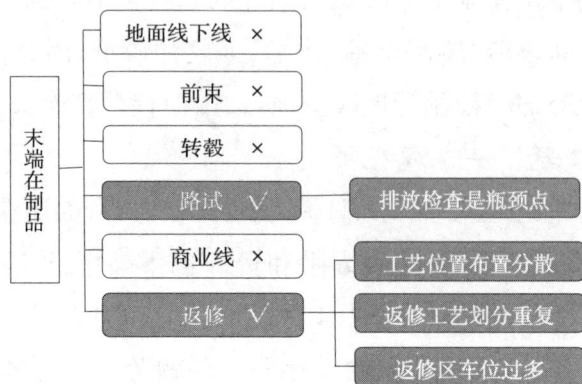

图 15-23　MECE 树现状分析图

3. 怎样定义——课题定义

虽然找到了改善机会,但解决措施还不清楚,而且牵涉到设备、技术、工艺和现场改造,除了武汉一厂总装车间,还需要技术中心、制造支持部和质量部等部门的支持,因此,本项目课题需要一个由不同专业人员组成的跨部门团队来解决,这就需要将项目课题进行明确的定义,由项目责任领导生效改善目标、团队成员、完成期限和资源投入,达成共识并获得公司管理层的支持和认可。

本项目课题使用神龙公司的课题定义书模板进行定义生效,设定的改善目标如下(见表 15-27):

表 15-27　本项目支撑的武汉一厂 BSC 绩效指标

量化目标	指标定义	计算公式	现状值	改善目标值
正向指标	末端在制品控制（辆份）日均值	总装下线至入库前区间整车数量	139	113

(三) 课题解决(D)

课题定义清楚了相当于问题解决了一半,接下来才真正进入到问题解决落地环节,也就是要在计划期限内实现改善目标。本项目课题由武汉一厂质检分部牵头,组织跨部门项目团队共同分析现状(见图15-24),查找原因,制定措施计划并实施,明确责任分工,以最低的成本、最优的工艺布置为导向来开展改善工作,确保改善目标达成。

图 15-24　现场分析

1. 现状分析

项目团队采用精益研讨会和现场辅导的方法,通过每天现场巡视和返修区在制品跟踪统计,分析末端改善方案如下(见表 15-28):

表 15-28　改善方案

序号	核心方案	改善问题点	牵头部门	牵头人
1	改善路试区域工艺布置	排放检查是瓶颈点	工艺分部	明文亭

序号	核心方案	改善问题点	牵头部门	牵头人
2	优化返修工艺	工艺位置布置分散	质检分部	徐晓鸥
		返修工艺划分重复		
3	优化返修车位	返修区车位过多	质检分部	曾志永

同时在总装末端改善区域平面布置图上明确改造方案（见图15-25）：

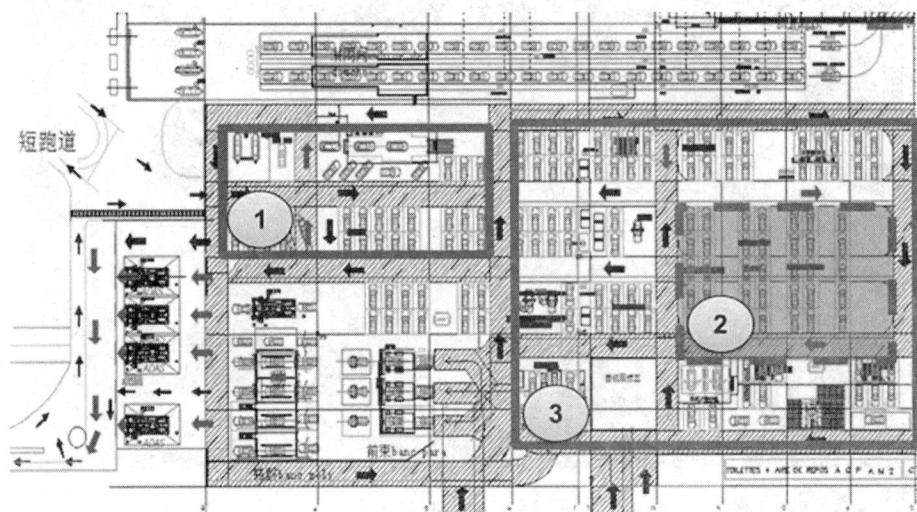

图15-25　改造方案

2. 关键改善行动

（1）改善路试区域工艺布置，提升排放设备能力

结合末端区域设施的优化，通过优化排放地沟的位置和改造返修淋雨间，减少了16辆整车在制，其中排放地沟的位置优化减少了10辆，返修淋雨间优化减少了6辆（见图15-26）。

（2）优化返修工艺

将返修区优化整合，快修区以"直排"的方式遵循"先进先出"的返

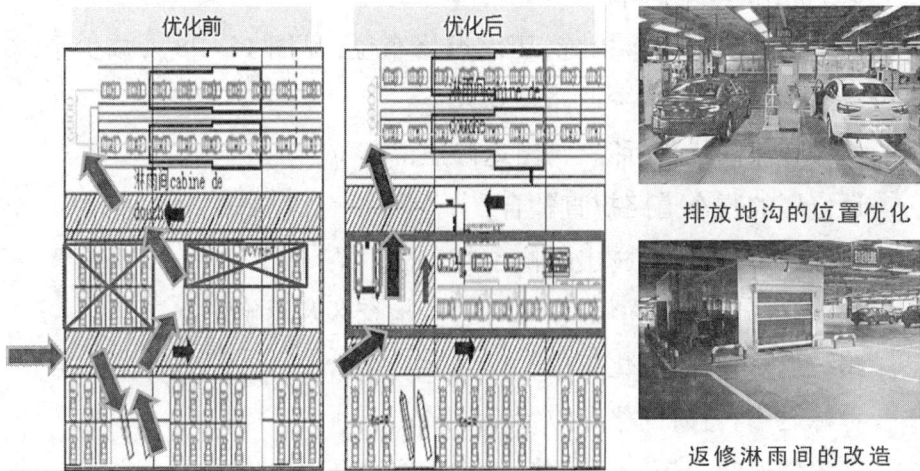

优化前　　　优化后

排放地沟的位置优化

返修淋雨间的改造

图 15-26　改善路试区域工艺布置

修原则,减少了 8 辆整车在制,其中合并静检与内饰减少了 2 辆,整合优化预分析区减少了 2 辆,合并焊修区及覆盖件减少了 2 辆,优化商业线返修减少了 2 辆,同时减少返修工 5 人(见图 15-27)。

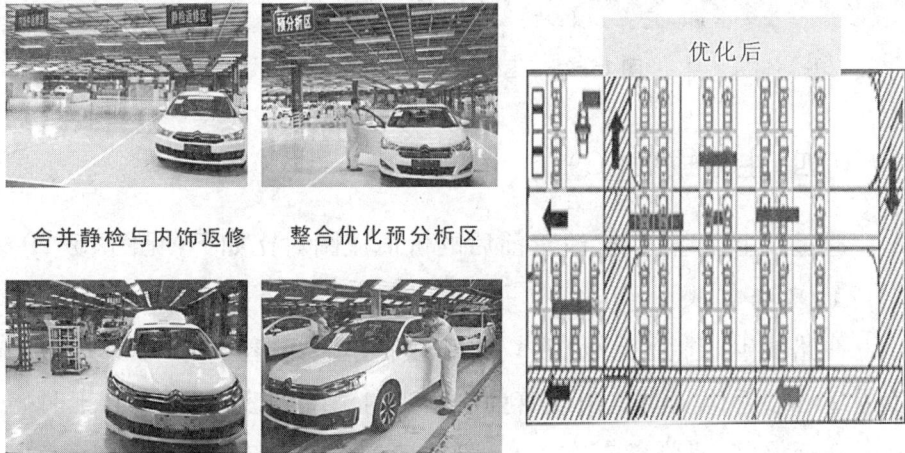

优化后

合并静检与内饰返修　　整合优化预分析区

合并焊修区及覆盖件返修区优化商业线在线返修

图 15-27　优化返修工艺

（3）优化返修区车位

通过实施以下改善措施,压缩返修车位(见图 15-28),减少了 16 辆整车在制品,同时减少返修工 6 人:

二号补漆间优化拆除,腾出返修预留车位;

返修区的行车道路拉直整合;

快修区车道优化,腾出返修预留车位;

油漆返修区整合优化,移入 RVCV 检查区及返修班组园地;

路试返修转移,优化车位;

重修返修转移,优化车位给新项目;

覆盖件返修与焊修区合并,优化车位给新项目;

静检,内饰,几何尺寸,密封返修整体规划转移;

AQTF 分析,预分析,二次商业化整体规划转移。

图 15-28　返修区车位优化后现场图

（四）主要成效（C）

通过以上改善行动,改善前后的价值流图对比如下(见图 15-29)。

1. 目标贡献

在路试生产瓶颈点处,日均整车在制车辆:改善前 42 辆,改善后减少为 26 辆,返修工时也由改善前 120 工时下降到改善后的 30 工时。

在返修区,日常整车在制车辆:改善前 54 辆,改善后减少为 30 辆,返修工时也由改善前的 1700 工时下降到 900 工时。

因此,完成改善行动后,武汉一厂在达到每小时 83 辆份的生产能力的同时,末端区域整车在制车辆由 150 辆减少到 110 辆,达成目

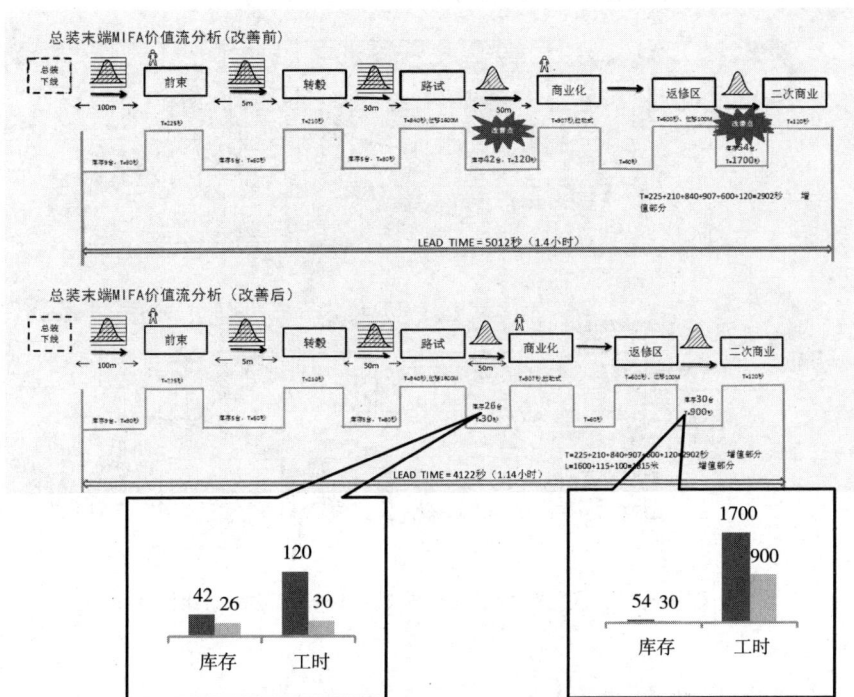

图 15-29　改善前后的价值流图对比

标值。

2. 企业价值收益

根据验证人员测算,本项目在实施改善后,年节省资金占用 300 万元,年节省人工成本 93.5 万元,减去改造投资费用 138 万元,当年就为企业节省资金 225.5 万元。

3. 成果亮点

通过项目实施,优化了末端 CVT 检查及返修工艺流程,形成以CVT 检查为外围的大循环车流和末端返修为内圈的小循环车流,将分散的各专业返修区域集中整合规划,重组后的返修效率得到明显提升,管理效率更高。优化前后的总装末端整车流示意图对比见图15-30:

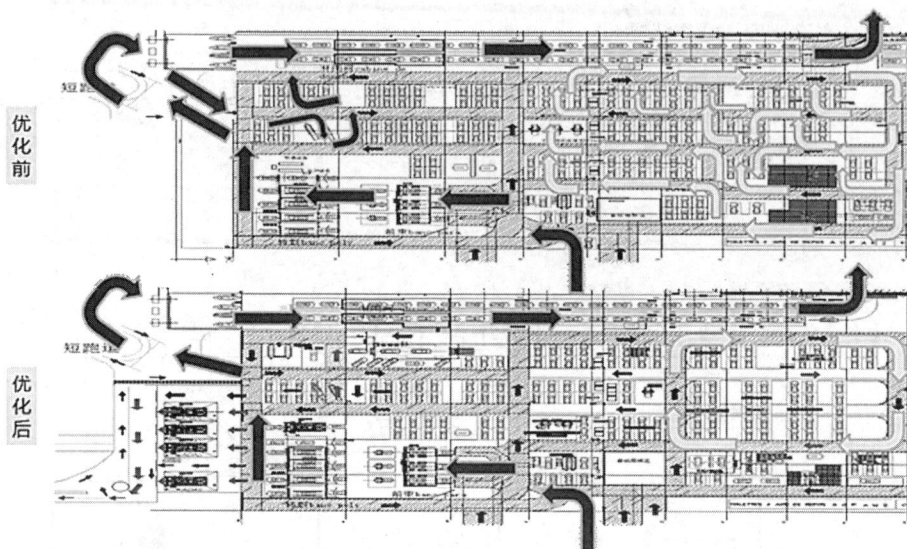

图 15-30　优化前后的总装末端整车流示意图对比图

（五）推广价值（A）

该改善项目课题实践成功后,在取得非常可观的经济效益的同时,也为企业留下了宝贵的组织记忆,同时该实践成果也具有向武汉二厂和武汉三厂推广的价值。

1. 成果固化

项目组在共同解决 3 个末端区域问题时共采取并完成了 15 项改善行动,在改善过程中生效管理标准 2 份,生效流程 2 个,生效作业指导书 3 份(见图 15-31)。

2. 推广价值

该项目实践再次提醒企业,生产线上的在制车辆越多,企业付出的成本就越高,需要不断地努力降低在制品数量,除了末端整车,还包括武汉一厂各个车间的在制品,比如焊装、涂装等。降低在制品可以迫使企业重新思考工作方式,同时还可以降低人工成本,带来意想不到的人

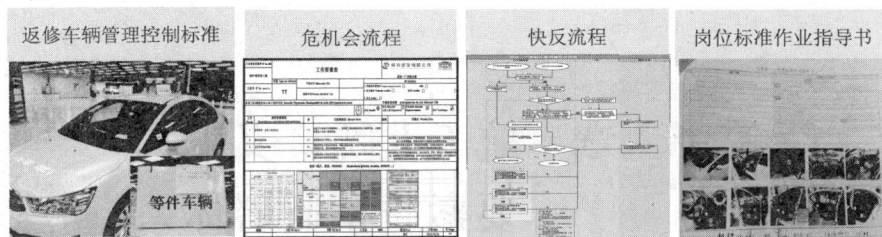

图 15-31　成果固化

工收益和效率改善。

　　该项目在武汉一厂取得显著成效,其实践经验随后被武汉二厂和三厂借鉴并推广。其成果引起法国 PSA 集团的关注,并派出 PSA 集团全球质检领域负责人到武汉一厂末端调研,在专家参观现场改善实践后,该项目成果被直接推荐为 PSA 集团的全球良好实践,并在集团的其他工厂进行推广(见图 15-32)。

图 15-32　法国 PSA 集团全球质检专家调研武汉一厂末端改善成果

(以上案例由神龙汽车有限公司刘庆华整理)

第十六章　航天九院广义工艺要素质量监督体系

一、企　业　简　介

中国航天科技集团公司第九研究院在我国航天事业 60 年的发展历程中,为载人航天工程、绕月探测工程、国家重点武器装备等提供了数以千万计的高质量、高可靠电子信息系统设备与元器件产品,为我国航天事业发展和国防现代化建设作出了突出贡献。九院主要研制生产惯性导航、遥测遥控、计算机及软件、微电子、机电组件、电线电缆等航天电子产品,被广泛地应用于导弹、火箭、卫星、飞船、深空探测器的各个关键部位,发挥着至关重要的作用。

航天九院企业文化蕴含着"国家利益高于一切"的航天精神,见图 16-1。同时在航天精神基础上特色化和丰富化,形成了九院"爱国""创新""富强""和谐"的经营理念。

航天九院质量管理模式。九院作为中国航天科技集团公司旗下的大型科研生产联合体,在型号(产品)质量管理上秉承贯彻航天精细化质量管理的理念和要求,并结合企业自身特点形成了九院特色的质量管理模式。九院创新性的以对辖属单位军品任务设计、开发、生产和服务的"监督管理"为认证产品,通过了中国新时代认证中心认证审核,将本部所有部门的全部 108 项管理业务纳入质量管理体系进行策划、实施、评价和改进(见图 16-2—图 16-4)。

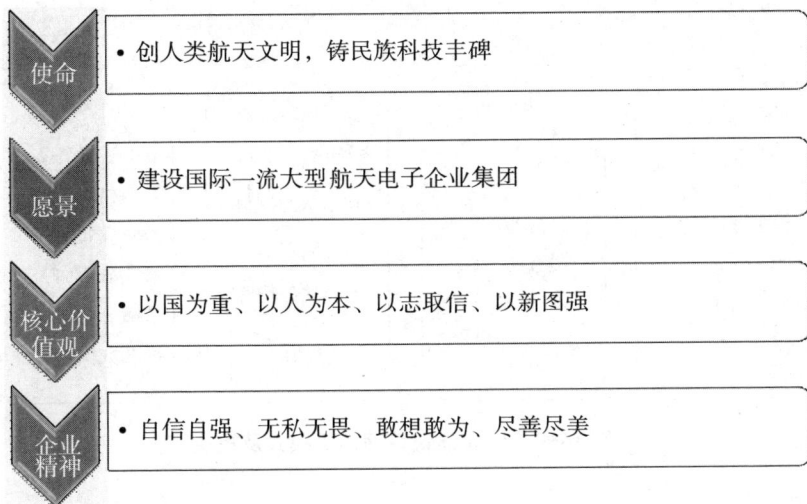

图 16-1　航天九院企业文化

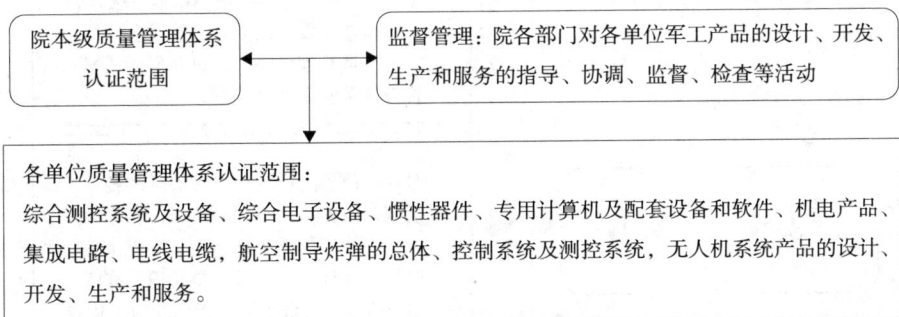

图 16-2　航天精细化质量管理重点

　　2011 年航天科技集团公司进入型号任务高强度、高密度发射的新的历史时期,在型号发射和试验任务骤增、资源保障条件建设相对滞后,人员能力和研产能力未得到同步提升的情况下,面对新形势和新任务,很多单位出现了不适应现象。2011—2013 年,九院多个单位接连发生低层次、重复性质量问题,对全院顺利完成科研生产任务造成被动局面,对全院形象和声誉也造成了一定负面影响。

产品设计过程保证	产品生产过程保证	综合质量控制	质量技术方法
可靠性设计 维修性设计 安全性设计 保障性设计 测试性设计 环境适应性设计	试制生产准备检查 首件鉴定 首件检验 关键检验点 强制检验点 不合格品审理	技术风险分析 "九新"分析 技术状态控制 质量问零题归 三类关键特性分析 产品数据	QC老七种工具 新七种工具 六西格玛管理 故障模式及 影响分析（FMEA） 故障分析树（FTA） 成功数据包

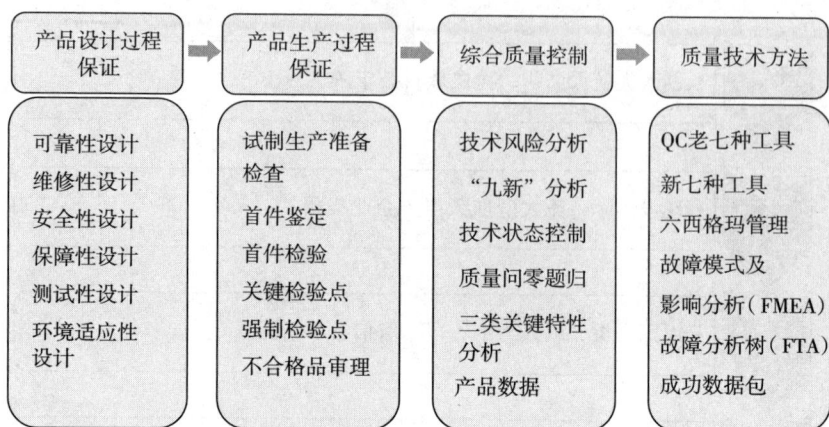

图 16-3　九院质量管理两级模式及重点

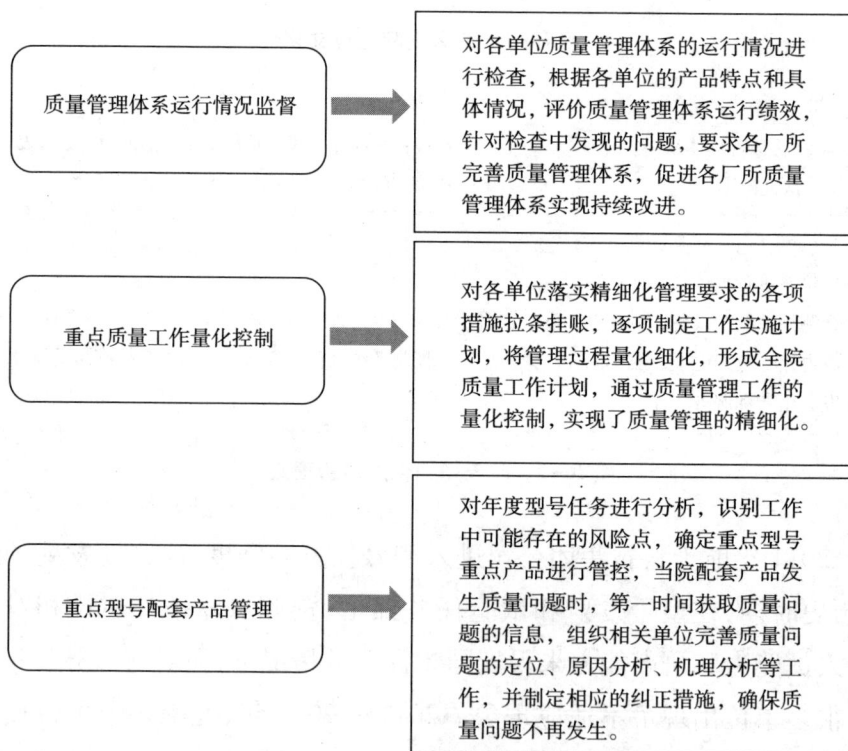

质量管理体系运行情况监督	➡	对各单位质量管理体系的运行情况进行检查，根据各单位的产品特点和具体情况，评价质量管理体系运行绩效，针对检查中发现的问题，要求各厂所完善质量管理体系，促进各厂所质量管理体系实现持续改进。
重点质量工作量化控制	➡	对各单位落实精细化管理要求的各项措施拉条挂账，逐项制定工作实施计划，将管理过程量化细化，形成全院质量工作计划，通过质量管理工作的量化控制，实现了质量管理的精细化。
重点型号配套产品管理	➡	对年度型号任务进行分析，识别工作中可能存在的风险点，确定重点型号重点产品进行管控，当院配套产品发生质量问题时，第一时间获取质量问题的信息，组织相关单位完善质量问题的定位、原因分析、机理分析等工作，并制定相应的纠正措施，确保质量问题不再发生。

图 16-4　九院质量管理重点

与此同时,航天科技集团公司形成了航天精细化质量管理理念,发布实施了《航天型号精细化质量管理要求》作为集团公司质量管理的顶层规章。另外,国家重大型号任务和军队实战化需求对产品质量提出了更高要求,全军装备质量工作会议上提出了质量责任终身追究制,以及适用性质量的概念,也对航天企业在创新产品质量管理理念和方法上提出了新要求。

在此情况下,九院决定推进实施基于广义工艺要素的质量监督体系,创新理念方法,扎实提升产品质量。聚焦一线、面向问题,九院提出"严格工艺纪律,夯实基础管理,提升产品保证能力"的总要求。院领导决策开展质量监督体系构建和监督方法研究,并亲自带队,深入一线,推进实施基于广义工艺要素的质量监督工作,促进各单位过程质量保证能力提升。项目由院领导带队,组织技术、管理专家深入一线,边研究、边实施、边改进监督检查方法、内容和流程,进一步抓细、抓实,研究、提出适合九院特点的质量管控模式,促进各单位过程质量保证能力提升。

二、质量管理特色理论与方法

(一) 监督体系构建总体思路与目标

总体思路是:"聚焦过程,关注管理,上下联动,以查促建"。针对建立航天企业过程质量保证能力持续改进机制,提高过程质量控制监督有效性的需求,结合航天科研生产组织管理以及质量管理的特点,研究提出创新性的基于广义工艺要素的质量监督模式、方法和工作机制,形成反映航天质量管理特点、规律和要求的、覆盖型号产品研制生产和产品质量保证全流程的检查模型和检查要求,建立系统完整的质量监督机制和完善的组织实施体系。通过项目研究与实施实现三大目标：

（1）构建始于传统工艺要素，模型覆盖产品研制全流程的广义工艺要素，并以广义工艺要素为核心，以广义工艺纪律检查为载体形式创建对要素的监督检查体系。

（2）基于国际先进质量管理方法和航天质量管理特色，结合企业自身特点，创建广义工艺纪律检查的工作机制和要素准则。

（3）在项目研究和实施的过程中实现过程管理能力和产品实物质量的提升。

（二）基于广义工艺要素质量监督模型的构建

航天企业过程质量管理的目标是通过有效的控制管理，确保研制产品符合规范要求，满足或超越顾客的期望。传统军工企业针对产品质量管控，特别是生产现场过程管控常用的做法是实施工艺纪律检查。其主要目的是对生产过程中遵守工艺秩序情况的检查确认，核心是要"遵规守纪"。九院在对质量形势和任务进行研判后，决定研究、实施适宜九院实际的全面质量监督，全面质量监督要基于对先进质量管理方法和航天质量管理精髓的继承，并融合九院自身任务和形势特点。九院将质量监督的对象，即现场管理工艺要求定义为工艺要素，并在质量监督模型的动态迭代过程中逐步形成广义工艺要素，即现场管理及产品涉及的工艺要求、设计要求、管理要求。对各工艺要素执行度进行检查形成广义工艺纪律检查。

2013年，九院在对数据分析的基础上，基于问题管理模式创建了工艺要素初始模型。2011—2013年，在质量问题中，九院操作问题占比较大，特别是静电损伤问题、多余物类问题时有发生，而且影响较大。基于此背景，工艺要素的初始模型聚焦到"静电防护""多余物控制""过程控制与记录""试验状态"4个环节上。围绕4个环节，抓现场、抓管理、抓风险（见图16-5）。

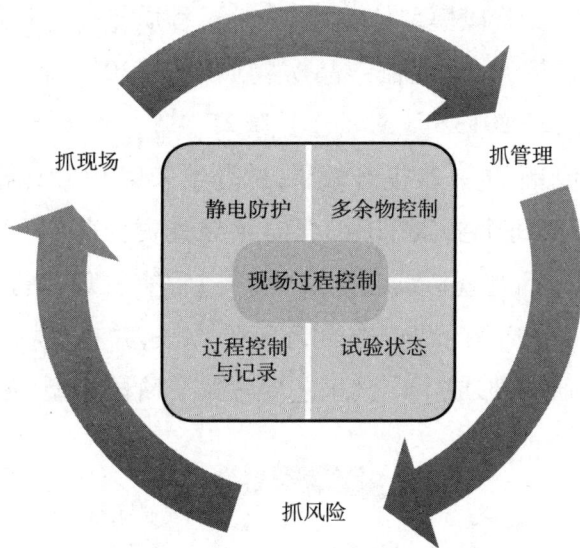

图 16-5 九院广义工艺要素初始模型

在模型验证实施过程中,课题组发现生产过程控制问题并不孤立,而与技术状态控制、技术文件控制、检验验收管理等环节紧密关联,随即优化初始模型,形成第二阶段模型(见图 16-6)。

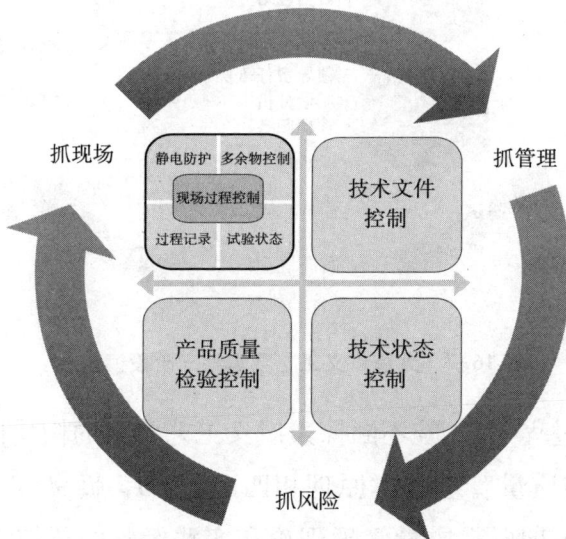

图 16-6 九院广义工艺要素第二阶段模型

通过实施第二阶段模型的验证,全院过程质量控制收效明显,现场管控水平有明显提升,体现在产品实物质量上,2014 年全院操作类质量问题数 38 个,较 2013 年(51 个)下降 25.4%。

为了巩固成果、进一步提升效果,课题组采用 PDCA 循环对工作机制进行完善,针对每个要素采用"面向领导查责任落实""面向风险查识别管控""面向问题查持续改进""面向过程查管理执行""面向结果查考核奖惩"——"五个面向"的闭环工作方法,并在现场、风险和管理等三条主线基础上,形成了广义工艺要素第三阶段模型(见图 16-7)。

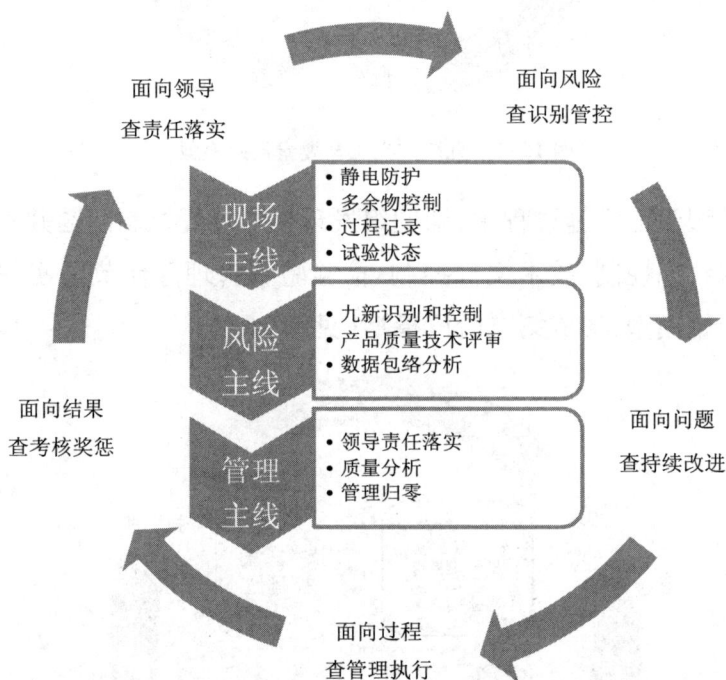

图 16-7　九院广义工艺要素第三阶段模型

动态迭代过程中,九院不断探索广义工艺要素的构建模式,将要素的识别、构建与质量管理基本原理相匹配。2015 版 9000 标准七项质量管理原则是长期以来质量管理理论和实践经验的总结,是质量管理最基本、最通用的一般性规律,也是提升质量管理和产品质量水平的基本出发点。将质量管理新版 9000 标准七项原则以及基于风险的思维与航天企业特点相结合,识别出提升航天产品保证能力的 6 项基本需求,即"相关方需求""企业发展需求""人为因素需求""过程管理需求""持续改进需求""基于风险的思维需求"(见图 16-8)。

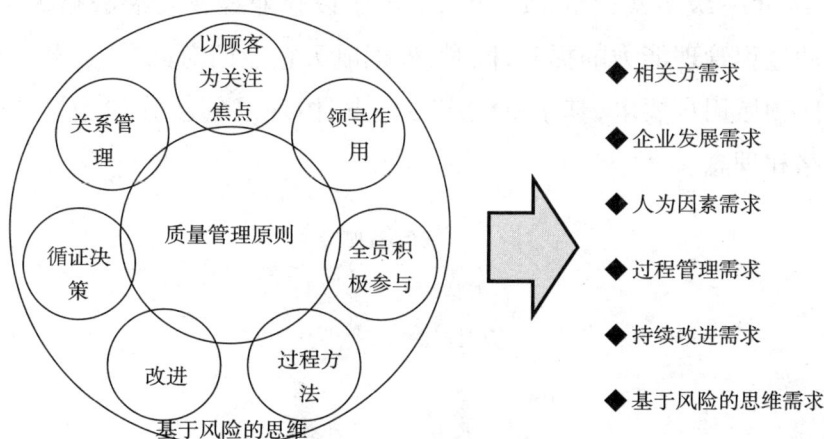

图 16-8 航天产品质量保证需求关系图

将相关需求逐项分解,以需求的核心作为提升航天企业质量管控的落脚点,便形成了"六个导向"的质量监督核心,以"六个导向"作为广义工艺第一级要素:

(1)对各相关方需求进行识别和分解,聚焦不同相关方需求的差异,形成差异导向。

(2)以企业发展需求进行牵引,明确追求与方向,形成目标导向。

(3)对人为因素进行分析,领导作用是其中核心,形成面向领导的责任导向。

(4)过程管理需求的核心是强化过程控制能力,以此构建基于量化的过程导向。

(5)持续改进需求基于对问题的识别、分析和改进,以此形成问题导向。

（6）基于风险的思维贯穿新版质量管理体系全过程,重在识别和控制,以此形成风险导向。

基于广义工艺要素的质量监督管控模型包括"驱动管理"和"产品实现过程管理"两个模块。"驱动管理"模块包括"目标导向""差异导向"两个一级要素(见图16-9),突出了以企业经营发展战略为牵引来拉动过程管理能力的提升,同时,根据航天企业面对武器、运载、宇航等不同领域用户要求,基于单位产品特点,体现了创新管理、差异管理的思路和理念。

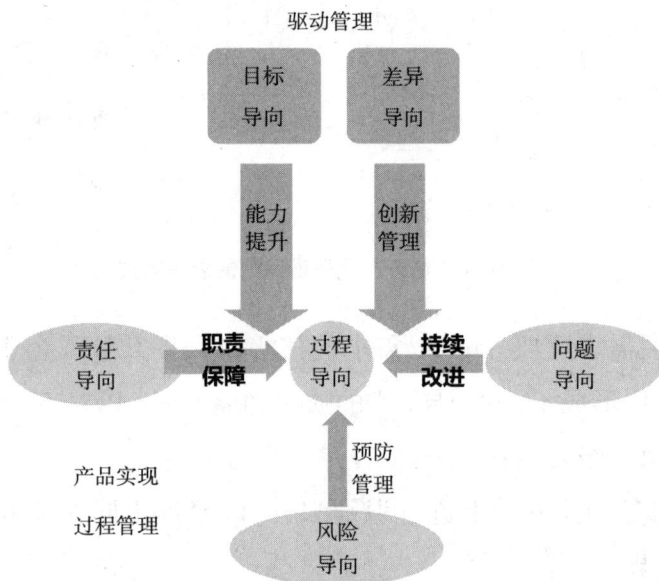

图16-9 六个导向最终模型关系图

"产品实现过程管理"模块核心内容是"过程导向",是航天企业产品质量保证的基石,围绕这个核心,以"责任导向"为职责保障,以"问题导向"为解决重点,以"风险导向"为管理思路,构建产品实现过程保证的四个一级要素,这其中涵盖了航天质量管理的三方面重点工作,即质量改进、型号过程质量控制以及质量基础能力建设,同时,凸显了各级责任制在航天企业过程质量管理中的核心作用,突出了在型号科研生产管理全过程中风险管理理念,关注细节、抓住关键,确保型号科研生产过程管控高效的思路。

(三) 广义工艺要素模型内涵

1. 责任导向二级要素模型

责任导向重在职责落实,强化管理过程中的领导作用,保证各项管理措施得到坚决执行和有效落实,进一步督导各级领导在质量活动中加大投入和参与力度,进一步强化各级领导工作作风和质量责任。杜绝责任分解不到位、落实不到位。责任导向以各级领导质量管理职责落实为起点,综合考虑资源保障、管理评审、考核奖惩等关联环节,并确保各项职责得到分解落实,推动企业各级领导在全面质量管理中发挥作用。

2. 风险导向二级要素模型

风险导向的目的是在风险识别的基础上,进一步强化风险管控措施的落地,保证预防管理的扎实性。风险管控的源头是对风险的识别和管控方案的策划,风险识别的基础是对已发生风险事项的总结和分析得出的风险易发点。通过对九院多年风险管理的分析总结,识别出的易发点主要集中在"技术风险分析""外包管理""技术评审管理""技术状态控制""生产计划管理"等方面。风险导向从企业科研生产薄弱流程入手,突出预防管理理念,将潜在隐患消除在源头,提升管理效能,见图 16-10。

3. 过程导向二级要素模型

产品实现过程管理的能力水平是产品质量保证的基础,过程管理直接关系产品质量,过程导向是广义工艺要素的核心要素,以细化、量化作为管控标准,九院以"人""机""料""法""环""测"作为过程导向的基础要素方法,确定了"过程记录""设备仪器管理""物资管理""工

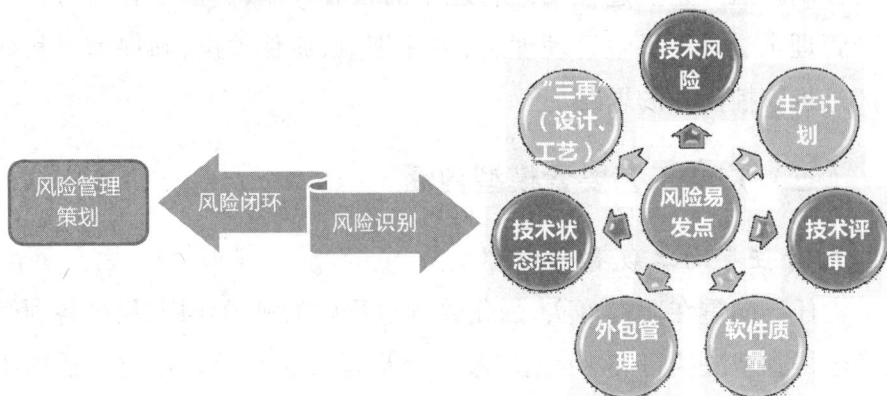

图 16-10　风险导向内涵解读

艺管理"'环境控制"'测试、试验控制"等基础子要素,同时针对九院航天电子产品特点和过程控制薄弱环节,补充了"静电防护"'多余物控制"和"量化控制"等特殊子要素,见图 16-11。

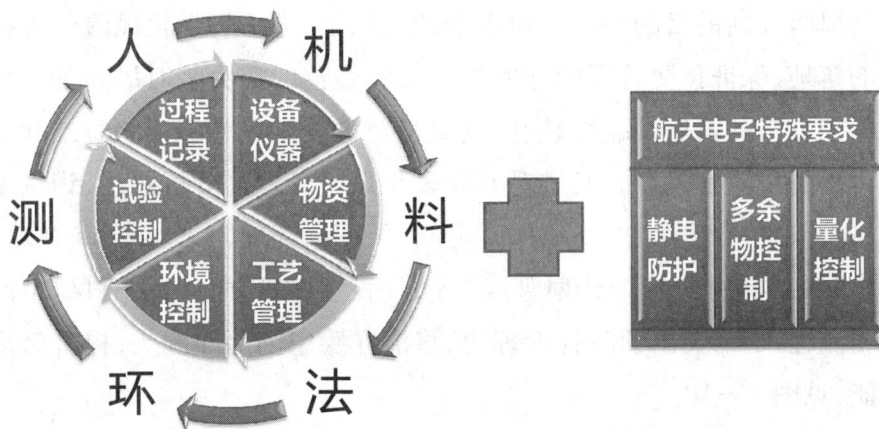

图 16-11　过程导向内涵解读

4. 问题导向二级要素模型

以问题为导向聚焦企业短板是持续改进的需求。以问题为导向,促进各企业正确对待和处理各类问题,特别是要确保各项质量问题归零措施、举一反三措施的严格落地,将质量问题归零、各项评估、监督、检查提出的问题作为推动各企业以自我改进为原动力,将不合格品审理、归零、质量分析、质量复查、监督检查等各项自我完善机制做实做透。以问题为对象,以原因分析与纠正为起点,以制定系统措施为手段,实现以闭环管理为思路的持续改进(见图16-12)。

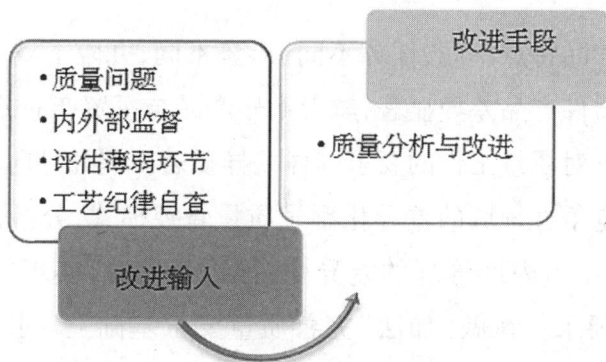

图16-12 问题导向内涵解读

4. 目标导向二级要素模型

通过目标导向,推动企业关注目标,明确方向。在创新驱动上下功夫,充分识别和认清形势,制定合理可行的发展路径,并按计划稳步推进。实现目标的过程就是对顾客的履约过程,也是实现自身发展的过程。目标导向将企业战略规划作为顶层引领,从技术和管理两方面着眼。技术引领落脚在"技术创新""先进制造技术""标准体系建设"上;管理引领落脚在"科研模式转型""产品工程建设""流程优化",以及国防系统"装备质量提升工程"和航天科技集团公司"质量提升工程"上。以企业经营发展战略为牵引,拉动企业经营发展水平提升(见图16-13)。

5. 差异导向二级要素模型

以差异导向推动企业不断研究创新,形成适宜高效的质量管理体

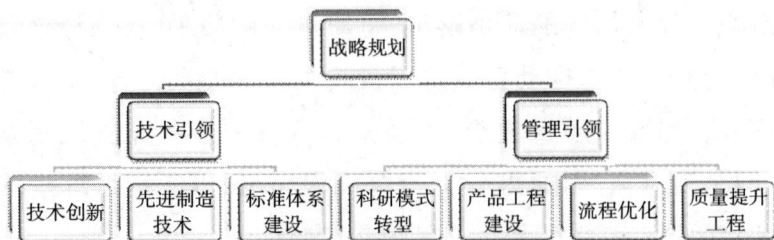

图 16-13　目标导向内涵解读

系。各企业产品特点不同、任务不同、形势不同,九院下属单位整机产品与电子元器件产品差异显著,航天型号产品与军贸产品差异显著,不同的形势任务对质量工作的要求同样差异显著。差异导向就是深入探索实践适应竞争性领域的差异化型号质量管控模式,分析任务和用户的差异化,转化为内部管理的差异化;推进产品化,实现"去型号化""去任务化"要求。在做"加法"完善质量要求基础上,同时做"减法"实施差异化的质量管理,做到保质量提效益、保成功降成本,抓重点、抓关键、抓薄弱,在质量管理理念和方法上不断创新,提升管理效能(见图 16-14)。

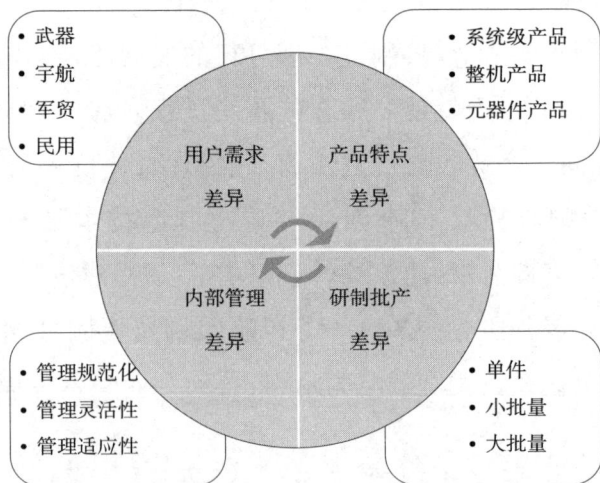

图 16-14　差异导向内涵解读

（四）广义工艺纪律检查要素与准则

1. 检查要素的制定与动态管理

依据 GJB 9001B、《航天型号精细化质量管理要求》以及航天质量制度、标准规范要求和航天型号（产品）质量工作关注的重点内容，以"六个导向"为主线，确立广义工艺纪律检查要素。其中一部分检查要素是常规重点质量工作，一部分检查要素是当前质量管理的薄弱环节。检查要素的确定一方面考虑了传统的质量管理体系的相关要素，如内审和管理评审、质量责任制、体系文件控制、产品检验、产品标识和可追溯性等，这些要素在通用质量管理要求的基础上，补充了航天质量管理的特殊要求；另一方面是突出了航天质量管理的特点和规律，反映了面向复杂航天产品质量管理和过程质量控制的重点，体现了航天质量管理的经验和成果，如科研生产风险识别管控、型号（产品）技术风险分析管理、质量问题归零管理、技术状态管理、标准规范体系建设、产品工程建设等，经过在实践过程中动态优化，研究项目以"依据充分、覆盖全面、详略得当、清晰易懂"为原则形成了广义工艺纪律检查的 38 个院级检查要素和 242 项院级检查实施准则（见表 16-1）。

表 16-1　广义工艺纪律检查模块、要素及检查准则

工艺纪律检查模块（一级要素）	编号	工艺纪律检查要素（二级要素）	检查准则（三级要素）
责任导向		领导质量管理职责分解与落实	242 项实施准则（三级要素）
		资源保障	
		管理评审	
		考核奖惩	
风险导向		科研生产风险策划识别管控	
		型号（产品）技术风险管理	
		生产计划管理	

工艺纪律检查模块（一级要素）	编号	工艺纪律检查要素（二级要素）	检查准则（三级要素）
风险导向		技术评审管理	242项实施准则（三级要素）
		软件质量管理	
		外包管理	
		技术状态管理	
		设计"三再"、工艺"三再"	
过程导向		型号产品量化控制管理	
		工艺管理及文件管理	
		过程控制与记录管理	
		静电防控	
		多余物控制	
		试验控制	
		设备、工装与仪器管理	
		环境控制	
		物资管理	
目标导向		质量问题	
		质量分析与改进	
		内、外部质量监督工作效果及提出问题的改进	
		评估薄弱环节（科研、质量）	
		工艺纪律自查与整改	
差异导向		规划与实施	242项实施准则（三级要素）
		质量目标、质量提升工程目标	
		技术创新	
		制造模式转型升级	
		标准（规范）体系建设与应用	
		产品工程建设	
		科研生产管理模式转型	
		产品研制、生产、使用流程优化	
		用户需求差异	
		产品特点差异	
		研制批产差异	
		内部管理差异	

2. 检查准则

检查准则是实施检查的主要依据,检查准则的内容结合检查要素的特点和规律,将该检查要素的上级法规制度、标准要求以及航天精细化质量管理要求进行了有机整合,突出了其中的关键环节和重点工作,尤其是针对目前存在的薄弱环节和问题提出要求,确保检查准则内容的可执行、可评价。检查准则的内容随着年度检查工作的开展进行及时动态修改、不断完善,确保检查准则能够反映最新的质量管理要求。

广义工艺纪律检查准则分为两类,一类是针对产品实现过程类的检查要素编制的检查准则,称为判定性准则,如"过程控制和记录"要素中规定的"是否依据关键件、重要件明细表制定了关键工序,是否设计了关键工序质控卡,是否实施三定,是否设置了关键和强制检验点,记录是否做到细化、量化,是否按要求留下图像记录等客观证据"。另一类是针对企业发展提升的拉动式准则,如"制造模式转型升级"要素中规定的"数字化仿真设计与精益工艺设计推进情况"。

过程控制及记录是针对航天产品研制过程质量管理的特点而研究提出的质量管理做法和要求,因此将其作为"过程导向"模块中的一个重要检查要素。过程控制和记录核心是要做到研制生产过程有依据、按依据、留记录。过程控制及记录既是院级检查的重点要素,也是厂所级、车间部门级、班组级检查的重点和核心,特别是车间工艺纪律检查和班组日查点检的最核心项目。过程控制与记录是传统工艺纪律检查的主要内容,用以验证产品实现过程对于技术文件的执行情况,涵盖生产过程的制造操作、检验、验收等环节,涉及操作执行、过程记录、产品质量评价等方面,并动态对航天型号产品过程控制的相关要求进行逐步落实完善。

综合相关制度、标准中对过程控制、过程记录工作的要求以及对面向产品质量分析工作实施过程中薄弱环节的分析,确定了"过程控制及记录"检查要素的检查准则,重点关注以下几个方面的内容:操作依据工艺规程情况,是否做到按章操作;对关键工序和强制检验点的控制情况;不可测项目、关键或重要特性的监视和控制;关键特性控制情况;产品过程数据包的管理;三类关键特性的管理;过程质量记录的细化、量化控制和可追溯性;产品检验过程控制情况以及相应检验报告的管理;产品验收和交付过程的管理等。

3. 各级检查要素与准则的支撑与延伸

以院级"六个导向"和 38 个要素为纲领,厂所级检查要素根据各单位和部门任务特点和产品性质,进行适宜性选择、优化、延展和删减,各厂所以年度为周期动态修订完善各级检查要素与准则。车间(部门)、班组级检查均制定了相应的检查要求,根据车间、班组专业特点制定了更为细化的检查要素细目,班组级检查每日开展,以点检表的形式确认班组工艺纪律执行状态,提高工作效率和效果。与院、厂所级的检查与抓责任、抓全面、抓管理不同,车间(部门)以及班组级检查更加聚焦现场,聚焦执行过程,从而实现检查抓手在产品实现过程和实物上的落实。各级支撑与延伸关系见图 16-15。

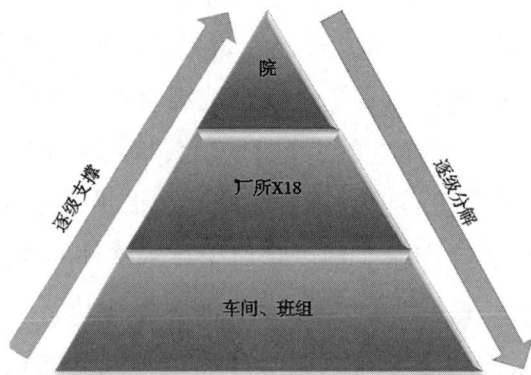

图 16-15 各级工艺纪律检查要素支撑与延伸"金字塔"关系

三、质量管理特色实践

（一）广义工艺纪律检查方法与实施

广义工艺要素模型的构建是实施针对性质量监督的基础,以此要素为监督检查的基础,九院建立广义工艺纪律检查机制和实施过程方法,在广义工艺要素"六个导向"基础上明确各要素模型的二级要素和检查实施准则,并进行动态优化和管理,以工艺纪律检查为实施载体,实现基于广义工艺要素的全面质量监督。广义工艺纪律检查工作模式见图16-16。

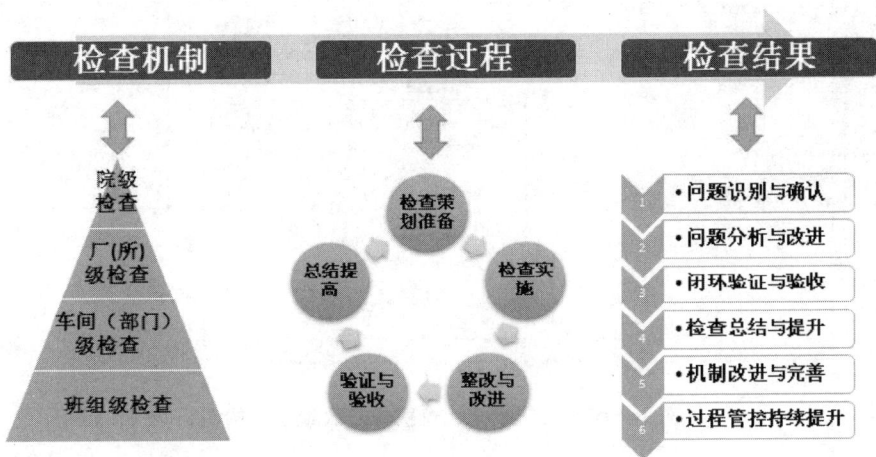

图16-16　广义工艺纪律检查工作模式

1. 构建组织管理体系

九院建立了院、厂(所)、车间(部门)各级工艺纪律检查管理机构,明确了各级主要领导、主管领导以及主管部门相关人员的职责。各级按年度策划和实施广义工艺纪律检查工作,院级检查在厂(所)级检查基础上进行,厂(所)级检查在车间、班组级检查基础上进行。各级广义工艺纪律检查的主要问题、突出共性问题和评价结果均纳入质量分析和质量考核。按年度对广义工艺纪律检查工作进行系统总结，在此基础上，不断完善检查的模式、方法、程序和工作机制。组织机构见图16-17。

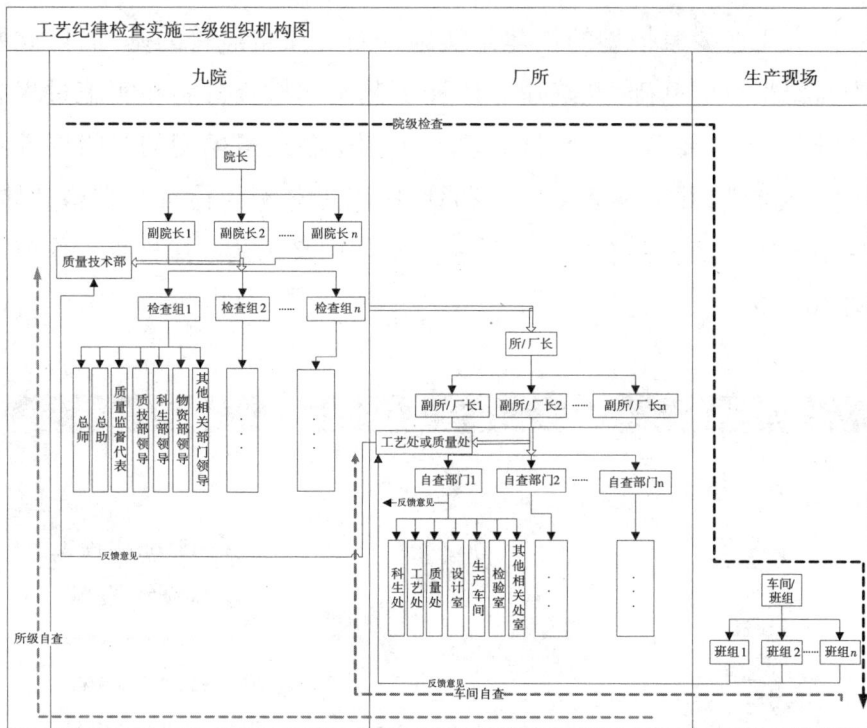

图 16-17　工艺纪律检查实施三级组织机构图

2. 建立制度文件体系

九院制定了《九院广义工艺纪律检查实施细则》，各厂（所）结合自身质量管理的特点和具体要求，对院顶层要求进一步细化，形成本单位管理办法和细则。厂（所）、车间、班组等各级对照院级实施细则，通过梳理相关质量制度、标准规范，建立了支撑广义工艺纪律检查的制度文件体系，为各级开展广义工艺纪律检查提供了技术支撑。

对广义工艺纪律检查制度文件进行动态管理,一方面是通过总结检查工作,完善检查细则等与检查直接相关的制度文件,这方面基本上是按年度进行修订;另一方面是通过挖掘和总结广义工艺纪律检查发现的好的做法,进一步完善各级科研生产管理制度、质量管理制度、标准和规范,健全了各单位科研生产管理和产品质量保证全流程体系建设。三年间,院机关共修订了关键环节控制、外包管理、质量分析、质量问题归零及举一反三等与科研生产密切相关的8项管理制度。各厂所通过实施工艺纪律工作,推动制修订各类制度、标准、规范1200余份,促进了各级管理的规范化。

3. 广义工艺纪律检查实施

(1)检查组织

九院建立了严格的各级检查组织程序。院级检查由院领导亲自带队,分管质量、物资、科研生产的总师、总助、科技委专家、质量监督代表、各部门部长(副部长)、主管人员组成检查专家组,每年两次,上半年对所/厂开展检查,下半年对整改落实情况抽查;各单位所/厂级除了配合院级检查工作,对检查出的问题进行系统整改策划和落实外,还要按季度进行自查,自查工作依据院年度检查总策划、所/厂年度科研生产计划、交付产品质量保证要求进行,自查组由所/厂领导、型号分管领导、总工艺师(副总工艺师)、科研生产部门领导、物资部门领导、质量部门领导及主要主管人员组成;此外,部门/车间级除每季度配合所/厂级检查外,每月还应结合本部门/车间各工作组实际情况制定自查内容并实施检查,由相应的部门/车间领导负责,月底将检查结果报送所/厂主管部门汇总统计。广义工艺纪律检查组织体系及工作流程见图16-18、图16-19。

(2)广义工艺纪律检查闭环管理流程

九院基于广义工艺纪律检查的质量监督管控是从院、厂(所)、车间(部门)自上而下分级组织实施,监督闭环管理体系由"监督模型要

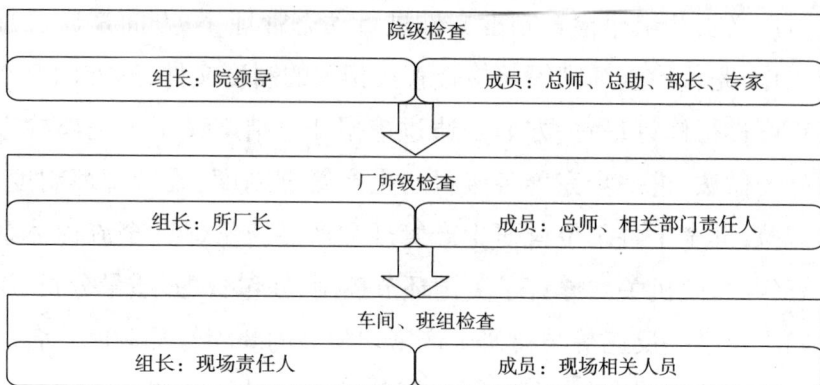

图 16-18　广义工艺要素监督检查组织示意图

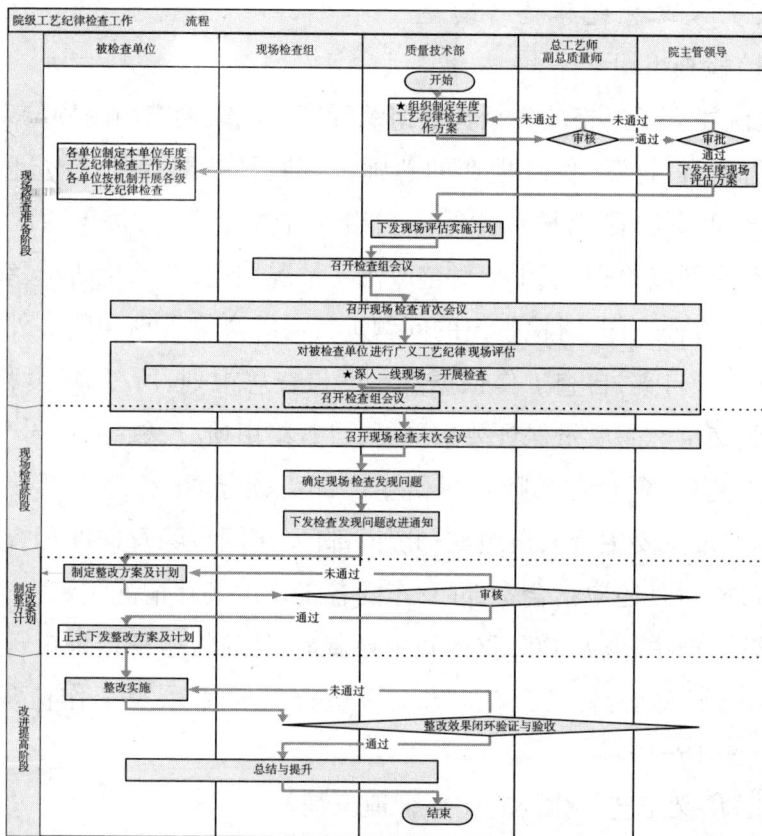

图 16-19　工艺纪律检查工作流程

素闭环—监督实施过程闭环—监督分析整改闭环—监督效果评估闭环—监督总结提升闭环"五部分组成。

a. 模型要素闭环

模型要素是质量监督最重要的环节。在该闭环中需要规定检查工作目标、思路和要求，明确检查重点和方式，制定工作过程和计划。通过检查计划编制环节，合理划定检查要素和覆盖面，充分调动现有资源，保证检查工作顺利高效的进行。每年年初，全面梳理上一年度工艺纪律检查问题、整改情况和效果，系统总结工艺纪律检查取得成效和存在的问题，分析面临的新形势、新任务，为继续深入推进工作奠定基础。依据任务和形势相关要求，策划当年度院工艺纪律检查工作思路、主要内容、重点要求和计划安排等工作。针对各单位质量形势和产品特点，制定更具针对性的每个单位的检查策划方案。组织召开年度工艺纪律检查部署动员会，在全院范围内动员布置年度工艺纪律检查工作。闭环过程见图 16-20。

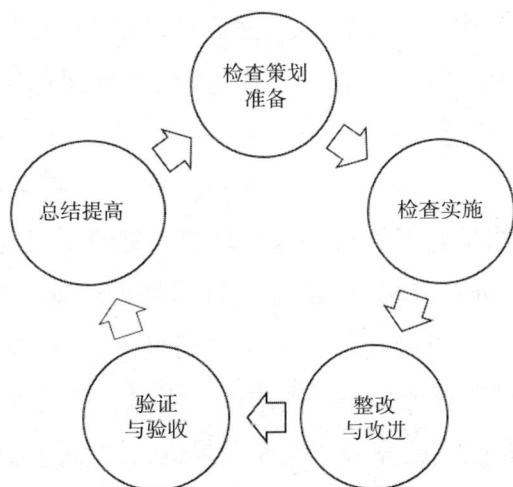

图 16-20　广义工艺纪律检查模型闭环改进流程

b. 实施过程闭环

实施过程是质量监督管理的关键环节，包括检查计划下发、各单位检查准备、检查实施和编制问题梳理报告。该环节规定了检查要素、程序和方法，规范了检查过程操作流程和参照标准。通过对检查过程实施闭环，对检查各要素预期达到的目标、标准/规范、技术途径、完成形式、进度、风险等进行控制，对产品在研制生产过程中的质量要求和管理工作进行把关，发现并提出在过程管理和研产中由于方案设计或管理执行或现场控制不严、过程规范性不强、有法不依、有章不循等问题。

c. 分析整改闭环

分析整改是确保质量监督管理有效的重要环节，该环节重点对检查提出的问题进行系统原因分析、举一反三，并督促整改落实，及时纠正并解决检查整改过程中对问题理解上的偏差，帮助被检查单位整体能力提升。各单位针对工艺纪律检查发现问题、系统分析，制定整改方案及计划，各单位在检查问题反馈后三周内完成方案的制订，主要领导组织组织专项管理评审后，上报院，院组织对各单位方案进行审查，审查通过后由各单位正式下发整改方案和计划的红头文件并严格按方案和计划开展整改工作。需较长时间完成整改的问题，制定专项计划推进实施整改。通过跟踪分析整改工作，强化检查问题执行落实的约束性和责任性，提高执行效率。

d. 效果评估闭环

效果评估是质量监督管理的检验环节。通过对已完成的检查工作的执行过程、结果进行分析，评估检查目标是否达到、实施的过程是否合理有效。该环节通过分析评估贯彻执行情况，找出原因，总结经验，为提高检查的效果和管理水平提供建议。依据各单位整改方案和计划，检查组对各单位整改实施完成情况和效果进行现场闭环验证，对提出的全部问题逐一闭环确认，并对各问题的举一反三开展情况抽样核验。

e. 总结提升闭环

总结提升是对检查自身工作策划、控制和执行结果的检验。通过检查结果是否被相关单位认可，并以此展开一系列改进提升工作以及检查提出的建议或意见的采纳率等,不断调整、完善检查方法,是检查工作在实施过程中收获成效。全面总结院当年工艺纪律检查效果、经验及不足,提炼固化改进成果,并进一步完善以工艺纪律检查为抓手的过程管控机制。

(3)检查实施方法

广义工艺纪律检查采取全员参与,逐级开展的形式,检查的实施一般包括座谈、考试、询问、查现场、查资料等方式,方法概括为"谈""查""看""考""改"。

a."谈"是指检查组与被检查单位或(部门)的领导层或相关人员进行座谈,重点是领导层座谈,座谈过程重在考察领导层的思路和意识,同时关注企业领导层的职责分配与落实情况,各领导对本年度各自分管业务的策划和采取的措施情况等。以质量分析座谈为例,座谈方法见图16-21,座谈类别见图16-22。

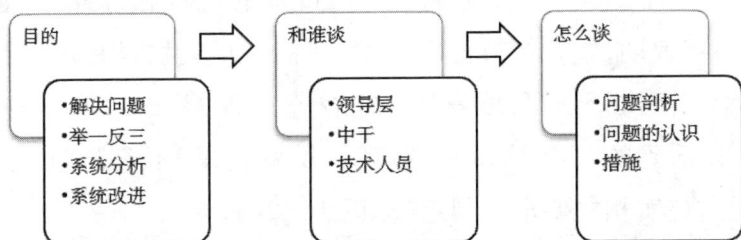

图16-21 质量分析座谈方法

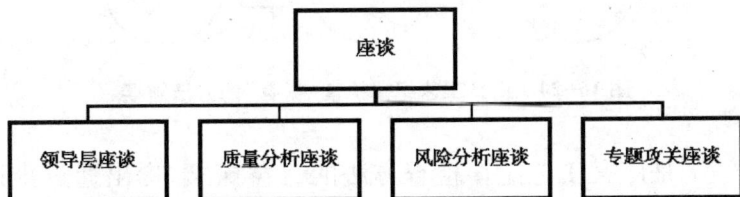

图16-22 广义工艺纪律检查座谈类别

b."查"主要是指查阅文件、资料和记录,文件、资料的检查主要关注其符合性、有效性、可操作性及其管理。记录的检查主要关注记录的客观性、真实性、完整性和可追溯性。"查"的过程中要关注的几点见图 16-23。

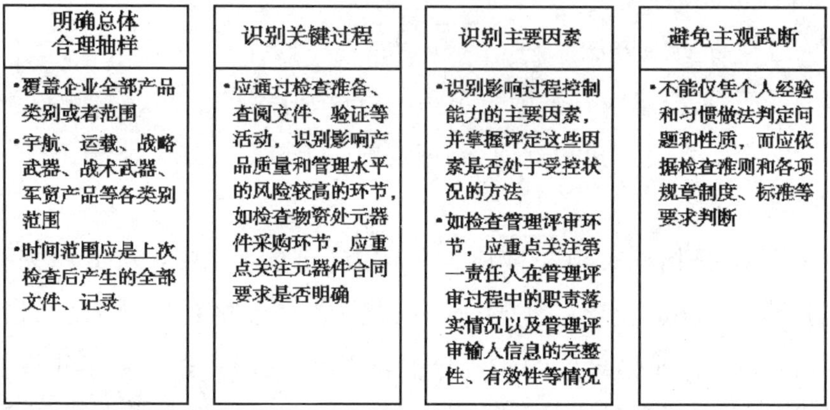

明确总体合理抽样	识别关键过程	识别主要因素	避免主观武断
•覆盖企业全部产品类别或者范围 •宇航、运载、战略武器、战术武器、军贸产品等各类别范围 •时间范围应是上次检查后产生的全部文件、记录	•应通过检查准备、查阅文件、验证等活动，识别影响产品质量和管理水平的风险较高的环节，如检查物资处元器件采购环节，应重点关注元器件合同要求是否明确	•识别影响过程控制能力的主要因素，并掌握评定这些因素是否处于受控状况的方法 •如检查管理评审环节，应重点关注第一责任人在管理评审过程中的职责落实情况以及管理评审输入信息的完整性、有效性等情况	•不能仅凭个人经验和习惯做法判定问题和性质，而应依据检查准则和各项规章制度、标准等要求判断

图 16-23　广义工艺纪律检查中"查"需注意的原则

c."看"的关键在于核对现场执行过程的现状和符合性，如：检查现场物料有效期，要看物料批次标识，并核对相关物料有效贮存期；检查操作者工序执行情况，要看操作者操作过程，并核对工艺规程的规定；等等。看到的"问题"，均要在现场做好记录，不确定"问题"性质的，要通过核实相关要求后判定（见图 16-24）。

观察 ➕ 核对 🟰 看

图 16-24　广义工艺纪律检查中"看"的方法解读

d."考"是广义工艺纪律检查方法的有益探索，提出通过推进关键人员考试，来推动各类人员的质量认识、意识和履职能力的提升。九院依据不同岗位的人员质量职责特点，针对性制定形成试题库，以考试、问答的形式。促进关键人员对各类标准规范、管理制度的关注和落实

（见图 16-25）。

图 16-25 车间现场"常见操作问题"及其注意事项考试讲解

e."改"是实现质量监督目标的核心过程，"改"主要关注的是整个的效果和措施的有效性。通过对监督过程发现问题的确认、梳理和分析，形成对问题产生的认识，并制定改进措施，特别是对于散落的"点"问题，以点及面的梳理管理流程，制定系统性的改进措施。"改"的效果取决于对问题的认知以及措施的有效性，"改"的落实程度直接决定了监督体系实施效果。改进流程见图 16-26。

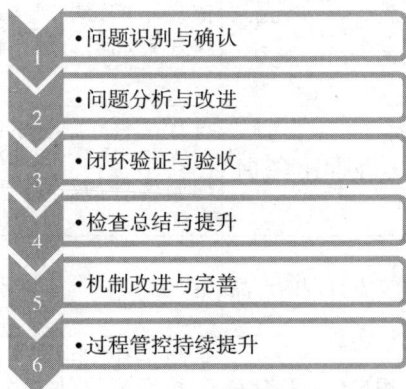

1 • 问题识别与确认
2 • 问题分析与改进
3 • 闭环验证与验收
4 • 检查总结与提升
5 • 机制改进与完善
6 • 过程管控持续提升

图 16-26 广义工艺纪律检查问题改进流程

（二）广义工艺纪律检查的主要特点

1. 广义工艺纪律检查覆盖科研生产和产品保证全流程

广义工艺纪律检查（以院级检查为例）与传统工艺纪律检查、体系认证及二方审核等检查活动不同。广义工艺纪律检查覆盖产品研制、生产全流程并包含对与之相关的基础管理各环节进行综合性管控。检查对象从一线员工扩展到企业领导、部门领导,将检查的内容从一线现场的工艺纪律执行扩展到业务管理部门的管理职责和流程,将检查的依据从工艺文件扩展到上级要求、标准规范、规章制度和体系文件,将检查的地点从生产现场扩展到生产、调试、试验等各类现场及机关部门,广义工艺纪律检查做到了"纵向到底、横向到边",既关注了产品也关注了管理,既关注了员工更抓住了领导,既暴露了个性问题更发现了系统问题。广义工艺纪律检查与传统工艺纪律检查及常用审核对照表见表16-2。

表16-2　广义工艺纪律检查与传统工艺纪律检查及常用审核对照表

	体系认证审核	二方审核	传统工艺纪律检查	广义工艺纪律检查（以院对厂、所为例）
目的	证实组织具有稳定的提供满足顾客要求和适用的法律法规要求的产品的能力	证实组织具有提供满足用户要求的产品的能力	依规生产,纠正有章不循	严格过程控制,大幅度降低操作和低层次质量问题
依据	GJB9001B	GJB9001B/合同	设计文件、工艺文件、质量控制文件、技术标准	各单位体系文件;相关的航天标准;集团公司相关的管理制度;九院的相关管理要求、制度
范围	体系认证覆盖的所有产品	二方订购的产品	生产线	单位涉及的所有型号产品（特别是重点单位/重点型号/重点产品）
人员组成	外审员	用户代表及专家	车间主任、主管技术领导、工艺员、检验	九院领导及机关部门领导、质量代表、相关专业专家

续表

	体系认证审核	二方审核	传统工艺纪律检查	广义工艺纪律检查（以院对厂、所为例）
定位	完成机构审核任务	产品满足用户要求	保证生产过程执行程度	根据各型号具体生产短线/出现问题就如何解决问题研究措施,达成共识,督促整改,实现预防管理
方法	抽查文件资料证据	抽查文件资料等证据	现场检查	座谈＋考试＋询问＋查现场+查资料
形式	首末次会/现场审核	首末次会/现场审核	现场	首末次会
对象	最高管理者/管理者代表全过程/体系覆盖部门	合同产品涉及的设计、工艺、生产部门	一线员工	领导层/型号指挥/总师专业领导/一线员工型号产品研制相关的主要业务部门和设计、工艺、生产、调试、试验、质量、检验部门
重点内容	所有代表性产品全过程	采购产品实现过程	工艺秩序遵守情况	结合厂所型号产品和生产任务特点,有针对性和有效的查找过程管理与产品质量保证的薄弱环节
表现形式	开具不符合项	开具不符合项	违章操作问题	各类问题清单拉条挂账
时间	根据单位复杂程度确定人日数	根据需要确定	1—2人/日	根据单位产品重要程度及质量状况,一周时间
周期	一年一次	不定	不定	2轮/年
结果	取得证书	签订任务合同	立查立改	以检促建、以检促改,大幅减少质量问题,提升管理能力

2. 广义工艺纪律检查是以反复迭代构建模型的自我完善机制

广义工艺纪律检查模型是一个在实践过程中不断策划、实施验证、总结、改进的迭代过程,在实践过程中不断修正检查模式、检查方法和模型构建,以年度为单位周期,年初进行模型策划,年底进行模型评价,并在下一年度对模型修订完善。最初的工艺纪律检查并未固定模式和模型,而是根据对企业形势、任务的研判以及当前经营管理存在的突出问题制定的动态模型,在模型使用的实践过程中反复应用 PDCA 方法修正,因此具有更好的灵活性和时效性,形成了自我完善机制。

四、质量管理效果

九院通过广义工艺要素质量监督的实施,累计实施改进2101项,推动了各单位过程控制的加强和全面质量管理的规范化。通过一系列卓有成效的改进实施,实现了产品实物质量和过程管控能力、任务履约能力的提升,成效显著。

（一）产品实物质量和履约能力大幅提升

1. 产品交付数量大幅增加,质量问题总数快速下降

在型号飞试任务和交付产品数量屡创新高的情况下,院质量问题数下降了36.5%,折算亿元产值问题数由2011年的3.41个/亿元下降到2015年的0.93个/亿元。

2. 风险识别与分析持续深化,型号产品风险管控能力快速提升

质量监督实施以来,院坚持"业务谁主管,风险谁负责""按层级目标落实风险管理职责"的原则系统开展了型号科研生产全要素的风险识别与管控,积极推动科研生产风险管理长效机制建设,在统一风险院级管理思想认识基础上,先后出台了一系列规章制度,使院型号风险管理有据可依,规定了完善的航天型号技术风险分析与控制程序,进一步规范了技术风险分析与控制工作;针对八方面风险完成了科研生产风险识别与管控方案,提早应对、及时消除了型号产品技术、质量、进度隐患,确保型号科研任务圆满完成;确定生产风险管理推进单位,积极组织开展了风险管理流程、方法和体系等研究和交流,认真研究了适合九院型号科研生产风险管理的方法和评价准则,并进行了现场讲座,取得了良好效果;建立并不断完善风险因素库,已完成对2013—2015年质量问题的梳理和总结,2016版风险因素库确定风险要素188个,风险

因素 675 个;对各单位风险管理和控制情况进行了检查,将评估结果纳入考核;强化问题归零管控,针对发生的典型质量问题开展深层次原因分析、整改、举一反三和复查,确保风险受控,并将问题故障信息纳入信息数据库中。九院型号风险管理流程见图 16-27。

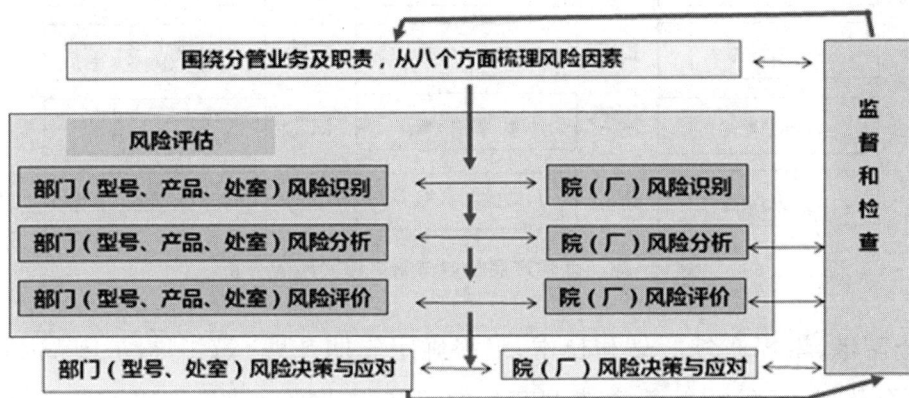

图 16-27　九院型号风险管理流程

3. 先进制造模式广泛应用,制造能力大幅提升

九院产品种类繁多、结构多样,产品生产工艺不尽相同,从而造就了典型的多品种、小批量生产方式。传统的航天制造以解决有无为主,制造理念是"技术导向",重点关注产品高可靠性和设计的先进性,科研生产任务安排以串行为主,不计成本和生产时间,生产现场多采用专业化工艺布局,资源的投入巨大,不能实现连续流动生产。要提升九院航天电子产品制造能力,解决制约型号研制生产的关键短线,加强能力建设、扩大生产规模是一个手段,建立起适应当前任务形势的制造模式,起到事半功倍的效果。产品特点与制造模式匹配分析见图 16-28。

结合广义工艺纪律检查发现的问题和改进需求,结合各单位产品类别和生产特点,分析各单位主要产品生产瓶颈,梳理出了 23 项适合单元制造模式的典型产品。在此基础上,结合型号科研生产任

九院产品特点		生产特点分析		单元模式的契合
产品及零部件种类多	⇨	逐步推进台化、系列化、规模化	⇨	为成组单元提供条件
数量持续增长	⇨	出现生产瓶颈	⇨	场地集中、配置专用资源
批量变动幅度大	⇨	投产批量和时机不宜把握	⇨	通过调整单间流的节拍速度应对任务量变动
技术难度大	⇨	技术、技能要求高	⇨	加深工艺的专业化、提高操作的熟练化
质量要求高	⇨	过程控制严	⇨	团队氛围、全员质量管理

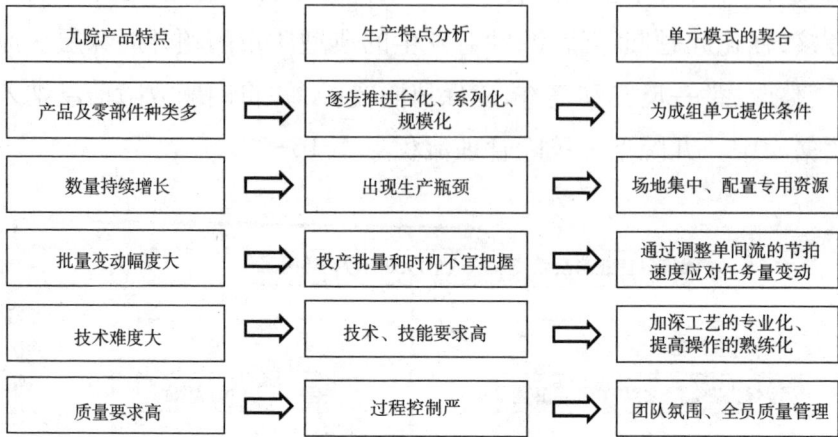

图 16-28　九院产品特点与制造模式匹配分析

务需求,聚焦瓶颈产品和技术,最终确定先期开展"铍半球动压电机""石英加速度计"等 5 个典型产品的单元制造项目建设。以实施单元制造模式为切入点,通过开展以单元制造模式为重点的先进制造模式的研究和应用实施,在全院范围内进一步推进航天典型产品生产流程再造和管理创新,促进先进制造模式在九院航天产品生产中的广泛应用。

基于单元各要素的基础数据和流程信息,依次完成了产品与工艺、设备与设施、布局与物流、文件与数据、人员与组织、环境与安全、生产运作、质量保证,以及信息化条件等各项要素配备和实施的方案。五个单位按照实施方案,进行各项单元实物要素的配置和布局安排,构成了典型产品制造单元的硬件条件。建立了包括生产运作、质量控制、产品保证、物料管理等的运行规则和管理制度,形成了与单元生产相适应的运行机制,奠定了单元运行的管理基础。同时进一步形成单元操作层面的作业规程、操作细则和管理程序。

在单元划分的基础上,将作业人员按照生产单元进行工作内容设计,提高分工专业性,使员工专注于本单元的作业方法,有效提高生产效率和质量。同时在员工技能配置上仍保留一定的灵活性,要求员工掌握单元内的大多数生产技能,使得在提高效率的同时兼顾生产的柔性。以温度传感器生产为例,单元生产模式与传统生产模式相比对员工技能要求更为简单(见图16-29)。

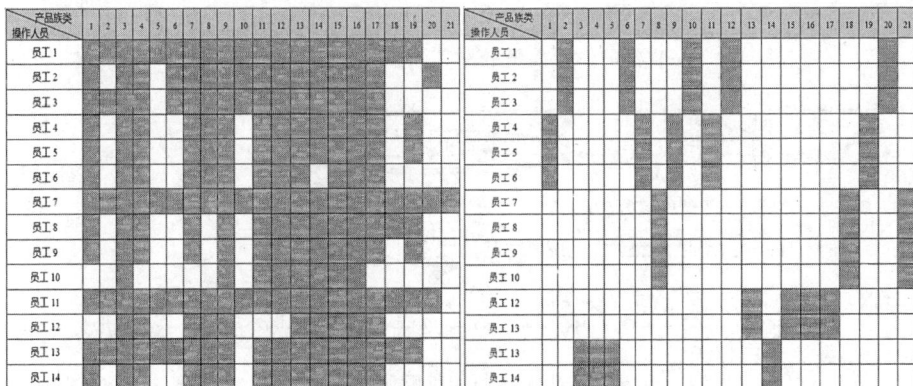

图 16-29　传统模式与单元生产模式对员工技能要求对比图

对工艺进行梳理,建立工序组合。操作人员仅能在完成一项工序组合的所有操作后才能进行工序切换,作业切换次数显著降低。以热流传感器为例,划分工序组合后减少 4 次作业切换,1 次作业切换平均需要 15 分钟计算,节约了 60 分钟的生产准备时间(见图16-30)。

九院各单位在生产组织模式改进方面积极探索、大胆尝试,并结合技术进步、能力建设等,大幅提升了产品生产效率和合格率。近年来较为突出的三浮仪表动压电机生产效率低、合格率低的问题,以广义工艺要素质量监督为原动力,以单元制造模式研究建设为牵引,结合技改建设,得到了明显改善,生产能力和产品合格率大幅提升;新型运载火箭研制和武器批产对箭/弹上控制系统综合控制器的产能要求日益增长,通过单元项目建设,在未大幅增加场地、资源、人力等条件下,综合控制器生产效率得到大幅提升;继电器线圈组、石英加速度计、温度传感器

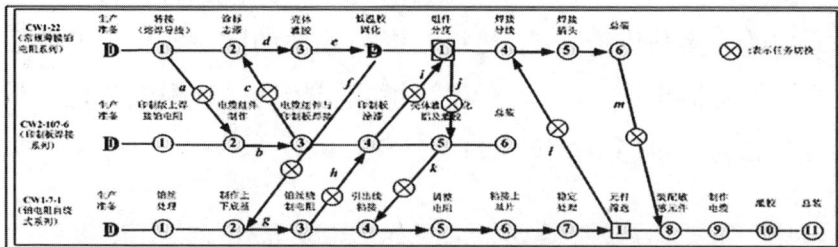

改善前作业人员的加工顺序

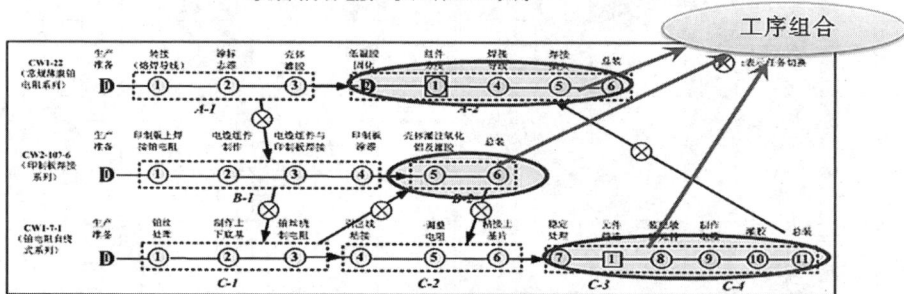

改善后作业人员的加工顺序

图16-30　现场工作流调整对比

等长期制约型号和产品研制交付的老大难问题都在制造资源没有明显变化的情况下得到有效突破。

（二）现场管理规范化和效能快速提升

1. 助推现场管理规范化和星级现场建设

九院通过以现场为核心的广义工艺要素的不断改进，打造了一批以国家级五星现场为代表的星级现场，现场管理能力得到了进一步的规范和提升。截至 2015 年年底院 8 家单位 16 个生产现场中，6 个荣获中质协五星级现场，9 个荣获四星级，1 个荣获三星级，对各单位过程管控能力提升起到了积极地促进作用（见图 16-31、图 16-32）。

以现场为核心的广义工艺要素不断助推过程管控方法的创新，能力不断提升。工艺纪律检查过程提出的问题都成为现场改善的输入，

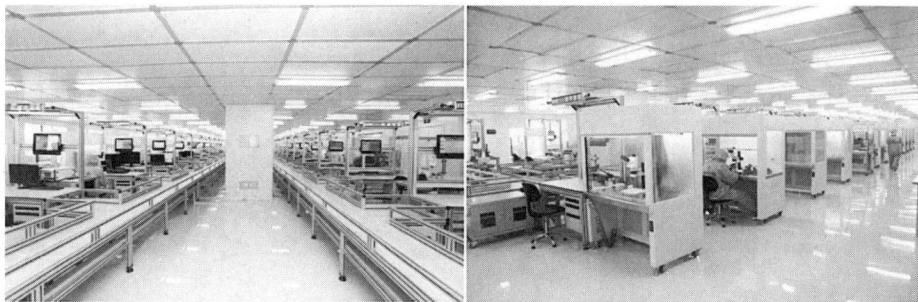

图 16-31　五星级现场

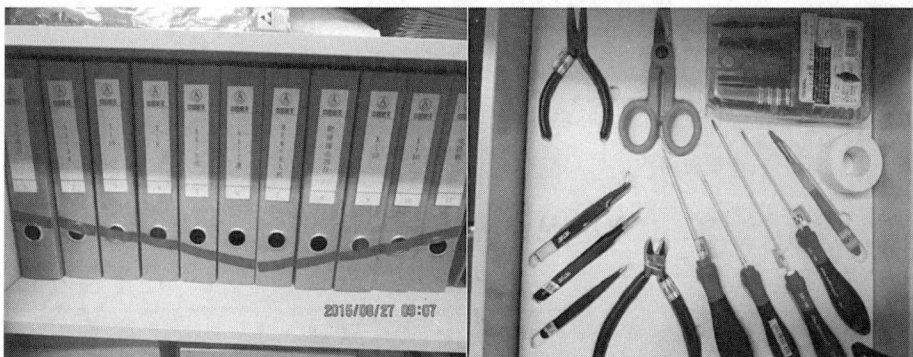

图 16-32　行迹化管理

过程改进不拘泥于改革的大小,一切有利于过程控制的小方法、小点子都可以成为改进的原动力(见图 16-33、图 16-34)。

2. 推进了生产线布局优化和数字化提升

广义工艺纪律检查对各单位工艺布局的不合理之处给出了优化调整意见,针对现有的按照专业化分工、机群式布局的生产方式已不适应当前繁重的科研生产任务形势,开展工艺布局优化改进,通过工艺流程优化、设备布局调整,进一步优化资源配置,提高资源的利用率,提升制造能力,通过工艺布局优化调整,在不大幅度增加制造资源的前提下,稳步提升航天产品高性能、高质量与高可靠的制造能力,促进航天制造企业从型号项目研制型向产品产业化的转型升级。

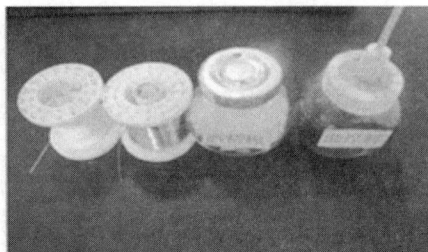

改善前　　　　　　　　　　　　　　改善前

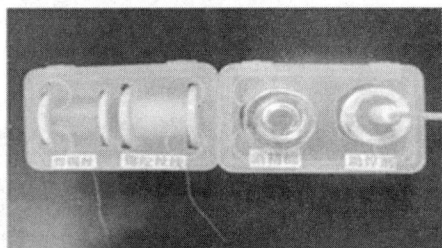

改善后　　　　　　　　　　　　　　改善后

图 16-33　现场小改小革示例图

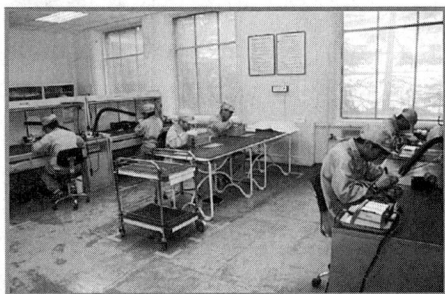

图 16-34　九院某单位静电防护改造前后对比

重新规划工艺布局，规划过程见图 16-35，优化调整后的生产线布局及工艺布局见图 16-36、图 16-37。

在布局调整优化的同时，在现有信息化条件的基础上，以制造过程全生命周期管理为建设主线，建设信息化大平台，将平台下的各个管理模块和工程应用模块完全打通，实现了数据流的顺畅流转。一是加强物资管理

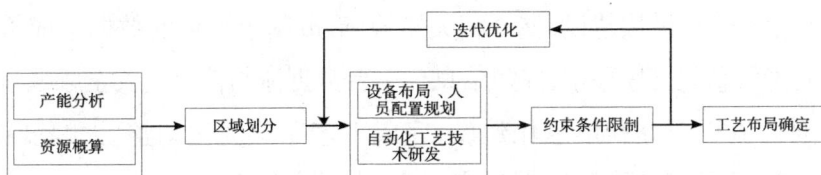

图 16-35　工艺布局规划的具体过程

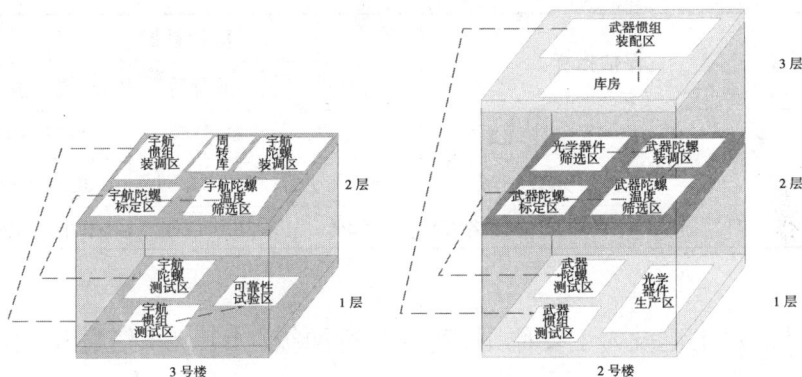

图 16-36　优化调整后的光纤惯组生产线布局及物料流转示意图

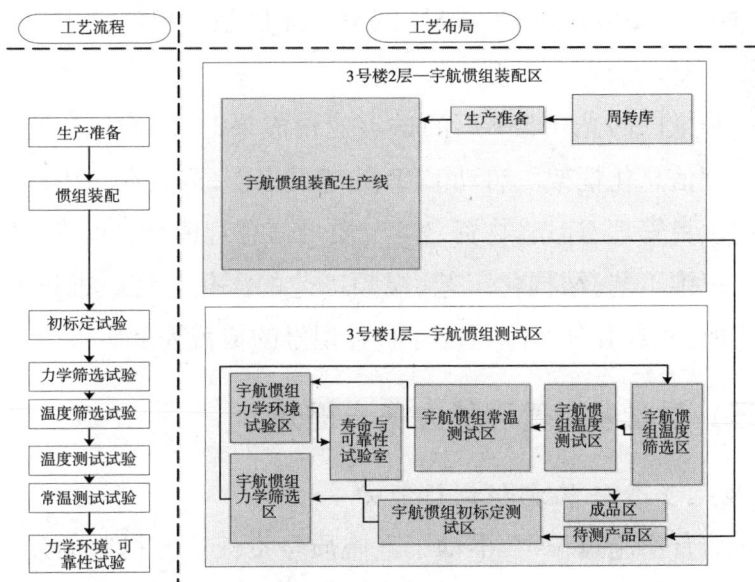

图 16-37　优化调整后的宇航光纤陀螺系统生产工艺布局图

模块与生产管理模块建设,整合相关模块,形成基于平台的数据集成管理;二是完善信息化支撑环境,保障信息化平台数据流与信息流安全顺畅。

通过流程研究和信息化建设,完成工艺布局优化调整,大幅度提高光纤陀螺及系统装配及测试生产能力(见表16-3)。

表16-3　光纤陀螺生产线优化前后生产能力对比

序号	评估指标		预计目标		
			调整前	调整后	提高量
1	生产能力	光纤陀螺系统	50套/月	75套/月	提高50%
		光纤陀螺	200只/月	300只/月	提高50%
2	产品质量	一次交检合格率	60%	70%以上	不小于10%

以平台化建设为主要原则,完成院所两级"十三五"信息化发展规划的制定,确定了"五大平台,两大体系"的发展思路,即院所两级经营管控平台、数字化设计平台、数字化制造平台、高性能计算与仿真平台、基础支撑平台。并以规划为指导,围绕产品研制过程的数字化管控能力开展了信息化能力的建设工作。

进一步推广两光和539厂的试点建设成果,全面构建全院科研生产现场管理信息化框架。启动ERP的建设工作,重点在与生产现场管理相关的项目管理、计划、物资、生产、质量信息管理等。推进数字化工艺特别是三维工艺、结构化工艺、视频工艺的深化应用。推进MES系统在各厂所的应用深度和对各车间、各型号的覆盖程度。

(三) 质量基础管理能力稳步提升

1. 强化了责任落实和执行能力

质量监督实施过程中,推动了九院质量责任追究机制的建立和完善;强化三级审签、技术评审、质量复查等工作有效性,加大了对质量问题的处罚和曝光力度,继续开展质量问题管理归零院级审查,提高各单位自我改进能力。各单位充分认识到质量形势的严峻性,强化"成败决定市场、速度决定输赢、效率决定效益"的意识,完善质量培训和责任追究机制,确保了质量责任得到层层分解落实。

院及各单位均明确了各级各类人员质量职责。刘眉玄院长和各单位第一责任人对产品质量负全责,为质量工作提供了资源保证;通过对技术方案、文件的校对者全面复核,审核者重点复核,会签者全面审查,批准者的复议批准,逐级评审把关,落实了技术责任制;通过签署产品质量证明书、产品合格证,参加重点型号重点产品出厂评审,组织质量分析会,开展型号产品专项检查,履行了质量职责。

严格质量奖惩,加强过程监督考核。院修订了质量考核办法、表彰与曝光台管理办法,加大了对过程质量问题的曝光和考核力度,在保成功的基础上,强化保交付,提高实战化水平,提升用户满意的要求。对典型质量问题给予曝光并在全院范围内通报,以警示各单位不断提高质量意识,减少低层次问题的发生。

2. 提升了质量队伍和专业技术机构能力

针对监督过程发现的队伍和机构建设的不足,九院加大了质量与可靠性文件、标准要求、质量与可靠性技术方法等的培训力度,提高质量与可靠性专业人员能力。建立了质量与可靠性专家团队及专家数据库,专家团队在型号研制、生产中充分发挥作用。

结合"十三五"规划,积极推动建设覆盖各优势专业的技术支撑机构。九院印发了《九院专业技术支撑机构管理办法》,强化专业技术支撑机构管理,充分发挥专业技术支撑机构对九院发展的促进作用。十三所"国家惯性技术产品质量监督检验中心"获得了国家认证认可监督管理委员会的授权;九院首批3个工艺技术中心"单片集成电路制造工艺技术中心""电子装联工艺技术中心""精密超精密加工工艺技术中心"也于2016年6月正式挂牌成立。771所启动集团"电子产品能力与加速贮存试验与寿命评估实验室"认证申请工作;九院软件评测站取得了"总装备部军用校准和测试实验室"资质；全国宇航电子分标委获批正式成立，扩大了九院话语权和影响力，一批机构的建设积极支撑了九院质量与可靠性工作的开展。

（四）推动了可靠性方法、工具的研究和推广应用

质量监督过程发现九院各单位对质量与可靠性先进工具、方法的研究和应用明显滞后，提出着力在方法、工具的研究和应用上有所突破。九院成立了项目组，组织对适用的质量与可靠性工具、方法进行梳理和研究，目前已编制形成九院质量与可靠性工具集初稿。同时，面向惯性器件、遥测遥控、机电组件等重点产品开展可靠性研究项目，建立了光纤陀螺 SLD 光源寿命评估、弹星载高性能器件引脚及焊点的结构可靠性寿命评估等方法，形成了光电子器件可靠性基础数据库，建立了继电器力学结构模型。针对惯性器件、机电组件等产品，引入 GARMS 可靠性分析软件，有效提高设计工作效率和准确性。开展六西格玛研究，导入卓越绩效管理模式。但同时，质量工具和统计方法在当前基层单位工作中推广应用仍处于起步阶段，通过持续推进QC 小组活动、学习改善工程、质量信得过班组建设等工作，使新老七种工具在设计、工艺、操作者和管理人员中得到了初步普及和使用。

（五）推动了产品标准体系应用和核心标准的开发

在广义工艺要素质量监督的推动下，首次在全院范围内建成了统一完备的、具有航天电子特色的型号产品标准体系，所含院 998 种（类）产品实现对现有在研在制 95% 以上产品、60 大类型谱产品全覆盖；涵盖设计、工艺、试验、质量保证等产品全生命周期要素，突出标准对产品研产的横向全流程牵引；涵盖 IEC、MIL、GB、GJB、行标及企业标准共 7601 项，形成标准对科研生产过程的纵向全方位保证。通过体系建设，院全面厘清了各类重点产品，建立了产品实现约束边界，系统规

划了未来产品和标准化项目,并有力支撑了宇航与导弹武器标准体系、航天国家标准体系建设等任务(见图16-38)。

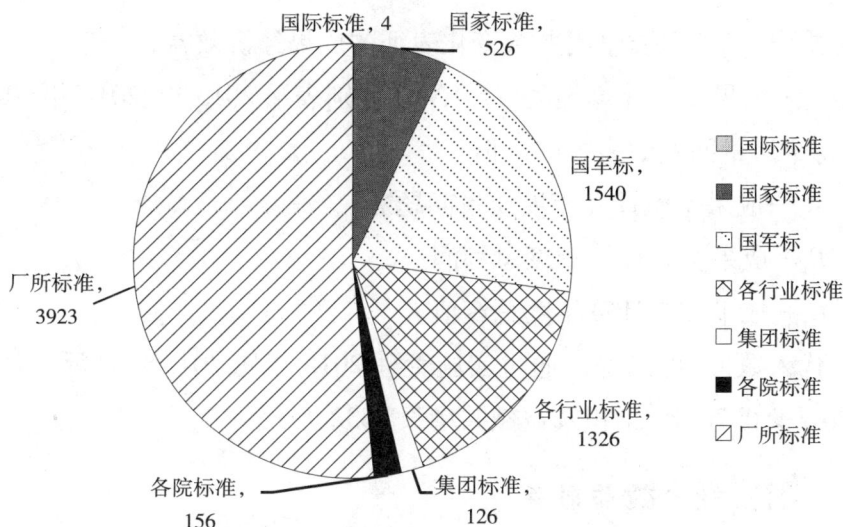

图16-38 九院全面建成院型号产品标准体系

(六) 经济效益大幅提升

本项目实施2014—2015年共两年,与成果基年2013年相比,全院18家单位的总产值、利润总额、对应质量问题数见表16-4。利用两年间质量问题的减少个数分段累积计算效益额增长值,具体计算方法见公式(16-1)。

表16-4 2013—2015年经济指标及质量问题数

类别 \ 年份	2013	2014	2015
总产值(亿元)	86.0383	97.2327	112.2758
质量问题数(个)	145	114	104
利润总额(亿元)	7.55769	8.31698	9.61352

公式：$E_Q = \sum\limits_{i=1}^{2} \{(F_i - F_{i-1}) \times (M_{i-1} - M_i) \times P_i / C_i\}$ ……

$$(16-1)$$

式中，E_Q——以质量问题数变化表征的成果经济效益；

F_i——成果实施计算年度($i=0,1,2$分别表示2013年、2014年、2015年)每个质量问题数表征的产值；

M_i——成果实施计算年度质量问题数；

P_i——成果实施计算年度总利润；

C_i——成果实施计算年度总产值。

代入数值，可以得出通过实施管理2015年比2013年亿元产值问题数减少0.76次，累积效益额共增长8832万元。

（七）社会效益显著

1. 圆满完成了国家重大型号任务

提升了航天九院整体产品保证水平，确保了以载人航天工程、探月工程为代表的一批国家重点型号任务的成功、型号任务完成能力和生产过程管控水平跨上新台阶。确保了重大型号任务的圆满完成，为实现航天梦、强国梦作出了巨大贡献。

2. 完成多项国家重大攻关项目

以激光惯组、光纤惯组、箭载用户终端、卫星导航接收机为代表的典型产品在新型运载火箭上得到应用；以光纤惯组、星间链路、星载中继用户终端为代表的典型产品在北斗导航、高分工程、探月三期等重大专项工程以及军用侦察卫星、气象卫星中得到推广应用。

3. 为同类企业提供了示范项目

在航天九院的推广应用为航天企业质量管理提供了良好的经验和借鉴，推动了我国航天产品整体水平的提升。本项目以广义工艺要素为核心，以广义工艺纪律检查为载体，为各行业企业质量管理的持续改进和企业经营发展的拉动式牵引提供了可借鉴的研究成果和应用实例,对各行业和具备多级管理模式的研究院模式企业抓质量提供了方法和手段,具备良好的应用推广价值。

五、展　望

通过三年的不断努力和研究改进,九院逐步构建了基于广义工艺要素的航天企业质量监督体系,并通过实施与改进,全面提升了综合发展能力。纵观"十三五",九院所面临的宏观环境将发生深刻重大的变化,基于宏观形势和竞争格局的分析,可以预期:"十三五"军工产业仍将保持高速增长,武器装备将向体系化发展,航空、船舶领域将迎来大发展时期,军贸将得到大力支持和发展,各军工领域更趋开放,竞争更加激烈;整体国民经济增速趋缓,绿色、智能、可持续发展成为重大引导方向,产业发展呈现基于互联网、新材料、新能源、数字化制造的突出特点,国家资源投入将进一步向核心企业聚集。九院既面临军工行业持续增长的发展机遇期,同时面临的外部环境复杂多变、竞争进一步加剧的严峻挑战,机遇和挑战并存。

"十三五"九院将继续完善和推动基于广义工艺要素的航天企业质量监督体系建设,重点实施创新驱动、转型升级发展战略,实现技术产品向配套和系统集成并重转型升级;市场应用向军工电子和国际应用转型升级;产业布局向战略性新兴产业转型升级;管理模式向企业集团管理转型升级;核心能力向数字化、自动化转型升级;发展模式向自主发展与合作共赢并重转型升级。发展航天电子技术,建设航天电子企业集团,形成专业技术领先,产业规模化,运作市场化的新格局。成为国内领先、国际一流的航天电子和信息技术、产品及系统集成一体化解决方案供应商。

参 考 文 献

[1]德勤中国:《从中国制造到中国智造——中国智能制造与应用企业调查》,2014 年 2 月。

[2]康锐等:《中国制造可靠性工程的质量强国战略,制造质量强国战略研究(技术卷)》,中国质检出版社、中国标准出版社 2016 年版。

[3]康锐、曾声奎、王自力:《装备可靠性系统工程的应用模式》,《中国质量》2013 年 4 月。

[4]康锐、何益海:《质量工程技术基础》,北京航空航天大学出版社 2012 年版。

[5]康锐等:《可靠性维修性保障性工程基础》,国防工业出版社 2012 年版。

[6]康锐等:《型号可靠性维修性保障性技术规范》,国防工业出版社 2010 年版。

[7]康锐、王自力:《装备全系统全特性全过程质量管理概论》,《香山科学会议第 288 次学术讨论会论文集》,科学出版社 2007 年版。

[8]康锐、王自力:《可靠性系统工程的理论与技术框架》,《航空学报》2005 年第 26 卷第 6 期。

[9]石世印:《军事技术总论》,《中国军事百科全书(第二版)学科分册》,中国大百科全书出版社 2007 年版。

[10]王靖、康锐:《可靠性系统工程能力成熟度模型研究》,《航空维修与工程》2008 年第 3 期。

[11]杨为民、阮镰、屠庆慈:《可靠性系统工程——理论与实践》,《航空学报》1995 年第 16 卷增刊。

[12]杨为民等:《可靠性维修性保障性总论》,国防工业出版社 1995 年版。

[13]中华人民共和国国务院:《中国制造 2025》,2015 年 5 月 19 日。

[14]中国航空工业集团公司:《Q/AVIC 09221—2012,产品研制过程质量管理评价准则》。

[15]Blischke, W. R., Karim, M. R., Murthy, D. N. P., *Warranty Data Collection and Analysis*, Springer, 2011.

[16]Wu, S., "Warranty Data Analysis: A Review", *Quality and Reliability Engineering*

International, Vol.28, Wiley 2012, pp.795-805.

[17] Wu, S., "A Review on Coarse Warranty Data and Analysis", *Reliability Engineering & System Safety*, Vol.114, No.2, Elsevier 2013, pp.1-11.

[18] Wu, S., "Warranty Claim Analysis Considering Human Factors", *Reliability Engineering & System Safety*, Vol.96, Elsevier 2011, pp.131-138.